KB068000

혼자라서 미안하지 않아

The Art of Living Alone & Loving It

너에게 상처받지 않고
나에게 당당하게!

혼자라서 미안하지 않아

The Art of Living Alone
& Loveing It

제인 매슈스 지음
이종길 옮김

소소의책

● 일러두기

1. 본문에 인용된 도서의 경우 국내에서 번역 출간된 도서는 한국어판 제목으로, 그렇지 않은 도서는 원제를 번역하여 달았습니다.
2. 원어는 괄호 없이 병기하는 것을 원칙으로 삼고 괄호가 중복되는 경우에는 대괄호를 사용하여 의미를 분명하게 전달하고자 했습니다.
3. 일반적인 도서명에는 '『 』'를, 작품명이나 방송 프로그램, 영화 제목에는 '「 」'를, 정기간행물(신문, 잡지 등)에는 '〈 〉'를 붙였습니다.

이제 내게 고독은 벌이 아닌 상이다.

_ 앨릭스 케이츠 슐먼(미국의 페미니즘 작가)

나와 한배를 탄 솔로 동지 여러분께

이 책을 드립니다.

| 서문 |

대부분의 독자들이 그렇겠지만 나 역시 스스로 원해서 혼자 살게 된 것은 아니다. 그것은 이혼의 결과물이었고, 그 과정도 별로 아름답지 못했다. 마치 어색한 소개팅 자리에 나간 것처럼 나는 갑자기 마주한 홀로서기 앞에서 당황할 수밖에 없었다. 하지만 차츰 이 생활의 참맛을 알게 되면서 지금은 오히려 이쪽이 낫다는 생각을 갖기에 이르렀다. 앞으로도 이 솔로 노선을 철회하는 일은 없을 것이다. 혼자 사는 것은 찬란한 커플 천국에 다다르기 전에 감내해야 하는 기다림이나 절충안, 또는 장애물 같은 것이 아니다. 나는 지금 행복하지만 여기까지 오는 데에는 꽤 많은 시간이 걸렸다.

세상의 솔로에는 세 가지 유형이 있다. 결혼을 안 했거나 짝을 못 찾은 경우, 이혼한 경우, 그리고 배우자가 사망한 경우다. 자진해서 독신 생활을 선택한 이는 거의 없겠지만, 현실을 냉철히 들여다보면 자업자득인 경우가 대부분이다. 여기서 선택이었나 우연이었나 하는 판단은 중요치 않다. 어쩌다 이런 상황에 놓이게 되었건 우리가 원하는 것은 같다. 주어진 처지를 발판 삼아 즐겁고 신나고 만족스러운 삶을 누리는 것, 기회와 가능성이 넘치며 칙칙한 흑백이 아닌 총천연색 돌비 서라운드 사운드 영화 같은 인생, 자신이 직접 판을 짜고 추억을 만들 수 있는 인생, 이런 인생이야말로 모든 솔로의 바람 아니겠는가. 나는 이 책의 자료 조사를 하면서 그렇게 살아가는 여성을 많이 만났다. 나 자신이 초라해질 정도로 깊은 인상을 남겼던 그들의 이야기는 이 책 곳곳에서 구체적으로 소개될 것이다. 그들은 마치 장난꾸러기 수달처럼 자신만의 수역을 마음껏 헤엄치며 즐기고 있었다. 혼자 잘 사는 것은 그리 어려운 기술이 아니라고 생각하지만 어느 정도의 생각과 노력이 필요하다. 언어를 습득하는 것과 마찬가지다. 나는 이 책에서 나와 다른 이들에게 효과가 있었던 방법을 공유하려 한다.

혼자 사는 것을 궁극의 타협으로 여기든, 아니면 극한의 사치로 여기든, 하루하루가 도전의 연속이라는 데에는 우리 모두 의견이 일치한다. 1인분 요리하기, 휴일 시간 보내기, 혼자 외식하기, 돈 관리, 와인이나 어그부츠의 유혹에 넘어가지 않기, 넷플릭스Netflix(미국 최대의 온라인 영상 제공 업체 - 옮긴이)에 중독되지 않기. 예를 들어 이런 것들이다. 문어발처럼 뻗어나가는 외로움 다잡기, 혼자 사는 것을 알게 모르게 인생 실패 혹은 패배와 동일시하는 사회에서 기죽지 않고 당당하게 살아가기. 이 정도는 보다 관념적인 테스트에 속한다.

만약 당신이 주어진 운명에 만족하고 좀 더 나은 독신 생활을 위해 몇 가지 팁을 찾고 있다면 이 책에 많은 것이 들어 있다. 또한 보다 심오한 변화를 원하는 독자에게도 이 책은 유용하다. 진정으로 혼자 사는 것에 만족하려면 삶의 모든 단면을 면밀히 살펴볼 필요가 있다. 인간관계, 건강, 가정, 재정, 취향, 영성 등을 고려하여 행동으로 옮겨야 한다. 앞으로 각각의 장에서 이 주제들을 하나씩 다룰 것이다. 독자에 따라 공감하는 부분도 있고 그렇지 않은 부분도 있겠지만 크게 걱정하지는 않는다. 나는 지도를 제시할 뿐이고 경로를 선택하는 건 당신의 몫이다.

이 책을 쓰면서 알게 된 10가지 사실

1. 정말 강하고, 능력 있고, 성격 좋고, 다정다감한 사람도 혼자 사는 경우가 있다.
2. 자기 자신을 좋아하자. 그게 안 되면 아무것도 안 된다.
3. 혼자 사는 것은 노력이 요구되는 기술이지만, 살다 보면 나도 몰랐던 능력이 솟아난다.
4. 생각의 틀을 바꾸자. 인생을 열심히 사는 데 초점을 맞추자. 어쩌다 보니 혼자 살고 있을 뿐이다.
5. 혼자라고 꼭 외로운 건 아니다.
6. 내 행복을 책임질 사람은 오직 나뿐이다. 그 행복은 세상에서 가장 안전한 내 손안에 있다.
7. 혼자 있으면 내가 누구인지, 뭐가 되고 싶은지 알아낼 시간과 공간을 갖게 된다.
8. 대부분의 사람들은 혼자 뭘 먹는지 솔직하게 털어놓지 않는다.
9. 세상은 참여하는 자들의 것이다.
10. 뒷단추 달린 상의는 악마의 발명품.

나는 홀로 살아가는 사람들에게 당연하고 자연스럽게 감정이 이입되며 동지애를 느낀다. 우리는 가진 것도 베풀 것도 많은 멋진 사람들이다. 부디 독자들이 이 책에서 쓸 만하고 도움이 되는 팁을 찾아냈으면 한다. 가까운 친구와 대화하듯 읽어주시기 바란다.

당신은 혼자 산다, 그래서…

……외롭고, 슬프고, 씁쓸하고, 짜증나고,
애정 결핍에 비참하고, 고립되고, 시샘하고,
절박하고, 문제 많고, 따분하고, 재미없고,
외톨이에 우울하고, 겁에 질리고, 이기적이고,
연약하고, 소외감이 들고, 짓눌린, 노처녀,
이혼녀 아니면 과부, 늙다리 미혼녀,
서럽고, 따돌림 당하고, 버림받고, 인생이 암울하고,
기죽고, 창피하고, 사랑받지 못하고, 겁먹고,
이상하고, 궁핍하고, 부족하고, 새가슴에
경제적으로 어렵고, 위축되고,
하찮고, 적막하고, 기이하고, 처량하고,
불운하고, 측은하고, 한심하고, 애석하고,
친구도 없고, 짝도 없고, 모자라고,
허망하고, 공허하고, 갈라서서 수치스러운 인생 실패자,
자기 연민에 빠진 투명인간, 비호감,
도움도 못 받고, 방치되고, 잊히고, 고독하고,
유기되고, 평가당하고, 쓸쓸하고, 두렵고,
굴욕적이고, 망한 느낌, 상실감에 불안감까지,
무섭고, 후회만 가득, 걱정스럽고, 자기밖에 모르고,
거기다 고양이를 모시는 집사일 가능성이 거의 100퍼센트.

아니, 우리는 달라!
혼자 살면 챙길 수 있는 이득은…

……자유, 자존심, 시간, 원기 회복,

비판 면제권, 독립, 뜻밖의 즐거움,

유연함, 사색할 공간, 즐거운 고독, 평온,

창의력, 용기, 자기 이해,

배우고 탐구할 기회, 혼자 떠나는 여행과 모험,

자립, 힘, 고요,

내가 누구인지, 뭐가 되고 싶은지 알아낼 기회,

자유, 군중 회피권,

자아 인식, 의미, 목적, 자제력,

자기계발, 자유, 진정성, 진실함,

자연스러움, 변화, 해방,

방종, 지배력, 자부심,

대각선으로 잘 수 있는 공간, 자족,

스릴, 자율, 자유, 정적,

자립의 기회, 평화, 완전함, 강인함,

권한 획득, 공간, 평온, 기회,

정직, 가능성, 자신감, 침착,

냉정, 자유, 선택권, 안식처,

자기표현, 본능에 따를 기회,

평화, 냉장고 독점권,

참, 내가 자유를 언급했던가?

| 차례 |

제1장
나 혼자 산다는 것

기대치의 조정 · 사회적 편견 · 우리는 막강한 군대다!
· 변화 · 나홀로 살지 말고 나와 함께 살아가자

나는 또 침대의 유혹에 굴복하고 말았다. 그리고 이 퀸 사이즈의 오아시스에 웅크리고 앉아 노트북을 펼쳐 글을 쓴다. 그 위로 시드니의 겨울 햇살이 일렁이고, 이따금 구관조의 날카로운 울음소리만 고즈넉함을 깨운다. 그러고 보니 새벽에 개를 데리고 공원을 한 바퀴 돌고 왔던 허름한 바지 차림 그대로다. 나는 고독에 취해 있다. 샤워도 안 하고 아침도 걸렀는데 벌써 한낮이다. 뭔가 익숙한 상황 아닌가? 혼자 살면 간섭하는 사람도 없고 잔소리하는 사람도 없다는 게 함정이기도 하다.

나는 누구보다 독신 생활을 즐기고 있지만 이쪽 세계는 곳곳에 함정이 도사리고 있다. 여차하면 온종일 추리닝 바람으로 돌아다닐 수도 있다. 나는 마지못해 침대에서 빠져나와 샤워를 하고 책상이 있는 아래층으로 내려간다. 혼자 살려면 역시 자기 관리가 필요하다는 사실을 다시금 깨닫는 순간이다.

이 집에는 요리책이 수북하고, 고집불통 에어데일테리어Airedale terrier(테리어 종류 중 가장 큰 영국산 중형견 - 옮긴이) 한 마리가 살고 있지만 다른 사람은 없다. 혼자 사는 재미를 알게 되기까지는 꽤 많은 시간이 걸렸고 수많은 시행착오가 있었다. 나는 전혀 뜻하지 않게 솔로가 되고 말았다. 실제로나 비유적으로나 결혼 생활이라는 둥지가 순식간에 날아가버리자 또다시 믿을 건 나밖에 없어졌다. 시작은 조심스러운 날갯짓이었으나, 그것은 서서히 나도 모르게 자신감의 비약으로 이어졌다. 지금 나는 혼자 사는 것이 좋고, 내가 봐도 꽤나 잘해내고 있다. 놀라운 일이다. 이런 날이 올 줄은 나도 몰랐다.

나는 무엇을 갖고 있을까?

당신은 생각보다 준비가 잘되어 있다. 당신을 단련시켰던 지난날들을 돌이켜보자. 이것은 내 경우다.

- 남자 밝히는 언니를 둔 시골 소녀는 혼자 지내는 시간이 많았다. '전에도 해봤잖아!'
- 엄마는 1960년대 주부의 역할을 수행하기 위해 타고난 패션디자이너 일을 그만두고 평생 한 줌의 후회를 안고 살았다. '당신이 좋아하는 일을 하라!'
- 첫 직장에서 나의 놀라운 능력을 발견했다. '그 자신감에 접속하라.'
- 아무도 모르는 타국에서 살아보았다. '나는 자립 능력을 증명했다.'
- 아이 갖기. '이건 비단 내 경우만은 아니다.'
- 이혼과 부모님의 죽음 이후, 마치 슬로모션 총알처럼 나를 후벼팠던 극한의 슬픔과 소외감. 지금보다 더 힘든 일도 겪어냈다. '난 여

전히 사랑받고 있다.'

- 첫 책이 출간되었다. '내 목소리를 갖게 된 것이다.'

지금 와서 돌이켜보면 안 좋은 일이 거듭될 때마다 나는 더욱 강해졌고 나도 모르는 능력과 힘이 솟아났다.

'강인함+강인함+강인함×능력=힘.'

혼자 살아가려면 이 힘에 의지해야 한다. 사실 우리의 삶에 결정적 태클을 거는 문제는 외로움이나 돈, 건강, 직업, '미래', 크리스마스처럼 거창한 것이 아닌 경우가 많다. 우리의 적은 지겹도록 사소한 것들이다. 방울방울 새는 수도꼭지, 두 손으로 감당 안 되는 쇼핑백들, 나쁜 소식 듣기, 쓰레기 내다 버리기, 하소연할 상대가 아무도 없을 때, 퇴근 후 집에 돌아와 개가 토한 것을 치울 때, 바퀴벌레를 잡을 때, 몸이 안 좋을 때, 무거운 물건을 옮길 때, 짜증나는 관료 집단, 두루마리 화장지가 떨어져갈 때, 사흘 밤 연속으로 미트로프를 먹을 때 우리는 좌절한다. 내 힘으로는 도무지 열리지 않는 병마개 앞에서 울컥하며 무릎 꿇고 끈 떨어진 꼭두각시의 심정이 되기도 한다. 때로는 호쿠사이葛飾北斎(일본 에도시대의 대표적인 목판 풍속화가 - 옮긴이)의 판화 「거대한 파도」에 등장하는 콩알만 한 인물처럼 한없이 쪼그라든 나를 보게 된다.

하지만 장담하건대 이런 감정은 곧 극복된다. 약간의 노력과 계획, 그리고 새로운 경험에 마음을 연다면 시간이 지나면서 차츰 견디기 쉬워질 것이다. 당신에게는 이미 필요한 능력이 갖춰져 있다.

솔리테어Solitaire : 외알박이 보석(특히 다이아몬드).

_맥쿼리 사전(오스트레일리아에서 가장 권위 있는 영어사전 - 옮긴이)

이 내용은 다음 장에서 좀 더 자세히 다루도록 하겠다.

기대치를 조정하고 편견을 뛰어넘어라

『딕과 제인Dick and Jane』(미국의 아동용 읽기 학습 교재 - 옮긴이) 시리즈를 읽으며 자란 나는 미래에 대해 일종의 환상을 갖고 있었다. 키가 훤칠한 주걱턱 남편과 말뚝 울타리를 두른 집, 천진난만하게 나무 장난감을 갖고 노는 천사 같은 아이들, 부드러운 귀를 흔들며 활기 넘치는 개 스팟. 뭐, 영화를 찍자면 대충 이런 모습이었으나 정작 실현된 것은 개뿐이다. 그런데 지금 글을 쓰면서 세상사 다 내려놓고 꿀잠에 빠진 로리의 코 고는 소리를 듣고 있자니 그마저도 정확하게 계획대로 되지 않았다는 것을 깨달았다.

나도 내가 혼자 살게 될 줄은 몰랐지만 지금은 이 생활을 포기할 생각이 전혀 없다. 내 기대치는 조정되었다. 하지만 낮아진 것이 아니다. 사실 배우자와 가정에 치여 살 때는 상상도 할 수 없을 만큼 그 기준이 상향 조정되었다. 그렇다고 이것이 완벽하다는 뜻은 아니다. 현실을 직시하고 생각의 틀을 바꿔야 한다.

부부와 가족이 표준으로 인식되는 사회에서 혼자 사는 여성은 남성보다 손가락질 받을 가능성이 훨씬 높다. 서식을 작성하는 사소한 행위에서도 우리의 지위는 여지없이 드러난다. 선택란에 '미혼·별거·이혼·배우자 사망·기혼'이라 적어놓고, 실상 뒤로는 '혼기를 놓쳤군·망했네!·폭망했어!·애잔하다·참 잘했어요'로 읽는다. '행복한 독신'이라는 항목은 왜 없을까?

때로는 식당이나 파티장 같은 곳에서 커플들의 무차별 난입으로 지옥을 맛본다. 마치 성경의 한 장면을 재연하듯 이 동물들은 쌍

쌍으로 끊임없이 노아의 방주로 밀려들고, 혼자인 당신은 어느 순간 초대받지 못한 손님으로 전락하고 만다.

세상이 모두 우향우를 할 때 나만 좌향좌를 한 것 같다. 우리 솔로들은 사회의 도표에서 밀려난 열외 병력이다. 왼손잡이들도 처지가 비슷하지만 우리보다는 낫다. 솔로와 왼손잡이 양쪽 다 인구의 10퍼센트 정도를 차지하고 있는 것을 보면 이 비유는 꽤 적절하다.

관심을 가진 사람이라면 다 아는 사실이지만 대중매체는 너무나 안이하게 혼자 사는 사람들의 상투적인 이미지를 지속적으로 재생산해내고 있다. 히치콕의 영화 「이창」의 미스 론리하츠, 미드 시리즈 「모던 패밀리」의 막장 할머니 디디, 그리고 애니메이션 「스쿠비두」의 악당들 대부분은 버려진 박람회장에서 홀로 살아간다. 여주인의 시신을 먹어 치울 날만 기다리는 섬뜩한 고양이들의 이야기도 어디선가 많이 들어보았다. 외롭고 비참한 노처녀·이혼녀·과부들은 냉장고에 간편식을 쌓아두고 리얼리티 TV로 대리 만족을 느끼며 자신을 구해줄 백마 탄 왕자님을 기다린다. 찰스 디킨스의 소설 『위대한 유산』에서 미스 하비샴은 지나온 인생을 한탄하고, 디즈니 애니메이션 「미녀와 야수」의 가엾고 애처로운 주인공 벨은 사람 친구 한 명 없이 주방의 날붙이들과 대화하고 노래하는 데서 재미를 붙인다.

어렸을 때 한번은 언니가 내 세 번째 발가락이 두 번째 발가락보다 길다며 날 마녀라고 했다. 명백한 증거가 눈앞에 있으니 반박할 여지가 없었다. 난 울면서 엄마에게 달려가 "난 마녀야. 마녀라고. 이 발가락 좀 봐"라고 말했다. 난 언니한테 보기 좋게 속아넘어갔다. 발

자아 각성은 최고의 선물이자 생명처럼 소중한 보물이다.

_어빈 D. 얄롬(미국의 정신과 의사 – 옮긴이)

가락 길이와 마녀의 미심쩍은 상관관계에 전혀 의문을 품지 않고 언니의 말을 곧이곧대로 믿어버렸던 것이다.

발가락 길이나 스푼과의 대화처럼 명백하지는 않지만 혼자 사는 여성을 구별할 수 있는 미묘한 신호들이 있다. 가령 시선을 잘 마주치지 않는다거나, 지나치게 수수한 옷만 고집한다거나, 때에 따라 영리하게 냉담한 태도를 취한다거나 하는 것들이다. 정반대의 예로, 타인과의 교류나 주목받고 싶어 하는 일부 여성들은 무모하다 싶을 만큼 과잉 보상 행동을 보이거나 지나치게 사생활을 드러낸다. 이 두 가지 유형은 여러분도 쉽게 찾아낼 수 있다. 이런 부류에 끼어서는 곤란하다. 괴짜나 속이 너무 빤히 보이는 사람이 되지 않으려면 늘 정신을 바짝 차려야 한다. 우리는 우리 자신의 롤모델이 되어 태도와 몸가짐으로 만사형통하고 있음을 보여주어야 한다.

우리의 세상으로 바뀌고 있다

우리는 막강한 군대다. 전 세계적으로 솔로의 숫자는 3억 명에 다다르고 있다. 베이비부머의 등장 이래로 가장 거대한 사회적 트렌드가 되고 있는 것이다. 200만 명의 오스트레일리아인이 혼자 살고 있으며, 이는 전체 가구의 4분의 1에 해당한다. 그중 3분의 2는 이 생활에 만족하고 있다. 1인 거주자는 오스트레일리아에서 가장 빠르게 늘어나고 있는 주택 인구층이다. 오스트레일리아 가족연구협회는 오는 2026년이면 1인 가구의 수가 전통적인 핵가족의 수를 앞지를 것으로 내다보았다.

이는 세계적인 추세와도 일치하며 지난 15년간 혼자 사는 사람들의 수가 50퍼센트에 육박하는 성장세를 보였다. 현재 미국 전체

가구 중 32퍼센트가 1인 거주자이며 그중 절반 이상이 여성이다. 맨해튼의 전체 가구 중 절반이 솔로의 보금자리다. 스칸디나비아의 일부 지역에서는 독신자 가구가 60퍼센트에 이르기도 한다. 독신 인구의 증가는 비단 서구 사회만의 현상이 아니다. 그 출발이 미약했던 점을 감안해야겠지만 중국과 인도에서도 가파른 성장세가 이어지고 있다.

물론 그들 중 자발적으로 솔로의 삶을 택한 이는 소수에 불과하다. 훗날 결혼을 하게 되면 고령화 사회에서 부부 중 누군가는 먼저 세상을 뜬다. 거기에 교제를 하지 않는 사람과 이혼한 싱글이 더해진다. 이 엄청난 인구에도 불구하고 나는 아직 확인되지 않은 숫자가 더 있다고 믿는다.

독신 가구가 전체 소비자 지출의 35퍼센트를 차지하고 있는 작금의 상황에서 식품업체와 마트, 은행, 여행사, 식당들은 왜 우리를 무시하는 걸까? 솔로를 위한 제품은 어디에 있는가?

혼자 사는 것은 변화라는 거대한 빙산의 일각이며 행동의 기폭제가 될 수 있다. 기회의 문이 닫히는 것이 아니라 열리는 것이다. 솔로의 삶에서 얻게 되는 가장 큰 이득은 자아 발견의 기회와 온전한 자립을 성취하는 뿌듯함이다. 마치 고고학자가 된 듯 있는 그대로인 본연의 나를 발굴하자. 나 자신의 좋고 싫은 점을 찾아내는 데 충분히 공을 들이고 인생에서 이루고 싶은 것이 무엇인지, 어떻게 시작할지 생각하자.

솔로의 삶에는 타협 없이 인생을 상상하고 설계할 수 있는 여지

외로움의 특권은 혼자 있으면 내가 선택한 것을 할 수 있다는 것이다.

_버지니아 울프, 『댈러웨이 부인』

가 주어진다. 이제 막 시작이라면 좋았건 나빴건 지난 인생을 정리할 시간이 필요하다. 잠시 마음을 비우고 배를 띄워 흘러가다 보면 서서히 내가 나아갈 방향이 잡힐 것이다. 그리고 어딘가에서 몇 개의 표식을 발견한다면 새로운 내 세상을 받아들일 준비가 된 것이다. 거기에 익숙해지고 그 진가를 알아보기까지는 시간이 좀 걸리므로 힘들면 굳이 무리할 필요는 없다. 누구나 때로는 어려움을 겪는다. 점진적인 기어 변속이라 생각하자.

나홀로인가, 나와 함께인가

본인이 패배자라는 생각으로 살아가는 인생은 고단할 뿐이다. 행여 달라졌을지도 모르는 인생, 지나가버린 인생, 혹은 『해리포터』의 골든 스니치(날개 달린 작은 황금색 공 - 옮긴이)처럼 아쉽게 손가락 사이로 빠져나가버린 인생을 두고 한탄만 하고 있어서도 곤란하다. 지금 이것이 내게 닥친 현실이며 내게 주어진 인생의 집이다. 이 집의 문들을 모두 열고 그 뒤에 무엇이 있는지 확인하는 것은 나의 의무다. 내가 살아가야 하는 나의 집이기 때문이다. 단순한 말장난처럼 들릴지도 모르지만, 나홀로 사는 것과 나와 함께 사는 것은 크게 다르다. 받아들이면 편안해지고, 이를 통해 진취적인 자세와 책임감이 길러진다.

그것이 기쁨의 도시락이 되든 고통스러운 판도라의 상자가 되든 선택은 온전히 자신의 몫이다. 우리의 인생은 선택의 연속이다. 이를 '고의성'으로 표현한 책을 보았는데, 나의 촉에는 약간의 허세

존재는 변화, 변화는 성숙, 성숙은 끊임없는 자기 창조.

_ 앙리 베르그송(프랑스의 철학자 - 옮긴이)

가 감지되었지만 결국 꽤 적확한 단어라 여겨진다. 내 인생은 내가 원하는 대로 설계하자. 꽃길이 될 수도 있고 흙길이 될 수도 있지만 그 차이는 나의 마음가짐에 달렸다. 다음 장에서는 이 주제를 다루려 한다.

제1장

핵심 포인트

01 혼자 살 수 있을 만큼 나를 단련시켰던 과거의 시간을 생각해보자. 그것은 나의 재산이다.

02 기대치를 조정하라.

03 혼자 사는 여성에 대한 남성 위주 사회의 진부한 편견.

04 우리는 막강 군대의 일원이다.

05 혼자 사는 것은 변화의 기폭제가 될 수 있다.

06 나홀로 살지 말고 나와 함께 살아가자.

제2장

뭐, 이 정도쯤이야!

나를 강하게 만드는 도구들 · 외로움과 마주하기

나약한 이들에게는 솔로의 삶이 어울리지 않는다. 나는 홀로 살아가면서 그것을 즐기는 사람들로부터 좋은 기운을 받는다. '겁쟁이는 노년을 감당하기 힘들다'는 베티 데이비스(미국의 배우 - 옮긴이)의 유명한 말도 있지만, 이들에게는 홀로 사는 것 역시 마찬가지 두려움일 것이다. 시간과 공간이라는 소중한 선물이 주어지지만 혼자 사는 데도 어김없이 부침이 따른다. 제2차 세계대전 때 영국 정부가 '동요하지 말고 나아가자'는 슬로건을 내걸었지만, 우리는 훨씬 이전부터 그것을 배웠다. 우리의 패기는 날마다 시험대에 오른다. 솔로의 숫자를 감안하면 혼자 사는 것이 새로운 표준이 되어야 마땅하지만 그런 분위기는 감지되지 않는다. 우리는 다른 종족에 속해 있다. 나는 때로 보이지 않는 유리 칸막이가 느껴지고, 내가 체크할 서식 항목이 없는 사회에 의해 작아지는 기분이 든다. 우리는 불굴의 강인함으로 무장하고 자신의 내면으로 깊이 파고드는 법을 배워야 한다.

나는 이제 거북 등 같은 보호용 외피를 갖추었지만, 이 같은 자기 보호는 자칫 냉정하고 까다롭고 방어적이라는 인상을 주기 쉽다. 그 사이에서 균형 잡기를 하다 보면 가끔 피곤해질 때도 있다. 어느 멋진 하루의 끝에서 누군가가 지나치면서 생각 없이 던진 말 한마디가 나를 나락의 늪으로 끌어내리기도 한다. 때로 나 자신을 포함해 주변인 모두에게 혼자 사는 것이 즐겁다는 사실을 납득시키는 건 한편으로 고단한 일이다.

위태로운 솔로 인생의 바다를 헤쳐 나갈 때 도움이 될 만한 열두 가지 도구를 소개한다.

나는 어떤 사람이 되고 싶은 것일까?

내가 되고 싶은 사람을 표현하는 형용사 세 개를 고른다. 나중에 바뀔 수도 있지만 정해두면 유용하다. 이렇게 세워진 의미의 기반 위에서 선택과 행동이 결정되기 때문이다. 그중에는 특정한 목표를 달성하기 위해 단기간 동안 유용한 단어도 있고, 좀 더 오래 필요한 단어도 있을 것이다. 모두 나 자신에게 달렸다.

다음의 의미를 새겨보자. 긍정적인, 용감한, 친절한, 유능한, 강력한, 고무적인, 침착한, 낙관적인, 현명한, 온화한, 다정한, 굳센, 우아한, 정다운, 솔직한, 효율적인, 상냥한, 활달한, 살가운, 꾸준한, 행복한, 너그러운, 열정적인, 올곧은, 헌신적인, 배려하는.

내가 되고 싶은 사람처럼 행동하면 결국 그 사람이 된다. 내가 찾는 빛이 되자.

어떻게 대응할지는 내가 결정한다

유사시에 힘과 용기를 얻으려면 내면의 역량을 소환해야 하는 경우가 많이 생길 것이다. 우리는 부정적인 감정을 피해 달아날 수 없다는 사실을 받아들여야 한다. 또는 파도에 맞섰던 크누트 왕처럼 그런 감정을 밀어낼 수도 없다. 그 감정에 맞서든지, 아니면 거기에 나를 맞춰야 한다. 그 감정을 보다 깊이 이해하고 내면으로부터 제어하자.

이것은 나의 경험에서 나온 말이다. 매일은 아니지만 비몽사몽간에 회의와 두려움에 젖어 꼬물거리는 손가락들이 생각의 틈을 파고드는 밤이 찾아오곤 한다. 늙고 병들어 고독사를 맞고, 기억해주는 사람 한 명 없이 쓸쓸히 저승길에 오르는 나의 마지막 모습이 떠오른다. 마음을 굳게 다잡아야 하는 순간이다. 우리는 혼자 있을 때 정신이 비이성적인 세상으로 치닫거나, 정체 모를 두려움과 혼란에 빠지고, 줄 끊어진 연처럼 하늘을 날기도 한다. 이것은 이성적이지도 않고, 현실도 아니고, 사실도 아니다. 청명한 아침 햇살이 비치면 다 괜찮아진다. 내가 나의 생각을 제어하는 것이지, 내 생각이 나를 제어하는 게 아니라는 것을 명심하자.

이를 잘 새겨두면 사람들 일로 속상할 때 알차게 써먹을 수 있다. 그들은 대개 자신의 말이나 행동이 가져올 여파에 대해 무심하다. 내가 볼 때 그것은 본인이 생각하는 자신의 모습이 반영된 것에 불과하다. 충동적으로 대응하면 내가 가진 힘은 사라진다. 나는 누가 너무 심하게 도발해오면 마음속으로 방패 삼아 거울을 들어 올려 상대의 모습을 비춘다. 나 자신을 보호하면서, 그것은 내가 아니라 그의 모습임을 보여주는 것이다. 내가 접했던 가장 유용한 조언 하나가 있다. 나를 대하는 사람들의 태도나 특정한 사건을 바꿀 수는 없지만, 거기에 대응하는 방법은 내가 제어할 수 있다는 것이다. 바람의 방향을 바꿀 수는 없지만 돛의 방향은 바꿀 수 있다.

혼자 사는 것도 마찬가지다. 혹여 짝이 있었으면 한다거나 가족과 함께 살고 싶더라도 우리의 현실은 그렇지 못하다. 결국 환경에 어떻게 대응하느냐에 따라 솔로 인생을 즐기는 방법도 결정된다. 내 경험에 비추어보건대 시련의 시간은 나를 강하게 만들었다. 모래알을 품은 굴이 진주를 낳는 이치다. 그러니 세상살이가 뜻대로 풀리지 않더라도 그러려니 여기고 이를 하나의 장막이라 생각하자. 그 장막을 걷어내면 훨씬 더 강하고 현명한 내가 드러날 것이다. 그것도 어렵다면 달걀 한 판을 들고 숲으로 들어가자. 나무를 향해 있는 힘껏 달걀을 내던져 깨뜨리고 나면 화가 가라앉고 평안이 찾아올 것이다.

외로움과의 한바탕 눈싸움

부활절 주말이 시작되는 성금요일 아침이다. 나는 그동안 내내 온전히 혼자 지내게 된다. 전남편이 우리 아이들과 자신의 여자친구 모녀를 데리고 여행을 떠났다. 꽉 찬 나흘이 나만의 시간으로 주어졌으니 마음 한구석에서 쾌재를 부른다. 아무것도 계획하지 않았지만 하고 싶은 것도 많고 해야 할 일도 많다. 우선 이 책을 써야 하고, 밀린 이메일을 확인하고, 이것저것 정리할 것도 있다. 기대감에 들뜬 것도 사실이지만 그 와중에 스며드는 티끌만 한 외로움조차 없다

사람들이 고독한 까닭은 다리를 놓지 않고 벽을 세우기 때문이다.
_조지프 포트 뉴턴(미국의 종교인 - 옮긴이)

고 부인한다면 나 자신과 독자들을 속이는 것이리라. 외로움은 배양 접시의 세균처럼 꿈틀거린다.

혼자라는 것 그 자체로는 문제가 되지 않는다. 외로움을 만들어 내는 건 우리의 마음이고, 그것은 다양한 가면을 쓰고 나타난다. 슬픔, 무관심, 무기력, 거부반응, 피로, 우울 등은 외로움의 또 다른 얼굴인지도 모른다. 실제로 느껴지는 이 감정들을 쉽게 물리칠 수는 없다. 그렇다면 어떻게 외로움과 정면으로 맞설 것인가?

외로움은 정상이다. 굴복하고 나아가자 외로움은 우리의 일상이다. 이는 엄연한 사실이다. 이 책의 자료 조사를 하면서 만났던 사람들은 모두 하나같이 외로움이라는 화두를 꺼내 들었다. 정도의 차이는 있지만 누구나 외로움을 느낀다. 마치 시골 구릉지를 여행하면서 이따금 어두운 골짜기로 들어가는 것과 같다. 당연히 그럴 수 있지만, 골짜기에 머물러 텐트를 치는 일만은 없어야겠다. '외로움'이라는 단어를 다음 인용문에 포함된 '슬픔'으로 대체하라. 캐럴 M. 앤더슨과 수전 스튜어트가 함께 쓴 『플라잉 솔로Flying Solo』에서 발췌한 내용이다.

'슬픔의 새가 머리 위로 날아가는 걸 막을 순 없지만 머리에 둥지를 트는 건 막을 수 있다.'

외로움에 지지 않으려면 정신과 육체의 양면작전을 구사해야 하지만, 경중을 따지자면 정신적인 면이 훨씬 더 중요하다. 육체적으로 아무리 많은 사람들에 둘러싸여 있더라도 내 감정을 좌우하

내 머릿속에 전초기지를 둔 적과 싸우기는 힘들다.
_샐리 켐튼(세계적인 명상가 – 옮긴이)

는 것은 그들이 아니라 나 자신의 심리 상태다. 그러니 받아들이고 굴복하고 타협하자. 다음은 수전 바움가르트너가 쓴 『마이 월든My Walden』에 수록된 내용이다.

'한때 내 영혼을 가두었던 외로움은 이제 소중한 동반자가 되어 고독이라는 보다 온화한 이름을 쓰고 있다. 그 변화는 서서히 점진적으로 일어났다. 나는 외로움과 싸우기보다 내 안으로 받아들여 생각과 공상과 계획으로 채우는 법을 깨우쳤다. 또한 외로움을 생산적으로 재구성하고 그 확고한 존재에 의지하는 법을 배웠다. 이제는 더 이상 외롭지 않은 듯하다.'

외로움과 더불어 행복, 슬픔, 탄생, 죽음, 사랑, 환희까지도 피치 못할 인생사의 일부분임을 받아들이고 앞으로 나아가자.

외로움을 객관적으로 바라보자 당신의 외로움은 결코 생각만큼 나쁘지 않다. 하나코는 1949년 타이 정부가 일본에 기증한 코끼리로 당시 나이가 두 살이었다. 이후 하나코는 도쿄 동물원의 좁은 우리에서 67년을 살다 다른 코끼리는 한 번도 만나보지 못한 채 2016년에 숨을 거두었다. 하나코는 '세상에서 가장 외로운 코끼리'로 알려졌다. 굳이 하나코를 언급한 이유는 우리의 외로움을 보다 객관적으로 보기 위해서다. 우리의 외로움이 아무리 크다 해도 하나코에 비하면 아무것도 아니다.

외로움과 혼자임은 다르다 잠시 멈춰 곰곰이 생각해보면 우리를 외롭게 하는 건 단순히 혼자 있는 행위가 아니라는 것을 알 수 있다. 나는 라이오넬 피셔의 『혼자라는 즐거움Celebrating Time Alone』에 인용된 로이 샤프의 말에 공감한다. 그는 우리를 실제로 외롭게 만드는 것은 비생산적이고 자기중심적이며 무정하고 친구가 없는 삶이라고 꼬집는다. 그러니 마음을 가다듬고, 스스로 외로움의 피해자가 되지 않도록 하자. 이런 부정적인 요소를 하나하나 제거하고 생산적인 삶, 밖으로 눈을 돌려 사랑을 나누는 삶을 만들어가는 데 주력하자.

당신은 소중한 존재다 한때는 내가 이 땅에서 연기처럼 사라져도 그리워해줄 사람 한 명 없다는 생각이 들기도 했다. 그래서 외로웠다. 이성적으로 따져보면 그럴 사람은 분명히 있다. 이를 잊지 않으려고 커다란 스크랩북에 카드와 편지를 모아두었다. 친구들과 가족이 보낸 이메일도 잘 간직하고 있다. 나는 그들에게 소중한 사람이다. 그 증거가 이렇게 기록으로 남아 있지 않은가.

자존감을 갖고 자신을 좋아해야 한다. 나는 나에게 소중한 사람이다. 이 내용은 제3장에서 더 자세히 다루도록 하겠다.

외로움에 대한 두려움에 짓눌리지 말자 프랭클린 D. 루스벨트는 '우리가 유일하게 두려워해야 할 대상은 두려움 그 자체뿐이다'라고 말했다. 즉 두려움은 일종의 심리 상태이며 우리에게 영향을 미칠 만한 힘을 가졌다는 뜻이다. 두려움은 물리적 실체가 아니지만 빈틈을 보이면 언제든 우리의 마음을 타격할 수 있다. 마일즈 트립의 책 『여덟 번째 탑승객The Eighth Passenger』에 적절한 예가 나와 있다. 제2차 세계대전 당시 랭커스터 폭격기의 승무원은 총 일곱 명이었는데 그들은 가끔 '여덟 번째 탑승객'에 대해 얘기하곤 했다. 그들 모두 이 탑승객의 존재를 인식하고 있었으며, 눈에 보이지는 않았지만 임무의 결과에 영향을 미치기도 했다. 그 탑승객은 바로 두려움이었고, 그들은 이 두려움을 통제해야 했다.

외로움에 대한 두려움은 우리를 더 심하게 망가뜨린다. 외로움 자체는 우리를 해치지 못한다.

당신은 혼자가 아니다 외롭다고 느끼는 건 당신 혼자만이 아니다. 세계 전역에 당신처럼 애틋한 슬픔을 느끼는 이가 수없이 존재하고, 우리는 모두 보이지 않는 끈으로 연결되어 있다. 장담하건대 지금 이 순간 어딘가에서 홀로 살아가는 3억 명 중에 누군가는 나와 똑같은 감정을 느끼고 있다. 위로가 되지 않는가?

소셜 미디어를 조심하라 요즘 같은 테크놀로지 시대에 일부러 피하지 않는 이상 우리는 사실상 혼자일 수 없다. 그런데 어찌된 일인지 이 첨단 컴퓨터 온라인 사회에서 외로움은 더욱 아프고 괴롭고 쓰라리다. 비 내리는 토요일 밤 집에 홀로 앉아 누군가가 자랑삼아 올려놓은 페이스북 게시물을 보고 있노라면 부러움, 슬픔, 고립공포감FOMO, Fear Of Missing Out 같은 감정이 아리도록 밀려드는 건 나 혼자만이 아닐 것이다. 나는 저 단란하고 행복한 가족 모임에서 웃고 있는 행운아가 아니라는 걸 잘 안다. 저들처럼 부부 동반 저녁식사 자리에도 나갈 수 없고, 남편과 함께 파리나 발리, 부탄의 공기를 만끽하지도 못한다. 모든 것을 감안할 때 페이스북은 외로움에 도움이 되지 않는다. 이름뿐인 친구들은 차단하고 테크놀로지를 주도적으로 이용하자. 스카이프나 이메일로 친구들과 소통하거나 관심 있는 온라인 커뮤니티에 가입하는 것도 좋다. SNS가 내 삶에 가져올 득과 실을 잘 따져보고 그에 맞게 수위를 조절하자.

인터넷상에 떠도는 조언은 무시하라 때로는 인터넷이 아주 유용하지만 하등의 가치도 없는 쓰레기를 토해놓는 경우가 적지 않다. 특히 외로움에 대처하는 방법이라고 떠도는 것들은 거의 후자에 속

인간의 덕목 중 으뜸은 용기다. 용기는 다른 모든 덕목을 보장해주기 때문이다.
_아리스토텔레스

한다. 내가 인터넷에서 5분 만에 골라낸 이 조언들은 상대를 훈계하려 드는 속내가 쉽게 읽힌다. 괄호 안에 내 의견을 첨부했는데 읽을수록 화가 치민다.

- 사회성 개발. 일부 전문가들은 외로움은 일차적으로 관계를 만들고 유지하는 사교 능력의 결여에서 비롯된다고 주장한다. (더 이상 언급할 가치가 없다.)
- 집에서 나와 즐겨라. 당신에게 새를 관찰하는 취미가 숨겨져 있을지도 모른다. (훈계도 정도껏.)
- 친구가 될 만한 상대를 면밀히 살펴라. (섬뜩하고 극단적이다.)
- 매사에 긍정적인 자세. (외로움이라는 걸 아예 못 느끼는 분인 듯.)
- 만약 외롭다면 그 상황을 곱씹지 말고 일어나 나가라! 사람들이 많은 곳으로 가자. 아는 사람이 없어도 걱정할 필요 없다. 때로는 사람들 틈에 있는 것만으로도 마음이 밝아진다. (훨씬 더 우울해질 수도 있다.)
- 동호회에 가입하자. 가령 원예 동호회 같은 것도 좋다. 아주 멋진 사람들을 만날 수 있다. 당신이 좋아하는 일을 즐기면서 원예를 더 깊이 공부하자. 당신의 원예 지식을 회원들과 나눌 수도 있다. 이런 활동들이 당신의 외로움을 덜어줄 것이다. ('아주 멋진'이라고 했나? 역시 외로움을 전혀 경험하지 못한 누군가의 상투적인 말잔치일 뿐.)
- 마냥 주저앉아 패배감에 젖어 있을 것이 아니라 미소를 짓고 뭔가 다른 일을 하면서 외로움을 치유하자. (참 쉽죠잉~.)

마지막으로 내가 뽑은 대망의 1위다.

- 애완동물을 기르자. 영화 「캐스트 어웨이」에서 톰 행크스가 배구공 윌슨과 몇 년을 함께 살았다면 개나 고양이는 분명 더 큰 위안을 줄 것이다. 애완동물은 훌륭한 동반자가 될 수 있다. 다만 이들이 사람을 대신한다고 생각하면 곤란하다. 인간관계의 끈은 절대 놓지 말자. 힘들 때 의지하고 대화할 상대가 필요하다. (이제 페인트칠한 배구공보다 나은 뭔가에 의지해 위안을 얻어야 하는 건가? 가히 훈족의 왕 아틸라의 감수성이다.)

훈계도 좋지만 전혀 도움이 되지 않을 뿐더러 감이 너무 떨어진다. 목덜미에 느껴지는 외로움의 싸늘한 입김이나 집 안에 자욱한 외로움의 잿빛 안개를 경험하지 못한 이들의 작품이다.

무엇이 외로움을 촉발하는지 찾아내자 ……그리고 그에 따른 전략을 수립하자. 때로는 식당에서 밀어를 속삭이는 연인들 때문에 창끝 같은 외로움이 파고든다. 혹은 컴컴하고 적막한 집에 들어갈 때, 새해맞이 파티에 갔을 때, 공항에 마중 나온 이가 아무도 없을 때, 주말에 혼자 지낼 때…… 저마다 사연은 제각각이다.

무엇이 날 외롭게 하는지 파악하여 그 상황을 피하기 위한 전술을 마련해나가자. 아니면 전의를 가다듬고 외로움 퇴치 신공을 펼쳐도 좋다.

외로움 퇴치 신공 외로움을 하나의 문이라고 생각하자. 그 문을 열면 기분이 좋아지는 다른 것들이 나타난다. 다만 문 뒤의 그 무언가는 아주 개인적인 것들이라 누구에게는 통하지만 누구에게는 통하지 않을 수도 있다. 내게 통하는 건 나만이 알 수 있다.

우선적으로 고려해볼 것들

- 뼛속들이 행복해지는 기억을 떠올린다.
- 세상모르고 빠져들 수 있는 책을 찾는다. [나의 애독서는 『땡땡의 모험Les Aventures de Tintin』(벨기에 만화작가 에르제의 작품으로, 50개 언어로 60개국에서 출간된 세계적인 베스트셀러다 - 옮긴이)이다!]
- 내게 힘을 주는 테드TED 강연이나 팟캐스트를 알아본다.
- 미술관에 간다.
- 뭔가를 마무리 짓는다.
- 유튜브에서 새로운 것을 배운다.
- 최대한 자연을 가까이한다. 시골이나 근처 공원을 찾아가자.
- 잡지를 몇 가지 구독한다. 유명인으로 도배된 뽀샤시한 주류 잡지는 대충 거르고 내 취향에 맞는 틈새시장 전문지를 알아보자. 우울할 때를 대비해 몇 권 준비해두자.
- 전문가의 도움을 받는다. 상담사가 아니라 코미디언이다. 마음에 드는 코미디 쇼를 찾아보자. 인터넷이나 DVD, 오디오북도 좋다. 나는 BBC 라디오 시리즈 「캐빈 프레셔Cabin Pressure」를 가장 즐겨 듣는다.
- 다른 사람을 돕는다. 자원봉사도 좋고, 누군가에게 도움의 손길을 건네자. 모르는 사람의 차 앞 유리에 쪽지와 함께 5달러짜리 지폐를 남겨본다.
- 처음 가는 길로 산책을 하거나 평생 한 번도 안 해본 걸 해본다.
- 친구한테 전화해서 지금의 내 심정을 털어놓는다. 다만 뭘 좀 아

는 친구여야 한다. 다시 말해 나를 진심으로 이해하고 귀를 기울여주는 사람이어야 한다는 뜻이다. 별로 내세울 것도 없으면서 자기 자랑만 늘어놓는 친구는 알아서 피하는 게 상책이다. 이전에 나도 전화 상대를 잘못 고른 적이 있다. 득보다는 실이 많으니 주의하자.

외로움인가, 우울인가 우울은 우리의 방어막 밑으로 슬그머니 기어든다. 가벼운 우울증은 때로 감춰진 진실을 드러낸다. 일단 우울을 경험하고 나면 이를 바탕으로 남에게 도움을 줄 수도 있다. 나는 우울이 가져오는 무감각과 절망, 무가치함의 느낌을 충분히 이해하며, 그 우울에서 어떻게 벗어나는지도 알고 있다. 의사나 상담사의 도움을 받을 수도 있고, 자신의 태도와 행위를 스스로 검토할 수도 있다.

『한낮의 우울 The Noonday Demon』을 쓰기 위해 세계를 두루 여행한 앤드류 솔로몬이 내린 결론은 우울의 반대는 행복이 아니라 행동에 기초한 생명력이라는 것이다. 우울증을 혼자 이겨내기는 힘들지만, 그렇다고 친구의 도움이 늘 최선은 아니다. 그들은 전문적인 훈련을 받지 않았고 당신과 함께 싱크홀에 빠져들 생각도 없다. 마음만 먹으면 전문가의 도움을 구하기가 그리 어렵지 않다.

'외로움'에서 '즐거운 고독'으로

독일의 신학자이자 철학자인 폴 틸리히는 이렇게 썼다.

최악의 외로움은 나 자신이 불편하게 느껴지는 것이다.

_마크 트웨인

'우리의 언어는 혼자 있음의 두 가지 측면을 현명하게 분별한다. 외로움은 혼자 있음의 고통을 표현하고, 고독은 혼자 있음의 즐거움을 표현한다.'

비판과 고립이 따르는 외로움에 등을 돌리고 좀 더 따스한 형제인 고독을 마주하자. 고독에는 선택과 자부심이 결부된다. 내가 고독하기를 자청하는 것이다. 반면 외로움은 강요된 것이다. 그러니 독일 민화에 등장하는 난쟁이 요괴 럼펠슈틸츠킨Rumpelstiltskin처럼 외로움의 지푸라기를 고독의 황금으로 바꾸자. 달마와 혜가를 잇는 삼조 승찬 스님은 그의 법문 「신심명信心銘」에서 '털끝만큼이라도 차이가 있다면 하늘과 땅만큼 멀어지리라'고 썼다. 고독과 외로움도 털끝만큼의 차이일지 모르지만 그 차이는 둘의 다름을 만들기에 충분하다.

세라 홀브룩은 극단적인 방법으로 자신의 고독을 받아들이기로 했다. 집과 사업체를 정리하고 미국 시골 숲속의 한 오두막으로 들어간 것이다. 라이오넬 피셔의 『혼자라는 즐거움』에 그녀의 이야기가 소개된다. 세라는 혼자임을 두려워하지 않고 그것을 멋지고 소중한 비밀로 인정하고 받아들였다.

혼자 살아가려면 몇 가지 의식적인 사고의 전환이 필요한데 다음도 그중 하나다. 혼자 사는 것을 절대 복역할 형량으로 생각지 말자. 관점을 바꾸고 새롭게 구상한다. 고독은 목을 휘감고 있는 무거운 앨버트로스가 아니다. 대신 그 커다란 날개로 나를 감싸고 보호하게 하자. 그것은 목적을 위한 수단이다. 내가 귀 기울이면 고독은

인내심을 갖고 카드를 섞어라.

_미구엘 데 세르반테스

내게 보답한다.

의도된 행복

'행복해지고 싶다면 행복하라.' 톨스토이의 말이다. 그는 하버드 대학에서 행복 센터Happiness Centre를 설립하고 『행복의 특권The Happiness Advantage』이나 『무조건 행복할 것The Happiness Project』 같은 책이 우리의 상상력을 사로잡기 훨씬 이전부터 뭔가를 알고 있었다.

세상은 내가 인지하는 상태대로 존재한다. 그러므로 기회를 놓쳤다거나 불공평한 인생이라고 생각하면 그것이 곧 나의 현실이 된다.

이것은 단지 짜증나게 웃는 얼굴의 이모티콘으로 긍정적 사고를 내세우는 말잔치가 아니다. 긍정적인 마음가짐이 긍정적인 결과로 이어진다는 것은 그동안의 연구나 상식으로 검증되었다. 아침에 침대에서 내려오면서 내가 하루를 어떻게 설계하는지 생각해보자. 이미 전문가들이 증명한 바와 같이 행복한 사람이 성공하는 것이지 성공한 사람이 행복한 것은 아니다.

영국의 방송인 자일스 브랜드리스는 자신의 책 『인생은 불친절하지만 나는 행복하겠다The 7 Secrets of Happiness』에서 다음과 같은 규칙을 제시했다. 저자도 지적했지만 그중 자기 입맛에 맞는 몇 가지만 취사선택할 수는 없다. 아래의 일곱 가지 사항을 모두 준수하라.

1. 열정을 개발하라.
2. 나뭇잎이 되자(개인이지만 보다 큰 공동체와 연결되자).
3. 거울을 깨라(자기애는 금물).
4. 변화에 저항하지 말 것(새로운 것을 받아들여라).

5. 행복 회계 감사. 시간의 절반 이상을 즐겁지 않은 일에 쓰고 있다면 뭔가 조치를 취하자.
6. 현재를 살자. 지금 일어나는 일을 즐기고 미래에 대한 지나친 걱정은 그만둔다.
7. 행복하라. 달라이 라마는 이렇게 말했다. '이왕이면 낙관하라. 마음이 한결 편안하다.'

마틴 셀리그먼 박사도 행복의 조건으로 긍정적 감정과 만족, 성취, 관계, 몰입, 의미를 제시한다. 이 다섯 가지 중에서 마지막 두 개가 가장 중요하다. 내가 하는 일에 열중하면서 삶을 더 의미 있게 만드는 방법을 찾는다면 행복은 자연히 따라오게 된다.

일명 '닥터 해피'로 통하는 팀 샤프 박사는 일곱 가지 조건을 제시한다. 관계를 풍요롭게 하라, 앞날을 내다보라, 힘을 써라, 건강하라, 밝은 면을 보라, 감사하고 용서하라, 목적을 만들어라. 나는 현실주의자로 인생이 마냥 행복한 꽃길이라 기대하지 않는다. 내가 원하는 것은 단지 넘치지 않을 만큼 자그마한 행복이고, 그 또한 내게 달려 있음을 안다. 우리는 모두 걸어 다니는 거울이다. 그러니 앞서 말한 전략들 중 몇 가지는 실행하는 데 시간이 좀 걸리더라도 우선은 낙관적인 전망 하나만으로도 유사한 효과가 이어질 것이다.

인생을 거꾸로 살아가려는 사람들을 자주 본다. 그들은 보다 많은 물질,
보다 많은 돈을 가지려 노력한다. 자기가 원하는 것을 더 많이 하고,
그래서 더 행복해지기 위해서다. 하지만 이 원리는 실상 역방향으로 작동한다.
먼저 자기 본연의 모습을 찾고 내가 할 일을 해야만 원하는 것을 가질 수 있다.

_마거릿 영(미국의 가수이자 코미디언 – 옮긴이)

토템과 함께 강해져라

우리 솔로들은 안전망 없는 공중곡예사다. 비난이나 가시 돋친 말로 인해 쉽게 균형을 잃고 무너질 수 있다. 놀랍고 실망스럽게도 이처럼 우리를 위협하는 요소는 곳곳에 도사리고 있다. 낯선 사람이 상처를 주기도 하지만, 친구 혹은 친구 같은 적에게 공격당하기도 한다. 그들 중 대부분은 혼자 살지도 않고, 자기가 어떻게 우리에게 상처를 주는지 눈치조차 못 챈다. 어쨌든 좋다. 삶은 계속되니까. 지나친 낙관처럼 들릴 수도 있지만, 몇 년이 걸릴지라도 시련은 한편으로 우리에게 성장의 기회를 제공한다. 아마 그들에게도 기회가 될 것이다.

우리는 갑옷 같은 피부를 지녀야 한다. 상상의 망토를 온몸에 두르고 아픔을 물리치자. 나는 세 마리의 야생동물로부터 강인함에 대한 교훈을 얻었고 그들을 내 나름의 토템으로 삼아왔다.

그들은 들개와 암사자, 그리고 들소다.

들개 솔로 나는 어렸을 때 휴고 반 라윅의 『솔로Solo』라는 책을 선물받았다. 아프리카 들개 한 마리에 대한 이야기였다. 한배 새끼들 중 가장 작고 약하게 태어난 솔로는 다른 개에게 형제자매를 모두 잃고 무리에 적응하려고 노력하지만 끊임없이 괴롭힘과 무시를 당한다. 하지만 솔로는 절대 포기하지 않는다('wildfilmhistory.org'에 이야기의 결말이 나와 있다). 나는 맑은 눈망울을 가진 솔로의 모습을 사랑한다. 그

만약 우리 모두가 자기 문제들을 한곳에 쌓아놓고 서로 비교해본다면,
각자 자기 것을 되찾아가게 될 것이다.
_레지나 브렛(미국의 작가 – 옮긴이)

리고 다른 개들에게 물려 찢겨나간 귀는 강인함의 표상이다. 솔로의 이야기는 결코 잊을 수 없다.

암사자 내가 이혼을 진행 중일 때 깊은 감명을 받은 작품 하나가 있다. 영국박물관에 소장된 아시리아 암사자의 부조상이었다. 암사자는 심한 부상을 입고도 싸움을 멈추지 않는다. 나는 이제 기력을 회복하고 당당하게 홀로 선 한 마리의 고독한 암사자다.

들소 흥미로운 사실 하나를 소개한다. 눈보라가 휘몰아칠 때 동물들 중 유일하게 들소 떼만 본능적으로 방향을 바꿔 눈보라 속으로 걸어 들어간다고 한다. 그것이 눈보라를 통과하는 가장 빠른 길임을 알고 있다는 것이다. 지나친 의인화인지도 모르지만 시련 앞에서 겁먹지 않고 정면 돌파하는 동물을 사랑하지 않을 순 없다.

솔로의 인내력, 암사자의 필사적인 저항, 그리고 고난에 정면으로 맞서는 들소의 능력은 비관론자와 뒷담화꾼, 친구를 가장한 적 등과 같은 부류 속에서 강해져야 한다는 사실을 다시금 일깨워준다.

솔로 인생의 모험을 프로젝트로 변환하라

혼자 살아가는 나의 이야기를 글로 쓰거나 기록으로 남기는 건 어떨까? 무엇이 효과가 있었는가? 다른 사람에게 어떤 조언을 해주고 싶은가? 어떤 실패를 경험했고 거기서 뭘 배웠는가? 'alone(혼자)'에서 'l'을 지우고 'a one(하나의 존재)'이 되기까지 어떤 과정을 겪었는가?

혼자 사는 것에 대해 책을 쓴 여성들이 있다. 그중에서 조안 앤더슨의 『오십에 길을 나선 여자A Year By the Sea』, 앤 모로 린드버그의

『바다의 선물Gift from the Sea』, 앨릭스 케이츠 슐먼의 『빗물을 마시며 Drinking the Rain』는 읽어두면 유익한 책이다.

혼자 잘 사는 것은 본인이 갈고닦아야 하는 마음의 경지다. 혼자인 삶을 새로운 나라처럼 탐험하고, 하나의 섬이라 생각하고 지도를 그리자. 좋은 곳은 어디이고 힘든 곳은 어디인가? 자랑할 만큼 아름다운 곳은 어디인가? 아직 탐험하지 않은 곳은 어디인가?

자신에게 관대하라

우리는 여성으로서 자신에게 매우 가혹하고, 혼자 사는 것은 이를 더욱 악화시키는 듯하다. 마치 내가 서커스 천막의 중심기둥이 되어 모든 걸 떠받쳐야 하는데 가끔 마음에 들지 않을 때가 있는 것 같다. 우리는 자신에게 너무 많은 것을 요구하고, 그에 미치지 못하면 자존심에 상처를 입는다.

모두가 놀라운 일을 해낼 수 있는 건 아니다. 이 책에서 제시한 조언을 한 가지만 따르더라도 다른 사람보다 앞서갈 수 있다. 그러니 다른 사람 생각은 접어두자. 내가 해낸 일을 칭찬하고, 해야 할 일에 대해 조바심내지 말자. 때가 되면 이루어진다. 각자의 여정은 모두 다르다.

나만의 이키가이를 찾아라

미국의 시인 매리 올리버는 '하나뿐인 너의 거칠고 소중한 인생을 어떻게 살 것이냐'고 묻는다.

일본인들은 모두 '이키가이生甲斐'(사는 보람 - 옮긴이)를 갖고 있다. 이키가이는 아침에 일어나야 하는 이유로 해석되기도 한다. 그것은 인생을 살 만한 가치가 있게 만드는 열정이다. 쉽게 말하면 삶의 목표 정도가 되겠다. 이키가이를 찾아내면 삶의 방향을 잡는 데 도움이 된다. 구글 지도에서 도착지를 설정하는 것과 같다.

켄 로빈슨의 책 『너만의 엘리먼트를 찾아라Finding Your Element』를 적극 추천한다. 이 책은 삶의 '엘리먼트' 혹은 목표를 짚어내는 데 필요한 실용적인 기술과 도구를 제시하는데, 총 10장으로 구성되어 있다.

1. 나의 엘리먼트 찾기
2. 내가 잘하는 일은 무엇인가?
3. 나의 소질을 어떻게 알 수 있을까?
4. 내가 좋아하는 일은 무엇인가?

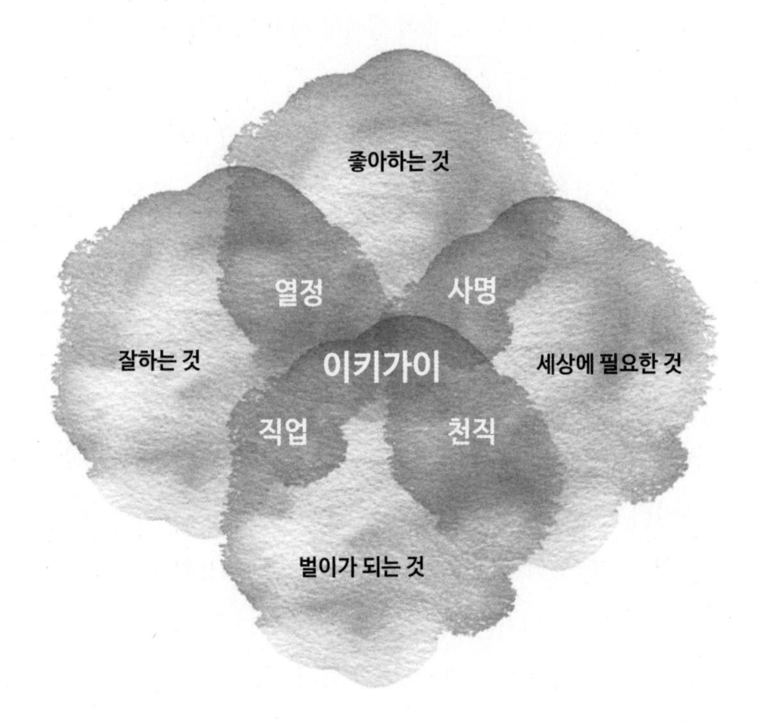

5. 나는 어떤 일을 할 때 행복한가?

6. 나의 태도는 어떤가?

7. 지금 나의 위치는?

8. 나의 동질집단은 어디에 있는가?

9. 그다음 무슨 일을 할까?

10. 열정과 목적의식 가지고 살기

이 열 가지 훈련을 제대로 마친다면 이제 당신의 이키가이는 바로 눈앞에 있다고 해도 과언이 아니다.

'삶의 목표 찾기'가 너무 부담스럽게 들리고 별로 내키지 않더라도 괜찮다. 우리 모두가 위대한 사명을 띠고 태어나는 건 아니다. 『원씽The ONE Thing』의 저자인 게리 켈러와 제이 파파산은 이렇게 조언한다.

'단순하게 내 인생에서 다른 무엇보다 중요한 하나를 찾아내자. 내가 이루고 싶은 것을 적고 구체적인 실행 방법을 구상하라. …… 방향을 정하고 그 길을 따라 걸어가며 내 반응을 살피자. 시간이 가면서 명료해질 것이고, 마음에 들지 않으면 언제든지 바꿀 수 있다. 어디까지나 내 인생이다.'

우리는 살아가면서 삶의 목표를 제시하는 경험을 많이 하게 된다. 때로는 어떤 식으로든 이미 목표가 제시되었지만 그것이 주변부나 과거에 머물러 있을 수도 있다. 마음의 뚜껑을 열고 젓가락으로 휘저어보자. 꼭 뭔가 거창할 필요는 없다. 내게 맞으면 그만이다. 때가 되면 나타날 것이니 무리해서 쫓아갈 이유는 없다. 인생은 늘 우리에게 말한다, 단서는 거기에 있으니 그저 귀를 기울이라고.

나 자신의 친구가 되어라

당신은 제인 팀 혹은 세라 팀이다. 이름이 무엇이든 홀로 이루어진 팀이다. 우리는 그 누구보다 자기 자신과 보내는 시간이 많다. 그러니 스스로 좋은 친구가 되어라. 나는 다행히 나와 함께 있는 것이 즐겁다. 그러나 당신은 그렇지 않다면 어떤 조치를 취해야 할까?

다른 사람들이 당신에게 칭찬이나 격려를 해주는 일은 매우 드물다. 내가 알아서 그 공백을 채우자. 다른 사람들이 '좋아' 또는 '잘했어'라고 말해주길 기다리지 말자. 잊을 만하면 내 등을 토닥거려주자. 한 걸음을 뗀 것만으로도 이미 충분히 잘하고 있는 것이다.

부정의 면전에 쾅 하고 문 닫기

입센의 「인형의 집」 결말 부분에서 노라가 집을 나서며 쾅 하고 문을 닫는 순간은 연극사에 길이 남는 명장면으로 손꼽힌다. 말 그대로 세계에 울려 퍼진 이 문소리는 만족스럽지 못한 결혼 생활을 뒤로하고 독립을 찾아나서는 노라의 내면을 상징한다. 여자는 남자에게 순종해야 한다고 믿었던 당시 분위기로서는 매운 드문 일이다. 부정적인 생각을 인정하고, 필요하다면 이름도 붙여주자. 옹졸함, 성급함, 좌절감 등으로 이름을 붙였다면 노라처럼 굳은 마음으로 이들의 면전에 쾅 하고 문을 닫아야 한다.

내가 어쩌다 요 모양 요 꼴이 되었는지 우는소리를 늘어놓기 전에 가장 가까운 거울을 앞에 두고 문제의 해법을 강구하자. '불평하는 자는 쓰레기를 끌어당기는 살아 숨 쉬는 자석이다.' 하브 에커의

행복한 삶을 일궈가는 데 필요한 것은 거의 없다. 모두 내 안에 있고 내 생각에 달렸다.
_마르쿠스 아우렐리우스

예리한 지적이다. 그는 우리에게 1주일만 전혀 불평하지 말고 삶이 어떻게 바뀌는지 보라고 제안한다. 희생자가 되면 잠깐 주목을 받을지도 모르지만, 길게 보면 결국 친구도 성공도 얻을 수 없다.

물론 힘들 때도 있다. 현실은 가식의 세계가 아니다. 나도 하루 종일 입을 닫고 살다가 마트 계산대에서 고맙다고 말할 때 목에서 새된 소리가 새어나오면 여전히 심장이 살짝 오그라드는 느낌이다. 또는 태산 같은 걱정에 짓눌려 밤잠을 설칠 때 내 등 뒤에 아무도 없다는 사실이 서글프기도 하다.

머릿속에 머무는 생각은 반드시 결과를 낳는다. 부정적인 생각은 해악을 동반한다. 악마는 '나이 들고 매력 없는 실패자. 게다가 뚱뚱해. 누가 널 사랑해주겠어? 넌 세상에 뭘 기여했니?'라고 속삭인다. 태생적으로 강인한 우리 여성들이 이런 목소리에 휘둘린다는 사실이 우스울 뿐이다. 역동적인 힘으로 이를 저지하고 격퇴하자. 그 세력을 약화시키지 않으면 적은 이내 거점을 구축한다. 불평하는 습관을 들여선 안 된다. 그 마음속의 막다른 골목에서 빠져나와야 한다. 머리카락을 적신 파멸의 물을 짜내고 앞으로 나아가자. 내 머릿속에 맴도는 생각은 내가 선택한다.

부정적인 사운드트랙을 멈추는 방법

- 불만이 있다면 딱 한 번만 누군가에게 말하라. 그리고 산책이나 명상을 한다. 혹은 일기에 쓴다. 아니면 종이에 적어서 찢거나 불태운다. 그리고 잊어버린다. 불평은 거기까지만. 아무도 당신의 일에 신경 쓰지 않는다.
- 나 자신에게 그만하라고 말한다.

- 아무리 작은 일이라도 좋으니 목표에 다가갈 뭔가를 하자.
- 한밤중의 고민은 비이성적이며 밝은 날의 고민은 감당할 수 있다는 사실을 인정한다.
- 기분 전환. 친구들의 이름을 모두 적는다. 좋아하는 책 목록을 뽑아본다. 알고 있는 시를 적는다. 뭐든 좋다.
- 긍정적인 친구를 찾아보자. 기를 빼는 친구가 아니라 기를 주는 친구다.
- 문제를 재해석하고 긍정적인 면에 초점을 맞춘다.
- 부정적인 것들은 영원히 지속되는 게 아니라는 사실을 알자.
- 누군가가 내가 생각한 것을 말한다고 가정해보자. 어떻게 대응할 것인가?
- 남을 돕는다.
- 내 장점을 적는다.
- 긍정적인 음악 파일을 만든다. 나는 개리 슈만의 「프라안Praan」과 영화 「미션The Mission」의 사운드트랙에 수록된 엔니오 모리코네의 「뜻이 하늘에서 이루어진 것처럼 땅에서도 이루어지이다On Earth as it is in Heaven」를 즐겨 듣는다. 크게 틀자!

브로드웨이의 스타 시에라 보게스처럼 자신에게 말해보자.

'난 충분해. 정말 충분해. 믿을 수 없을 만큼 충분해.'

마치 그런 것처럼 행동하라

우리가 선택한 단어들은 특정 사안에 대한 우리의 느낌과 접근 방식, 나아가 그 결과에 강력한 영향을 미친다. '이것을 원한다' 혹은

'이것이 필요하다'고 말할수록 얻을 수 있는 확률은 점점 낮아진다. 대신 이미 이루어져 결실을 수확하는 것처럼 행동하라. '성공하고 싶다'를 '난 성공했다'로 대치한다. '원하는 직업을 얻고 싶다'가 아니라 '난 만족스러운 직업을 갖고 있다'고 말한다. 그리고 거기에 맞게 행동하면 즉시 놀라운 태도의 차이를 느끼게 될 것이다. 이런 마음가짐이 성공으로 이어질 가능성이 훨씬 높다.

나는 50대에 취업 전선에 뛰어들어야 했고, 지금은 또 다른 직업을 찾고 있기에 그 사정을 누구보다 잘 안다. 부정적인 목소리는 이렇게 속삭인다.

'나처럼 나이 든 여자는 아무도 써주지 않아.'

나는 이것이 자기 충족적 예언임을 깨닫고 이렇게 말을 바꾸었다.

'나는 이미 고객들의 가치를 높이고 있다. 나는 내 능력을 조용히 자신하며 의미 있는 경험을 갖추고 있다.'

그렇다고 집 안에 들어앉아 긍정적인 자세로 크럼펫crumpet(영국식 팬케이크의 일종 - 옮긴이)을 씹으며 『시크릿The Secret』(2006년 오스트레일리아 작가 론다 번이 동명의 DVD 영상물을 기반으로 쓴 자기계발서로, 출간되자마자 세계적인 베스트셀러가 되었다 - 옮긴이)을 읽는다고 절로 일자리가 구해질 리는 없다. 취업문을 뚫으려면 해당 분야의 관계망을 흔들고, 이력서와 멋들어진 자기소개서를 뿌려야 한다. 나는 이제 자신감을 갖고 부딪치며 마치 그런 것처럼 행동한다.

마치 그런 것처럼 행동하기가 좀처럼 여의치 않으면 부정적인

우리는 두려움을 직시하는 경험을 통해 매번 강인함과 용기, 자신감을 얻는다.
…… 사람은 모름지기 자기가 할 수 없다고 생각하는 일을 해야 한다.
_엘리너 루스벨트

문제를 긍정적이고 실용적인 질문으로 재구성하여 해결책을 찾는다.

'자금이 부족하다'가 아니라 '어떻게 자금을 마련할까?', '못한다'가 아니라 '어떻게 할까?', '아무래도 힘들겠다'가 아니라 '방법을 찾고 있다', '해야 한다'가 아니라 '할 것이다'…… 이 정도면 감이 올 것이다.

긍정적인 낱말 빙고 게임을 해보자. 긍정적인 단어 여섯 개를 적어두고 남은 하루 동안 대화나 이메일에 그것을 사용한다.

때로 세상살이가 너무 버겁거나 나홀로 젓는 작은 나룻배에 물이 든다고 느껴지면 좀 더 멀리 바라볼 필요가 있다. 우리가 지금 어떤 시련을 겪고 있건, 그것은 기나긴 인생에서 하나의 점에 불과하다. 1년, 혹은 5년이 지나면 별문제가 아니거나 아무런 문제도 안 될 것이다. 나는 내가 생각하는 것보다 강하다.

제2장

01 혼자 사는 것은 대단한 정신력을 필요로 한다. 다행히도 우리는 그것을 갖고 있다.

02 어떤 사람이 되고 싶은지 세 개의 형용사로 표현한다.

03 어떻게 대응할지는 내가 결정한다.

04 외로움과의 눈싸움에서 이기자.

05 '외로움'에서 '즐거운 고독'으로 갈아타자.

06 의도적으로 행복하라.

07 토템과 함께 강해지자(들개, 암사자, 들소).

08 솔로 인생이라는 모험을 프로젝트로 전환하자.

09 자신에게 관대하라.

10 나만의 이키가이를 찾자.

11 나 자신의 친구가 되어 독려하고 응원하자.

12 부정의 면전에 쾅 하고 문 닫기.

13 마치 이루어진 것처럼 행동하자.

제3장

나보다 소중한 사람은 없다

나 자신·가족·친구·로맨스·지역사회·네발동물

모르긴 해도 혼자 살면서 가끔 이런 의문을 품는 사람은 나만이 아닐 것이다. 내가 맨홀에 빠지면 누군가가 내가 없어졌다는 걸 아는 데 얼마나 걸릴까? 우스운 예지만 한 사람의 인간관계가 어떤 상태인지를 알아보는 데는 꽤 그럴싸한 시금석이 아닌가 싶다.

굳이 맨홀을 가정하지 않더라도 우리는 모두 사랑받고 주목받고 기억되기를 원한다. 하지만 혼자 사는 우리에게 인간관계라는 이름의 태양계는 여느 사람들과 사뭇 다르게 돌아간다. 어떤 관계는 전면에 나서고 어떤 관계는 뒤로 빠지면서 보다 심한 변화를 보이는데 늘 내 기대대로 되지도 않는다. 그러면서 친구와 친척의 중요성을 깨닫게 된다. 그들은 때로 나와 맨홀 바닥 사이에 존재하는 유일한 안전망이 될 수도 있다. 내 마음은 시계추처럼 좌우로 흔들린다. 한쪽에는 고독을 사랑하는 내가 있고, 다른 한쪽에는 교유와 사랑, 웃음, 친밀한 접촉을 고대하는 내가 있다.

아이러니컬하게도 혼자서 잘 살아가는 사람은 다른 사람들과도 잘 어울린다. 연구 결과에서도 혼자 사는 사람이 함께 사는 사람보다 사교성이 높다고 명확히 밝혀졌다. 프랑스의 극작가 알베르 기농은 이렇게 말했다.

'혼자 있는 것을 견디지 못하는 사람은 대부분 함께 있기 힘든 사람이다.'

나는 혼자가 되고 나서 내 인생에 연관된 사람들의 역할을 제대로 식별하기 시작했다. 물론 내 친구가 된 것을 영광으로 알라는 뜻은 아니다. 내가 말하고자 하는 바는 누구든 내 감정을 다치게 하고 나 자신을 회의하게 만드는 사람은 내 소중한 인생에 끼워주지 않는다는 것이다. 다음은 혼자 사는 사람에게 필요한 관계의 중요성 순위이다.

1. 나 자신
2. 가족
3. 친구
4. 로맨스
5. 우리 동네

'나'를 찾고 긍정적으로 다가가라

세상에서 가장 중요한 관계다. 내가 가진 단 한 사람, 그 사람은

그대가 해야 할 일은 사랑을 구하는 것이 아니라 사랑을 가로막기 위해
스스로 세운 그대 안의 모든 장벽을 찾아내는 것이다.

_루미(13세기 페르시아의 신비주의 시인 - 옮긴이)

나 자신이다. 혼자 살려면 반드시 거울에 비친 내 모습이 좋아져야 한다. 물리적인 몸이 아니라 내 영혼과 본연의 모습이다. 내 눈은 나를 보고 무슨 말을 하는가?

첫눈에 유대감을 느끼는 사람을 만난다고 가정해보자. 함께 있으면 편하고 재미있고 영감을 주는 사람, 마냥 같이 시간을 보내고 싶은 사람, 그것은 바로 나 자신이다! 내가 나를 사랑하기 전에는('사랑하기 전'이지 '사랑하지 않으면'이 아니다) 아무것도 제대로 풀리지 않는다. 나 자신을 좋아하면 외로울 일이 없다. 이는 또한 누군가의 사랑을 받기 위해 필요한 전제 조건이다.

바이올렛 퍼트넘은 '세상에 단 한 사람이라도 나를 원하는 마법이 일어나면 그것이 곧 내 존재의 총합이다'라고 말했다. 때로는 그 한 사람이 내가 되어야 한다.

행복해지는 길은 흔들리지 않는 자존감을 키우는 것이다. 사실 말은 쉽지만 행하기는 어렵다. 우리는 대부분 자신을 가혹하게 평가하기 때문이다. 1점부터 10점까지로 나 자신을 평가해보자. 10점은 완전한 자기수용과 자기 확신이며 1점은 자기 거부를 뜻한다. 내 점수는 몇 점인가? 이 점수는 반드시 올려두어야 한다. 낮은 자존감은 인간관계 전반에 스며들어 나쁜 영향을 미친다.

자신에게 불만이 가득한 여성들 덕분에 자기계발서 시장은 나날이 커져가고 있다. 이제 생각을 바꾸자. '난 장점도 몇 가지 있지만 고칠 점이 훨씬 많다'보다는 '난 대체로 훌륭하지만 고칠 점이 몇 가지 있다'가 백번 낫다. 내가 나를 좋아하지 않으면 아무도 나를 좋아해주지 않는다. 수지 오먼의 유쾌한 코멘트를 기억하자. '나는 나랑 사귀고 싶다!' 리안 모리아티의 『기억을 잃어버린 앨리스What Alice

Forgot』를 읽다가 눈에 쏙 들어오는 구절이 있었다. '말린 살구는 윤이 나지 않아요.' 그러니 통통하게 물기를 머금자.

여기까지는 충분히 예측 가능하다. 너무 뻔한 소리라고 코웃음 치는 독자들도 있을 법하다. 하지만 구체적으로 어떻게 해야 나 자신을 더 좋아하게 될까? 더 강한 자부심과 자존감으로 이어지는 자신감은 어떻게 얻을 수 있을까? 아래의 일들을 시도해보자.

친구를 대하듯이 나에게 말하라 내 머릿속에서 오가는 대화가 가장 큰 힘을 발휘한다. 우리는 하루에 5만 가지의 생각을 한다. 그러니 좋은 생각을 하자. 우리는 모두 자기 머릿속에서 맴도는 부정적인 대화에 매우 익숙하다. 친구한테 그런 식으로 말한다고 가정해보자. 우정은 오래가지 못할 것이다. 그러니 좋은 친구 혹은 또 다른 자아(원한다면 이름을 지어주자)가 말하듯 나 자신에게 말하자. 단번에 변화를 느낄 것이다. 다른 사람을 사랑할 능력이 있다면 나 자신을 사랑할 능력도 있다.

임상심리학자 크리스토퍼 거머 박사가 이를 완벽하게 표현했다. '한순간의 자기자비self-compassion가 하루를 바꾼다. 이런 순간이 이어지면 인생이 바뀐다.'

자신에게 너무 엄격하지 말 것 우리는 자신에게 터무니없이 높은 기대치를 설정하고 그에 미치지 못하면 또 자신을 책망한다. 자신이 장애물을 넘는 승마 선수라고 가정해보자. 말에서 내려 코스를 돌며 모든 장애물의 높이를 낮추면 기분이 나아지지 않는가? 이것은 수준을 낮추는 게 아니라 현실을 자각하는 것이다. 자기 비난 혹은 자기 회의라는 덫에 끌려 들어가서는 안 된다. 길고 긴 '해야 할 일'의 목록을 삭제하고 '해낸 일'의 목록을 작성하면 만족감이 상승하는 것을 느끼게 될 것이다. 혼자 사는 사람은 생산성 측면에서 일단 유리한 출발을 한 셈이다. 그리고 목표를 향해 한 걸음씩 나아갈 때마다 자존감은 기하급수적으로 커질 것이다. 그러니 기준을 너무 높일 필요는 없다. 그것은 우리가 부응해야 할 기대도 아니고 추구해야 할 가능성도 아니다.

자존심을 살리는 스크랩북 만들기 내겐 친구와 독자들이 보내준 긍정적인 편지와 카드, 이메일로 가득한 스크랩북이 있다. 각종 감사 카드와 이혼할 무렵에 받은 격려 편지가 꽤 많다. 거기에 우리 북클럽 회원들이 각자의 개성을 형용사 세 개로 표현한 쪽지도 다 모아두었다. 세상이 온통 잿빛일 때, 혼자라는 건 결함이 있다는 얘기가 아닌가 하는 생각이 들 때 이 스크랩북을 꺼내 읽으면 놀라울 정도로 기운이 회복된다.

첫 페이지에는 나 자신의 긍정적인 면을 나열하여 적어 넣었다. 무의식적으로 자기 비하에 길들여진 나 같은 사람에게는 쉽지 않은 일이었다. 여러분도 이런 목록을 만들어 소리 내어 읽어보자. 이메일 내게 쓰기로 보내도 좋다. 본인에게 효과가 있는 긍정적인 만트라(주문 또는 진언 - 옮긴이)가 있으면 그것도 포함시키자.

나를 대표하는 이미지를 잡아라 자기가 가장 행복했을 때의 모습을 떠올려보자. 그것은 내면의 본질을 포착한 이미지다. 놀이공원에 있는 거울의 집처럼 타인의 관점에 의해 왜곡된 형상이 아니라 내가 보고자 하는 나의 모습이다. 그것은 내가 친구들과 함께 웃고 있는 사진일 수도 있고, 해변을 따라 걷거나 먼 바다를 내다보는 모습일 수도 있다. 실제 사진이든 머릿속에 그린 심상이든 그것은 내 고귀한 영혼을 상기시키는 것이어야 한다. 이는 특히 칠흑 같은 어둠 속을 헤매며 멘탈이 바닥까지 털린 듯한 실의의 나날에 무척 유용하다.

진정한 나를 찾는다 혼자 살면 내가 누구인지 어떤 사람인지 탐구할 수 있는 소중한 기회가 주어진다. 미국의 저널리스트 애널리 루퍼스는 자신의 책 『이젠 내가 밉지 않아Unworthy』에서 자존심을 폭파하는 부비트랩을 어떻게 해체할지 탐구한다.

'자기혐오를 넘어선 자아는 생면부지의 남이 아니다. 남자든 여자든 그게 되찾은 진짜 나다. 잡지의 패션 화보에서 자기혐오를 넘어선 자아가 우리에게 손을 흔드는 일은 별로 없을 것이다. 하지만 책, 영화, 그림, 자연, 음악, 웃음 속에서 우리의 진짜 언어를 들을 수 있다. 실제든 허구든 사람이 등장하는 곳이면 어디든 가능하다. 이를 신성하고 은밀한 게임처럼 운영하자. 무엇이 내게 말을 거는가? 이름? 색깔? 풍경? 몇 줄의 대사? 이런 것들이 다 하나의 출발선이자 조그만 빛이 될 수 있다.'

여기에서도 자신에게 도움이 된다면 스크랩북을 하나 만들자. 디지털이든 실물이든 상관없다. 나의 본능적인 반응을 이끌어내고 나만의 장점을 드러내는 이미지를 모으자. 진정한 나다움을 보여주는 이미지들이다. 나만의 트레이드마크를 만드는 것도 좋다. 예를 들어 늘 머리에 꽂는 꽃 한 송이, 과감한 빨간색 립스틱, 매년 같은 날에 여는 특별한 디너파티, 독특한 장신구 같은 것들이다.

후회와 원망 따위는 가뿐하게 버리자 벨크로Velcro(신발, 의류 등에 쓰이는 접착포로 흔히 '찍찍이'라고 부른다 - 옮긴이)가 될지, 테플론Teflon(프라이팬 등에

그대의 삶이 불타오르게 하고 그 불길에 부채질하는 사람들을 찾아라.
_루미

쓰이는 합성수지 코팅재 - 옮긴이)이 될지는 본인이 결정한다. 걱정거리를 끌어안고 갈 것인가, 비껴가게 할 것인가? 어떤 인생이든 후회와 원망, 고민을 피할 순 없다. 하지만 이런 것들은 살아가는 데 전혀 도움이 되지 않는다. 내 인생에 딴죽을 걸 뿐이다. 그러니 놓아주자. 후회와 원망이라고 적힌 티셔츠는 벗어 던지고 한 발 더 나아가 내 인생을 온전히 내가 책임지자. 설령 누구한테 당했다는 느낌이 강하게 들더라도 그에 대한 반응은 전적으로 내 책임이다. 뒤돌아보지 마라. 오로지 전진이다. 드디어 빛이 내리고 태양이 내 등에서 천사처럼 잠들리라.

미국의 작가이자 방송인 수지 오먼의 말이다. '후회라는 정서적 족쇄를 풀어야만 앞으로 나아갈 자유를 얻는다.'

새로운 기술을 습득하자 지금까지 한 번도 해본 적이 없는 것을 해보자. 외국어, 권투, 오페라 감상, 살사 댄스…… 뭐라도 좋으니 1년에 한 가지만 새로운 걸 배워보자. 나는 서예에 도전 중인데 워낙 인내심이 부족하여 그리 현명한 선택이라 할 순 없지만 글씨를 쓰고 있으면 나도 놀랄 만큼 기분이 좋아진다. 우리에겐 유튜브가 있으니 못한다는 핑계는 넣어두자. 유튜브에는 없는 게 없다. 마음만 먹으면 뭐든 배울 수 있다.

목표를 세우고 성취하라 할 수 있다. 5킬로그램 다이어트, 한 달 동안 매일 1만 보 걷기, 하루에 채소와 과일 다섯 개씩 먹기, 새로운 직업 구하기, 뭐가 되었건 목표를 하나 세우고 끝을 보자. 나 자신에게 하이파이브를 날릴 수 있는 100퍼센트 확실한 방법이다.

내 생일을 자축하자 몇 년 전에 나는 너무나 우울한 생일을 보낸 적이 있다. 아무도 기억해주지 않았고 내 아이들마저 잊고 있었다.

단지 생일 축하한다는 말을 듣고 싶어서 가게에서 만나는 사람들한테 얘기하고 다녔던 기억이 난다. 그때는 말할 수 없이 절박했다. 하지만 이제 더 이상 그런 일은 없다. 지금은 양면작전을 구사하고 있다. 첫째는 하루 날을 정해 나 자신에게 투자하는 것이다. 스파, 영화, 좋아하는 레스토랑에서 점심 먹기 같은 것들이다. 나를 위한 꽃과 선물을 사는 것도 잊지 않는다. 둘째, 생일 즈음이나 당일에 친구들을 저녁식사에 초대해서 내 생일이라고 말한다. 선물은 없어도 그만이다. 이렇게 몇 년을 해왔는데 그리 나쁘지 않은 생일을 보내고 있다. 비결은 계획하는 것이다. 막연한 기대는 금물이다.

지금까지 이야기한 긍정적 '자기 관리'가 행여 자아도취나 음산한 나르시시즘으로 빠져들지 않도록 주의해야 한다. 너무 자기 위주로 치닫거나 도를 넘은 자기계발에 몰두하면 자칫 무료함을 불러올 수 있으므로 거시적으로 바라보자. 한편으로, 나를 위해 뭔가를 하는 것이 꼭 이기적인 행위는 아니다. 중국어에서 '이기적'이라는 단어는 두 가지로 해석된다. '탐욕스러운 행위'와 '자신에게 이익이 되는 행위'다. 영어에는 이렇듯 두루뭉술한 구분이 없으니 죄책감은 안 가져도 되겠다.

가족은 어떤 존재일까?

나는 두 아이와 끈끈한 관계를 이어가고 있지만 그 외에 달리 남아 있는 직계가족이 없다. 그래서 친척과 소원한 이들을 보면 안타

그대 자신의 궁전이 되어라. 그러지 않으면 세상은 그대의 지옥이 되리니.

_존 던(영국의 시인 - 옮긴이)

까운 마음이 든다. 친척이 있다는 건 축복이다! 아무리 서먹서먹하고 문제가 많은 집안이라 해도 우리는 모두 특정한 혈연관계 내의 한 구성원이다. 물론 어느 집 가정사든 우여곡절은 있게 마련이다. 이제 와서 고백하지만, 나도 언니가 세상을 떠나기 전 1년간 연락을 끊고 살았다. 후회스럽지만 내가 지고 가야 할 짐이다. 그러니 운 좋게 형제자매나 가까운 친척이 있다면 공통점을 찾도록 노력하자. 나는 최근 몇 년 사이, 남아공에 사는 사촌들과 가까워졌다. 사촌만한 사이도 별로 없다. 대개 비슷한 또래에 핏줄로 엮여 있으니 단순한 친구보다 훨씬 가까운 존재다.

주변 사람들 중 누군가는 혼자 사는 당신을 가엾게 여기고 동정할지도 모른다. 자신을 속여서는 안 되지만 그들에게는 본인의 가장 밝은 얼굴을 보여주도록 노력하자. 우리 싱글들을 대표하는 포스터 모델이 되어 솔로 인생의 긍정적인 면을 홍보하자. 세상이 우리를 안쓰러운 눈으로 바라보게 해서는 안 된다. 우리가 원하는 건 긍정적인 대화지, 무한 반복되는 걱정 어린 질문이 아니다.

부모님이 돌아가시면 이루 말할 수 없는 외로움이 밀려든다. 한동안은 비통함에서 헤어나기 힘들겠지만, 이후로는 슬픔과 나란히 앉아야 한다. 그런데 나는 지금까지 단 하루도 돌아가신 부모님 생각을 하지 않은 날이 없었다. 기억에서 건져 올린 두 분의 목소리가 귓가에 울리면 나도 모르게 가슴이 먹먹해지곤 한다. 어머니날, 영국의 코미디언 세라 밀리칸이 페이스북에 '어머니날이 고통스러운 모든 분께 위로를 드립니다. 힘들겠지만 그분은 이제 여기에 안 계

틈나는 대로 선을 행하라. 언제든 할 수 있다.

_ 텐진 갸초(제14대 달라이 라마)

십니다. 당신의 사연이 무엇이든 사랑을 보냅니다'라는 글을 올리자 어마어마한 댓글이 폭주했다. 잘했어요, 세라.

나는 부모님 생전에 두 분의 어린 시절과 연애 시절에 대해 좀 더 자세히 묻지 않은 것이 못내 후회스럽다. 부디 내 전철을 밟지 않길 바란다. 나이가 들어가면서 나는 점점 나의 조상들에 대한 관심이 커지고 있다. 때로는 과거에서 미래의 지표를 발견한다. 가족사를 짚어가다 보면 현재 자신의 생각과 감정이 왜 이렇게 만들어졌는지를 문득 깨닫게 될 것이다.

물론 가족이란 게 원래 여기저기 삐걱거리고 늘 내 뜻대로만 되는 것도 아니다. 이혼 후에 전남편의 가까운 친척 한 분이 나의 친구 신청을 대놓고 거절했다. 상처를 받았지만 시도한 것에 의미를 두고 깨끗이 잊어버렸다. 때가 되면 그에 맞는 사람이 내 인생에 들어오게 마련이다. 그런데 뭐하러 날 물려는 상대에게 먹이를 주려 하겠는가?

동정하지 않고 공감하는 친구를 만들어라

온라인 동의어 사전에서 '외로운'이라는 단어를 찾아보면 이런 뜻풀이가 있다. '클라인은 지독하게 외로웠다 : 쓸쓸한, 고립된, 혼자의, 버려진, 유기된, 고독한, 의지가지없는, 친구 없는. 반의어 : 사랑받는, 소용되는, 친구들과.' (최소한 클라인의 경우) '외로운'의 반대말이 '친구들과'라는 건 흥미롭다. 나는 혼자 지내는 시간이 많지만 친구가 없다고 느낀 적은 없다. 든든한 동맹군이 뒤를 받쳐주고 있다는 것을 알고 있기 때문이다. 친구는 내가 나에게 주는 선물이다. 혼자 사는 사람에게 친구라는 존재는 인간관계의 최고위층으로 격

상된다. 나는 내가 가장 자주 오래 어울리는 다섯 사람의 평균이다. 그러니 내가 되고자 하는 인간상을 친구 삼자.

분별력을 장착하자

친구는 내 안전망이자 공명판이고 사회생활이다. 또한 행복의 원천이며 자아 존중의 기반이다. 우정은 정원과 같다. 보살피고 손질해야 아름답게 가꿔나갈 수 있다. 늦지 않게 잡초도 제거해주어야 한다. 그러니 나 자신이 별로라는 느낌을 갖게 하는 친구가 있다면 주저 말고 살충제를 꺼내 들자.

때로는 친구와 맞지 않게 되기도 한다. 우리는 배우고 성장한다. 우리의 태도와 환경은 변한다. 더 이상 공통점이 별로 없을 때도 있다. 작년에 만난 사람이 옛 친구보다 가까운 경우도 여럿 된다. 그저 지금 이 시점에서 우리의 벤다이어그램이 교차한다는 이유에서다. 우정이란 순리에 따라 들고 나게 마련이나 그중에는 듬직하게 오래 가는 관계도 몇몇 있다.

'친구를 가장한 적'은 자기가 나를 돕는다고 생각한다. 하지만 그들의 부정적 성향은 파격적인 결과를 불러올 수 있다. 모진 말 한 마디나 지나치듯 툭 내던진 공격적인 독설이 복부를 찌르는 창이 되기도 한다. 나도 최근 한 친구의 생각 없는 말에 상처를 받았다. 딴에는 도움을 주려고 했겠지만 나는 분명하게 그의 잘못을 지적했다. 우리의 우정에는 확실히 금이 갔고 아마 끝났을지도 모른다. 하지만 내 입장을 굽히지 않은 건 잘한 일이다. 선을 넘은 이들에겐 그 사실을 알려줄 필요가 있다. 허용하면 인정하는 것이다. 고어 비달이 말한 다음의 경구처럼 생각하는 친구를 용납할 이유는 없다.

'친구가 성공할 때마다 내 안의 뭔가가 조금씩 죽어간다.'

이혼을 하거나 배우자가 사망하면 친구 관계가 뚜렷이 부각된다. 나를 포함해서 결혼 생활의 둥지에서 퇴출당한 여성은 대부분 알게 모르게 몇몇 친구와 소원해지는 경험을 하게 된다. 사회적 지위가 재조정되면서 친구 관계의 지각 구조에 일대 변동이 휘몰아친다. 때로는 초대 손님의 리스트에 커플들만 포함시킬 생각을 하는 친구가 있다면 나도 그런 모임에 참석하고 싶다는 의사를 분명히 전달해야 한다. 결혼한 친구 한 명이 최근 주말 모임 때문에 정신없이 바빴다며 장광설을 늘어놓았다. 그 친구는 내가 48시간 동안 아무하고도 대화하지 않았다고 하자 어지간히 놀라는 눈치였다.

친구들은 내 처지를 동정할 수는 있지만 공감하기는 힘들다. 공감에는 노력이 필요하다. 공감은 동정보다 값지다. 동정은 단지 작용하는 힘에 반응한다. 뉴턴의 진자 은구슬처럼 딱딱 부딪히며 앞뒤로 왕복할 뿐이다.

진정한 친구는 공감한다. 그들은 내 입장에서 생각하고 내 옆을 지키며 나와 함께 전장에 나아간다. 프랜시스 베이컨의 말대로 최악의 고독은 참된 우정의 결핍 상태다. 참된 친구는 공감하는 친구다.

우정을 키우는 방법

- 친구와 지인의 명단을 모두 작성하고 보다 많은 관심을 가져야 할 우선순위를 매긴다.
- 멀리 사는 친구들에게 정기적으로 이메일을 보내고 가끔은 손편지도 쓰자. 나는 분기마다 이메일을 한 통씩 작성하고 잘라 붙이기 신공으로 각자에게 맞는 내용을 덧붙인다. 시간이 많이 걸리지

만 그만한 가치가 있다.

- 큰 실패 등을 겪고 힘들어하는 친구가 있다면 연락을 취해 응원군이 있다는 사실을 알려주자. 상대는 평생 잊지 않을 것이다.
- 영화관과 미술관의 메일링 목록에 등록하고 최신 소식을 가장 먼저 받아보자. 마음에 드는 이벤트가 있으면 친구들에게 연락해 일정을 확인하고 티켓을 예매하자. 당신의 마음 씀씀이에 모두 기뻐할 것이다. 나는 해마다 여름이면 야외에서 상영하는 영화 티켓을 구해 친구들을 초대하는데 매번 대성공이었다.
- 나는 요리하는 걸 좋아하고 한 달에 한 번은 친구들을 불러 저녁을 먹으려 노력한다. 그날은 요리의 주제를 한 가지로 정한다. 지금까지 말레이시아, 페르시아, 한국 음식 등을 섭렵했다.
- 탐험하자! 나는 이 도시의 곳곳을 누비며 탐험하는 것을 좋아하는데 이민족 거주지는 특히 매력적이다. 때로는 친구들을 데리고 미니 투어에 나선다. 나처럼 탐험을 즐기는 친구가 또 있는데 둘이 함께 비밀 장소를 찾아내는 재미에 빠져 사이가 더욱 가까워졌다.
- 친구가 고민거리를 들고 찾아왔을 때 내 경험상 해결책이랍시고 나의 생각을 불쑥 말하는 건 현명하지 못하다. 내 마음이 물이 된 듯 유유히 흐르며 판단하지 말고 잔잔하게 비추어라. 본인이 최선의 답을 찾도록 돕는 것이 내 역할이다. 페르시아의 신비주의 시인 하피즈는 '괴로운가? 나와 함께 있으라. 나는 그렇지 않으니'라고 썼다. 똑 부러진 표현으로 유명한 마사 베크는 문제 해결의 비법은 당사자가 자신의 진짜 목소리를 들을 수 있도록 조용히 놔두는 것이라고 했다.
- 해외에 사는 친구들이 있다면 휴가 일정에 포함시키자. 나도 유럽

여행 때 브뤼셀에 사는 오랜 친구 HB를 만났다. 그곳에서 겨우 하룻밤만 묵었지만 우정의 불씨를 다시 지필 수 있어서 더없이 좋은 시간이었다. 나중에 그 친구가 보내온 이메일의 일부를 소개한다. '머나먼 이국땅에서 어렵게 만난 친구이기에 헤어짐의 아쉬움이 더욱 컸어. 하지만 우리가 서로 떨어져 지구 반대편에 살고 있다 해도, 내가 말했듯이 나는 늘 그 자리에 있고 너도 늘 그 자리에 있어. 세상에는 시간과 공간을 초월하는 관계가 있고 우리는 그걸 사랑이라 부르지.'

새 친구 만들기

혼자 사는 사람들이 커플들보다 사교 활동에 더 적극적이라는 조사 결과는 그리 놀랍지 않다. 행복한 결혼 생활을 하고 있는 내 친구 중 한 명은 더 이상 새로운 친구를 사귀지 않는다고 쿨하게 인정했다. 그 친구의 솔직함과 대범함은 인정하지만 혼자가 되어도 같은 생각일지는 의문이다. 우리에겐 노력이 필요하다. 나 또한 일부러 새 친구를 물색하러 나서는 일은 없지만 혼자 사는 시간이 몇 달에서 몇 년으로 길어지면서 곳곳에서 새로운 우정을 만들어가고 있는 내 모습을 발견하게 된다. 프랑스어 회화 교실, 앞집 이웃과 함께하는 자원봉사, 이미 꼬이기 시작한 개줄을 잡고 나서는 동네 산책길에도 내겐 새로운 친구가 생기고 있다. 새로 사귄 친구도 상당수가 혼자 살고 있다. 긍정적인 아군 싱글 부대를 곁에 두면 마음이 든든하고 좋다. 이를 기회로 교제 범위를 재설계하는 것도 괜찮은 생각이다. 새 친구를 만드는 것을 적극 추천하는 바이고, 그러자면 요점은 세상 밖으로 나가는 것이다.

일이 잘못될 때

당신은 갑옷 같은 피부를 발달시키고 있는가? 나는 이제 비난의 예리한 창끝에도 나름 견딜 만하지만 하소연할 이 없으니 여전히 아픔이 느껴진다. 나는 거미 여인이 아닌 아르마딜로 여인이 되어 그 창이 나를 꿰뚫지 못하게 할 것이다. 내가 이혼하고 혼자 살면서 가장 많이 놀라고 실망했던 것들 중 하나는 몇몇 친구에게 거의 무시당한 사실이다. 마치 사교계의 비밀 목록에서 제명된 느낌이었다. 분명 내 이혼은 우리보다 훨씬 더 부부 관계가 원만치 못했던 친구들의 마음을 휘저어놓았을 것이다. 알 만큼 아는 여자들이 날 전염병 보균자 취급을 했다. 사람이 필요한 사람은 그렇지 않은 사람에게 위협을 느낀다는 사실도 알아두어야 한다. 강해지자. 이런 부류의 친구들은 우리 인생에 끼어들 자리가 없다.

나는 친구와 다투는 게 싫어서 가급적 피하려 하지만 어쩔 수 없는 경우도 있다. 대부분의 다툼은 한쪽의 오해나 소외감에서 비롯된다. 결국 자기 확신의 문제다.

우리의 적은 우리가 다 보고 듣고 신경 쓰고 있다는 사실을 알아야 한다. 인내심을 갖자. 그리고 상대를 너그럽게 바라보자. 다른 사람에게 손가락질할 때 나머지 세 손가락은 자기를 가리키고 있음을 명심하자. 정의를 원하는가, 평화를 원하는가? 상처를 덧내지 말자. 문제를 해결하도록 노력하되 안 되면 물러서라. 그런 부정적인 에너지에 물들거나 심리적인 막다른 골목에 갇히기에는 우리의 인생이

진정한 친구 한 명이 우리의 행복에 기여하는 몫은 수천 명의 적이
우리의 불행에 기여하는 것보다 크다.
_마리 폰 에브너 에셴바흐(오스트리아의 작가 - 옮긴이)

너무 소중하다. 한 마리 뱀처럼 허물을 벗고 미끄러지듯 그 관계에서 벗어나자.

주변 사람들의 행동 때문에 기분이 상할 때가 있다. 하지만 거기에 반응하거나 비난하거나 말을 더하느라 기운 뺄 가치는 없다. 그들의 행동을 반면교사로 삼자. 상대에게 하고 싶은 말을 모두 적어 마음의 상처를 토로하고 종이를 찢어버린 후 유유히 떠나라. 맞받아치고 심판하고 불평하면 똑같은 사람이 되는 것이다. 미국의 작가 바이런 케이티는 '내가 그렇다고 믿는 순간, 나는 내가 그렇다고 믿는 당신이다'라고 말했다. 우리가 잘 아는 표현으로 '타인은 나를 비추는 거울'이라고 했다. 우리라고 그들과 같은 실수를 하지 않았을까? 이제 극복하자.

혼자서 더 자유롭고 로맨틱하게!

나와 전남편의 사랑은 우리도 모르는 사이에 사라져버렸다. 상처 입은 마음을 안고 살아가기는 쉽지 않다. 프랑스어로는 'un cœur brisé(산산이 부서진 마음)'라고도 한다. 하지만 옛것은 떠나보내고 뒤돌아보지 말아야 한다. 가시투성이 마음을 껴안고 힘들어할 이유는 없다. 믿고 사랑했던 사람이 내 생각과 다른 사람이라고 판단되면 씩씩하게 놓아주자. 그 사람은 더 이상 존재하지 않는다. 그것이 바람직한 태도다. 용서는 그들이 아니라 내 몫이다. 용서하지 않으면 내

살다 보면 내게 지금 중요한 사람, 중요하지 않았던 사람, 더 이상 중요하지 않을 사람,
그리고 앞으로도 늘 중요할 사람이 있다는 것을 깨닫는 순간이 온다.
그러니 지나간 인연에 연연하지 말자.
그들이 나의 미래에 함께하지 못하는 건 그만한 이유가 있다.
_애덤 린지 고든(영국의 시인 – 옮긴이)

안에 쌓인 원한과 고뇌가 상대보다 내게 더 큰 해악을 끼친다. 더 나쁜 것은 증오에 눈이 멀면 상대를 볼 수 없다는 점이다. 내가 누군가를 용서하면 그의 영향력에서 벗어나게 된다. 『노화에서 현자로From Age-ing to Sage-ing』의 저자 잘만 샤흐터 샬로미와 로널드 밀러는 매우 울림이 큰 언어로 다음과 같이 용서를 표현하고 있다.

'내게 잘못을 저지른 사람을 용서하지 않는 것은 곧 그 죄인을 벌하기 위해 내 안에서 형사재판을 하는 것과 같다. 나는 재판관이자 배심원으로서 그에게 사면 없는 장기 징역형을 선고한다. 그리고 내 굳어진 심장의 벽돌과 회반죽으로 세운 교도소에 그를 수감한다. 이제 교도관이자 교도소장인 나는 내가 감시하는 그 사람과 똑같은 시간을 교도소에서 보낼 것이다. 이 교도소 시스템을 유지하는 데 들어가는 에너지는 모두 나의 에너지 저장고에서 나온다. 이런 관점에서 보면 원한을 품는 행위는 이만저만한 고비용 사업이 아니다. 분노와 적의, 염려의 감정을 오래도록 품고 있으면 나의 에너지가 고갈되고 내 생명력과 창의력마저 감금당하기 때문이다.'

분노에 집착하는 것은 내가 독약을 마시고 다른 사람이 죽기를 바라는 것과 같다. 내 안의 장기만 다 녹아내리고 만다. 미국의 코미디언 스티브 하비가 촌철살인의 한마디를 남겼다. '행복 실현, 아니면 정의 실현.' (아무리 그렇더라도 나는 지금도 한 친구를 만나면 함께 웃지 않을 수 없다. 그 친구의 전남편은 릭Rick이라는 사람으로 심각한 문제가 있었다. 친구는 여전히 그를 'P'가 묵음인 '등신 릭Prick'으로 부른다.)

함께, 혼자

사랑도 침을 뱉을 수 있다는 사실에 나도 누구 못지않게 놀랐다. 그러나 현실에서는 침 정도가 아니라 당신의 눈에 독을 뱉는다. 누군가와 인연의 끈을 묶었는데 거기에 얽혀 심장이 뜯겨나가는 기분이 어떠한지는 나도 잘 알고 있다. 내가 적군이었음을 알더라도 지독한 아픔을 피할 수는 없다. 그들이 산酸이라면 나는 염기鹽氣였다. 하지만 죽어가는 관계를 시체처럼 끌고 다닐 수는 없다. 결혼 생활이라는 광대한 사막에서 허덕이는 부부보다 혼자인 내가 백번 낫다는 것을 늘 기억하자. 놀랍게도 자신의 결혼 생활이 행복하다고 응답한 오스트레일리아인 기혼자는 25퍼센트에 그쳤다.

혼자이길 바라는 것보다 혼자인 게 낫다. 누군가와 함께 살면서도 극도의 외로움을 느끼는 사람이 많다. 무관심만 남은 관계에 묶여 있다면 그것은 최악의 '혼자됨'이다.

사랑의 반대는 증오가 아니라 무관심이다. 안타깝게도 이미 어긋난 결혼 생활이나 비틀거리는 관계 속에서 외로움을 느끼는 사람이 너무 많다. 그들을 이어주는 유일한 고리는 과거의 촉수뿐이다. 당신이 이런 상황에 놓여 있다면 자신감을 갖고 돌파하기 바란다. 자기가 결정하는 삶에 자유가 있다. 떠나는 데는 해명이 필요 없지만 머무는 데는 해명이 필요하다. 도움이 된다면 그 관계에서 힘들었던 점을 모두 적고, 다시는 그것들과 마주할 필요가 없다는 사실에 안도하라.

비록 내 마음에 흉터를 남겼지만 결혼했던 것을 후회하지는 않

누군가와 함께 불행한 것보다 혼자 불행한 것이 훨씬 낫다. 적어도 지금까지는.

_마릴린 먼로

는다. 어쨌든 이제는 결혼이 완전함을 느끼는 유일한 방법이 아님을 안다. 혼자서도 완전함을 느낄 수 있다.

그. 누구도. 당신의. 기쁨을. 앗아가지. 못하게. 하라.

싱글임을 받아들이기

세상은 미국의 작가이자 영화감독 노라 에프론의 재치와 지혜를 그리워한다. '유감스럽게도 여성에게 특화된 근본적이고 원초적인 결혼 욕구는 거의 즉시 싱글로 되돌아가려는 동일하게 근본적이고 원초적인 충동으로 이어진다.' 혼자 살기와 홀로 되기는 조금 다른 의미지만 대체로 합이 잘 맞는 짝이다. 다만 그것이 강요된 타협이 아니라 의식적 선택일 때 더욱 좋다.

낸시 골드너는 자신의 책 『솔로로 살아가기Living Solo』에서 '상황적 싱글'과 '정서적 싱글'로 구분하고 있다. '상황적 싱글'은 인생이 뜻대로 풀리지 않아 싱글이 되었지만 거기에 연연하지 않는 부류다. 내가 이쪽에 속한다. 일기장에 '마음을 빼앗겼다'고 쓴 게 꽤 오래전이다. 반면 '정서적 싱글'은 내가 싱글이라는 사실에 깊은 절망과 슬픔을 느낀다. 거기다 나는 인생에서 원하는 것을 얻을 자격이 없다는 파괴적인 믿음까지 동반된다. 이로 인해 심신이 미약해질 수도 있으므로 전문가의 도움을 받아서라도 태도를 바꾸는 것이 좋다.

싱글로 살면서 자신에게 만족하기란 그리 쉽지도 않고 저절로 되는 일도 아니다. 사회는 우리에게 특정한 방식으로 행동하기를 요구한다. '결혼반지를 끼기 싫다면 실패의 훈장을 다시오. 호감 가고

주의 깊게 들여다보면 우리 안에는 그 누구보다 훌륭한 안내자가 있다.
_제인 오스틴

매력 있는 사람이라면 혼자 살지 않을 텐데?' 말하자면 이런 느낌이다. 다행히 내 자존감은 이런 생각에 동의할 만큼 비루하지 않다. 하지만 나는 평생 혼자 살지도 모른다는 현실적인 가능성을 받아들인다. 이건 나만의 이야기가 아니다. 이혼한 내 친구들만 보더라도, 전 남편들은 모두 얼마 지나지 않아 새로운 짝을 찾아갔지만 여자들은 아니었다. 상황은 우리에게 그다지 유리하지 않다.

한동안 혼자 지내다 보면 모든 게 하나둘 제자리를 찾아가기 시작한다. 당신은 갈수록 이 상황이 흡족하고 과연 싱글의 혜택을 포기할 수 있을지 의문이 들기에 이른다. 내가 원하는 것을, 내가 원하는 시간에, 내가 원하는 곳에서, 내가 원하는 방식으로, 내가 원하는 사람들과 할 수 있다는 것은 우리에게 주어진 특권이다.

당신은 로맨스를 원하는가?

'전혀 뜻하지 않을 때 누군가가 네 앞에 나타날 거야.'

누가 내 앞에서 한 번만 더 이런 소리를 하면 콧잔등을 갈겨줄 것이다. 모두가 내게 바라는 해피엔딩은 로맨스인 것 같다. 만약 영화「먹고 기도하고 사랑하라」의 제목이 '먹고 기도하고 새 친구를 만들어라'였다면 세계적으로 대성공을 거둘 수 있었을지 의문이다.

우리는 먼저 새로운 관계를 시작할 준비가 되었는지, 또는 의지가 있는지를 분명히 해야 한다. 만약 그렇다면 열린 마음을 알리는 긍정적인 기운이 발산되고 마치 자석에 끌리는 쇳가루처럼 적임자가 그 기운을 포착하게 된다. 물론 그 사람 역시 같은 마음가짐일 것

문제는 남들이 날 뭐라고 부르느냐가 아니다. 내가 무엇에 답하는가이다.

_W. C. 필즈(미국의 영화배우 – 옮긴이)

이다. 일이 되려면 그렇게 성사된다.

나는 혼자가 좋다. 아마 도가 지나친 건지도 모르겠다. 그래서인지 난 또다시 상처받을 상황에 놓일까봐 무척 경계하고 있다. (남 앞에 알몸을 드러내는 것도 이젠 좀 그렇다. 그러고 보니 내 팬티는 왜 이렇게 큰 거야?) 지금 내 심장은 길게 베이고 고사리 끝처럼 오그라들었다. 하지만 그 가능성마저 차단하지 않도록 주의해야 한다는 것을 알고 있다. 물론 친밀한 관계의 소중함과 거기에 내재하는 신뢰를 존중하는 누군가를 만난다는 것은 멋진 일이다. 거기에 나의 성장과 완전한 가능성 실현을 응원하는 사람이라면 더할 나위가 없다. 덧붙여, 75년 만에 한 번씩 희미하게 나타나는 핼리혜성의 궤도를 타고 있는 내 성생활에도 뭔가 변화가 필요한 듯싶다. 다만 금욕 생활에도 위안이 없는 건 아니다. 미국의 작가 펜턴 존슨은 자신의 에세이 「혼자 해내기Going It Alone」에서 금욕 생활을 '즐거운 내면 향하기'로 표현하고, 저 유명한 독신주의자 에밀리 디킨슨의 시를 인용했다. '나는 공기에 취하는 이슬의 방탕아.'

이쯤 되면 내가 그리워하는 것이 섹스인지, 그 전후의 분위기인지 헷갈리기 시작한다. 어쨌든 내 육감적 측면은 촛불 켠 목욕과 마사지, 극세사 시트로 행복하게 충족되고 있다. 침대에 들어가면 두둑 하는 소리가 난다. 난 참 운이 좋은 사람이다. 친구 한 명이 내게 '남자친구 쿠션'을 선물했다. 머리가 없는 남자의 토르소 형상인데, 당황스럽게도 빳빳한 푸른색 버튼다운 비즈니스 셔츠를 입고 있다. 남자의 팔 안쪽으로 파고들어 꿀잠을 잔다는 나름 아이디어 상품이다. 웃자고 쓴 이야기지만, 당연히 이 책의 취지와는 잘 어울리지 않는다. 비즈니스 셔츠 차림의 머리 없는 외팔이 연인 대용품에서 위안을 찾기엔 우리의 홀로 됨이 너무 아깝지 않은가.

물론 나도 바닷장어 한 마리가 온몸을 휘감는 듯한 짜릿함을 가슴으로 느껴보고 싶다. 아니면 내 영국인 아버지처럼 사려 깊고 로맨틱한 사람을 만나도 좋겠다. 아버지는 부부의 침실 창밖에 골함석을 두어 비가 오면 뉴질랜드 출신인 엄마가 고향의 소리를 들을 수 있도록 마음을 썼다. 그리고 누가 톰 플레처(영국 밴드 '맥플라이'의 리더로, 자신의 결혼식 때 신부에게 바친 축사 영상이 유튜브에 올라와 있다 - 옮긴이)가 준비한 결혼 축사의 주인공이 되고 싶지 않겠는가. 내가 알고 있는 이혼녀 중 몇 명은 정말 뜻하지 않았지만 행복하게 다른 여성과의 사랑을 찾았다. 엘리자베스 길버트(『먹고 기도하고 사랑하라Eat Pray Love』의 저자 - 옮긴이)도 여기에 속할 것이다. 모두에게 축하를 보낸다.

나의 현재 상태는 누군가와의 만남으로 행복이 좌우되는 단계를 넘어섰다. 연애는 선택이지만 우정은 그렇지 않다. 남자(혹은 여자)는 아이싱icing일 뿐 케이크가 아니다. 나의 독립을 양보하거나 포기하는 일은 있을 수 없다. 하지만 사람은 모두 다르므로 누군가에겐 짝이 우선순위일 수도 있다.

나는 무엇을 원하는가?

나이가 들고 혼자 사는 기간이 길어지면서 심해진 현상이지만 나는 이제 내 인생의 어떤 면에서도 타협할 마음이 별로 없어졌다. 이성과의 만남도 마찬가지다. 내겐 머저리를 감지하는 예민한 촉이 있다. 그리고 미래의 연인에 대한 기대가 커질수록 그를 만날 가능성은 오히려 반비례한다는 것도 잘 안다.

일단 가장 중요한 것은 호기심이 많고 재치가 있어야 한다. 다음으로는 여행과 비 맞으며 걷는 것을 좋아하는 사람. 오카피(아프리카에 서식하는 기린과 동물 - 옮긴이)를 아는 사람. 크림 뺀 카르보나라 스파게티를 만들 줄 아는 사람. 다른 나라의 마트가 박물관만큼 재미있다는 것을 아는 사람. 매운 국수를 즐기는 사람. 지불 능력이 있는 사람. 철자법을 아는 사람. 아니면 최소한 아포스트로피(영어에서 생략 또는 소유격을 나타내는 기호 - 옮긴이)는 제대로 쓰는 사람. 거기에 덧붙이자면 'apostrophe' 정도는 안 틀리고 쓰는 사람. 책 읽을 때 입술을 움직이지 않는 사람…… 이건 정말 깬다. 코털로 새끼를 꼴 만큼 나이 먹지 않은 사람. 희망사항이 너무 거창한가?

파슬리, 복숭아, 아니면 피자? 현실 바라보기

나이 들면서 누군가를 만날 가능성은 여자보다 남자가 훨씬 더 높다. 이를 빗대어 일본인들이 만들어낸 신조어가 있다. 서른이 넘은 독신 여성을 '파수리' 혹은 파슬리라 하는데, 접시에 마지막으로 남기는 게 파슬리라는 데서 착안한 것이다. 우울하지 않은가? 나는 용감하게 교제 전선에 발을 담그더라도 거절당하는 건 신경 쓰지 않는다.

미국의 모델 디타 본 티즈는 '당신이 세상에서 가장 농익고 과즙 많은 복숭아일지도 모르지만 복숭아를 싫어하는 사람은 늘 있게 마련이다'라고 말했다.

지금의 나는 케세라세라(될 일은 된다) 철학을 기꺼이 받아들이고 있다. 하지만 혹시 내가 누군가를 만날 준비가 되더라도, 그들은 내가 감청색 '랜즈엔드Lands' End'(의류 상표명 - 옮긴이) 잠옷 차림으로 소파에 앉아 넷플릭스 영화를 보며 디아볼라 피자를 먹고 있을 때 현관

문을 두드리진 않을 것이다. 그러자면 세상 밖으로 나가 헬스클럽에 다니고, 야간강좌를 듣고, 자원봉사를 하고, 내키지 않는 초대에 응하는 등등의 것들을 해야 한다. 하지만 거기까지가 한계다. 최선의 관계는 인위적이지 않고 우정에서 출발한다. 그래서 내겐 인터넷 만남이 직관에 반하는 것으로 보인다. 하지만 객관적으로 드러난 수치는 부인할 수 없다. 이미 수많은 남녀 관계가 온라인에서 시작되고 있다. 그런 식으로 사랑을 찾는 것에 대한 거부감은 사라졌다. 하지만 내 감수성의 피부는 너무 얇다. 눈 감고 무작정 뛰어들기에는 인내심이 부족하거나, 아니면 개구리 왕자에게 키스할 만한 용기가 없는 것이다. 모르긴 해도 가까운 시일 내에 이 생각이 바뀌는 일은 없을 듯하다. 지금으로서는 남자 없이 혼자 자유롭게 사는 것에 만족한다.

물론 자기가 관심 있는 이벤트에서 낯선 사람을 만날 가능성은 늘 있다. 콘서트, 강연회, 식도락 만찬, 혹은 야간강좌 등 어디든 가능하다. 한두 달 동안 모든 초대에 응해보자. 나의 경우에는 이런 상황에서 성공보다 실패가 많았다. 하지만 어떤 사람을 만나게 될지는 아무도 모른다. 새로운 관계를 만드는 데 서툴다면 3,000만 부 이상 판매된 데일 카네기의 베스트셀러 『인간관계론How to Win Friends and Influence People』을 참고해도 좋을 것이다. 본문 내용을 요약하자면 사람들에게 관심 갖기, 미소 짓기, 상대의 이름(언어와 상관없이 세상에서 가장 듣기 좋고 소중한 소리) 기억하기, 잘 들어주기, 상대의 관심 사항에 대해 얘

싱글은 특정한 상태가 아니다. 그것은 남에게 기대지 않고
인생을 살아가며 즐길 만큼 강한 사람을 가장 잘 표현하는 단어다.
_작자 미상

기하기, 기 살려주기 등이다. 좋은 충고라고 생각된다.

나는 '별난 싱글Quirkyalone'인지도 모른다. 이것은 미국의 저널리스트 사샤 케이건이 만들어낸 흥미로운(약간 예의를 갖춘다면) 용어로, 로맨스를 거부하진 않지만 관계를 위한 관계를 맺기보다 혼자임을 즐기는 사람들을 일컫는다. 사샤 케이건은 자신의 책 『별난 싱글Quirkyalone』에서 '커플 독재'에 대해 이야기하는데 나도 그녀의 의견에 공감한다. 내 입장에서 커플들을 바라보면 때로 그들의 삶이 억압적으로 느껴진다. 내가 점점 냉소적으로 변해가는지는 몰라도 누군가가 '당신이 날 완성시켰어요'라고 걸 말하는 상상만 해도, 나로서는 드문 반응이지만, 마임 아티스트처럼 몸서리를 치게 된다.

나는 싱글이다. 하지만 단지 그걸로 법석을 떨기에는 약간 '내 보기엔 저 여인의 주장이 좀 과하오만'이라는 「햄릿」의 대사를 떠올리게 한다. 예를 들어 '싱글 반지'도 그렇다. 다음은 관련 상품을 판매하는 인터넷 쇼핑몰에 떠 있는 문구다.

'내 인생은 그 자체로 멋지지만 가능성은 늘 열어두고 있어요.'

'이 반지는 저희 회원 고객님들께서 이미 완전하시다는 강력한 상징입니다.'

글쎄…… 나는 '자신에게 오른손 다이아몬드 반지를 선물하라'는 드비어스DE BEERS(1888년에 설립된 영국의 다이아몬드 브랜드 - 옮긴이)의 콘셉트가 더 마음에 든다. (왼손은 '우리', 오른손은 '나'를 뜻한다.)

부족한 것에 안주하는 관계보다 기준을 높이 세운 독신이 낫다.

_작자 미상

내 이웃에는 누가 살고 있을까?

나는 낯선 사람들에게 애써 말을 붙여본 적이 거의 없었다. 늘 일이 끝나면 허둥지둥 애들한테 뛰어가기 바빴고 그저 하루하루가 분주했다. 그런데 혼자 살면서 상황이 차츰 달라졌다. 이제는 이웃이나 가게 점원, 카페 사장의 미소와 따뜻한 말 한마디가 가슴에 와 닿는다. 때로는 단지 그것만으로 관계에 대한 갈증이 해소된다. 이와 관련된 수피(이슬람 신비주의 수행자 - 옮긴이) 이야기가 있다.

어느 날 제자가 스승에게 말한다.

"스승님, 드디어 답을 찾았습니다! 두드리면 문이 열립니다."

스승이 답한다.

"누가 문이 닫혀 있다고 하더냐?"

우리가 외롭다고 느끼는 순간에도 다양한 지역공동체의 소행성대가 우리 주변의 궤도를 돌고 있다. 가족과 친구, 직장 동료들이 가장 가까운 사이지만 이웃을 무시하지는 말자.

꾸며낸 얘기처럼 들릴지 모르지만, 나는 올해가 가기 전에 새로운 동네 친구 한 명을 사귀는 것에 도전하기로 했다. 집 근처에 애견공원이 있는데 살가운 이웃이 많아 시작하기에 좋은 곳이다. 지금 와서 말하지만 최근 로리를 지역 애견 대회에 출전시켰는데 변장 부문에서 1등을 차지했다. 로리는 내가 손수 만든 셜록 홈스 의상을 입고 셜록 본즈(영화 「애꾸눈 셜록 본즈Sherlock: Undercover dog」에 등장하는, 말하는 경찰견 - 옮긴이) 역을 소화했다. 일회성으로 끝난 일이지만 그것을 계기로 내 시간이 너무 남아도는 게 아닌가 하는 생각을 하게 되었다. 어쨌든 나는 그 대회를 후원한 매력적인 여성과 함께 와인을 마셨는데 공교롭게도 그녀는 현재 혼자 살고 있다. 그러니 내 새로운 동네 친구 할

당량은 이미 채워진 셈이 아닌가.

오스트레일리아의 독신 여성 중 40퍼센트가 이웃과 알고 지낸다. 누군가가 내 이름을 아는 것도 기분 좋은 일이지만 살다 보면 그들이 필요한 경우가 생기게 마련이다. 사고를 당하거나, 아프거나 하는 큰일은 물론이고 무거운 가구를 옮기는 등의 사소한 일에도 도움을 받을 수 있다.

좀 더 철학적인 관점에서 보자면, 보다 넓은 공동체와 교류하는 것은 곧 '우분투Ubuntu' 정신을 일깨우는 특별하고 의미 있는 행위다. 우분투는 우리 모두를 이어주는 나눔의 보편적 연대에 가치를 둔 남아프리카 지역의 전통사상이다. 직독직해는 힘들지만 기본적으로 '우리가 있음으로 내가 있다'는 뜻이다. 요점은, 지금 이 글을 읽고 있는 당신이 혼자인 것 같지만 사실상 절대 혼자가 아니라는 것이다. 당신은 인류의 일부다.

사람인가, 동물인가

혼자 살지 않는 사람들은 애완동물이 사람 짝을 대신하고 외로움을 치료하리라 섣부르게 넘겨짚는다. 둘 다 틀렸다. 나도 개를 기른다. 녀석이 없을 때는 집 안이 텅 빈 것 같다. 그럼에도 불구하고 로리는 개다. 애완동물이다. 물론 좋은 점도 많다. 집에 돌아오면 미친 듯이 반겨주고, 산책 가자고 조르고, 실제로 나를 보고 미소를 지을 때도 있다. 하지만 녀석은 사람 친구를 대신할 수 없다. 내 '털북숭이

나만의 숲 한구석에서 사람들이 날 찾아오기를 기다리지 마라.
때로는 내가 그들에게 다가가야 한다.
_작자 미상

친구'도 아니고 '털북숭이 자식'도 아니다. 우리는 함께 니체에 대해 철학적 토론을 할 수도 없고, 「왕좌의 게임」을 볼 수도 없고, 저녁식사나 와인 한 병을 나눌 수도 없다. 반려견은 맞지만 인간관계를 대신할 수는 없다.

제3장

01 나 자신을 최우선순위에 두고 나의 본모습을 사랑하자.

02 가족과 잘 지내도록 노력한다.

03 친구들을 보살피자. 하지만 잡초를 제거하고 새 친구 만드는 걸 두려워하지 마라.

04 지난 관계에 연연하지 말고 로맨스를 받아들일 준비가 되었는지 자문하라.

05 우리 동네를 가꾸자.

제4장

내 몸과 마음을 어떻게 관리할까?

건강 계획표 작성하기, 마음가짐, 영양 관리, 신체와 정신 건강·
체중 조절·솔로의 건강 문제와 이를 피하는 법

건강이 전부다. 내 몸을 방치하면 하루하루를 살아갈 수 없다. 혼자 살면 건강이 우선순위 목록의 맨 꼭대기로 올라간다. 상황이 차츰 나빠지거나 크게 잘못되더라도 곁에 도와줄 사람이 아무도 없다는 게 세상의 냉혹한 현실이다. 그러니 준비할 수 있을 때 해두어야 한다. 그리스극 코러스 같은 진짜배기 전문 의료진을 구성하자. 내가 존경하고 신뢰하되 너무 늙지도 젊지도 않은 딱 적당한 나이의 일반의도 한 명 포함시킨다. 연락 가능한 친구들도 필요하다. 하지만 치료보다 예방이 우선이고 내 안전망은 나 자신이다. 친구들은 어쨌거나 크고 작은 내 건강 문제에 별 관심이 없다. 그러니 내 건강은 내가 책임져야 한다. 나는 현실에 안주하는 기분이 들 때마다 건강과 자립의 상관관계를 되새기며 마음을 가다듬곤 한다.

낸시 골드너는 『솔로로 살아가기』에서 '혼자서 나이 사다리 오르기'에 대해 이야기한다. 나라면 영화 「미저리」의 제임스 칸처럼 사다리를 기어오르느니 한 번에 두 단씩 올라갈 것이다. 여성지 〈코스모폴리탄〉의 편집장이었던 헬렌 걸리 브라운은 결혼을 '인생 최악의 시기를 대비한 보험'이라고 했다. 내게는 그런 보험이 없다. 그리고 최대한 독립적인 생활을 가능한 한 오래 이어가기로 결심했고 그렇게 해야 한다. 나는 내가 하고 싶은 일을 다 할 것이고 내가 완전히 준비될 때까지 누구도 내 엉덩이를 닦아선 안 된다. 사실 남이 내 엉덩이를 닦아주는 건 애초에 원치 않는다. 이런 생각은 강렬한 자극이 된다. 경제적인 이유도 있다. 일단 병이 들면 큰돈이 들어간다. 오스트레일리아 건강보험공단 자료에 따르면 개인의 평생 의료비 중 30퍼센트는 생의 마지막 6개월에 쓰인다.

알다시피 나는 지금까지 자립의 중요성을 수없이 강조했다. 건강에 한해서 말할 때 자립이란 우리 몸에 대한 지배력과 자주권을 되찾는 것이다. 세상은 우리의 건강을 해치는 쪽으로 나아가고 있다. 힘들여 걷지 않아도 우리를 목적지까지 뚝딱 실어다주는 교통수단, 편리하게 가공 포장된 식품, 보고 즐길 거리도 컴퓨터로 속속 들어오니, 우리는 그냥 앉아서 입맛대로 받아먹으면 그만이다.

이번 장에서는 자신의 인생을 설계하는 방법에 관해 이야기할 것이다. 모두 두 부분으로 구성했는데, 건강 계획표 작성하기와 혼자 사는 사람의 건강 문제에 대해 알려진 편견 극복하기를 다루려 한다. 우리는 반발하는 데 일가견이 있지 않은가.

최고의 자산은 건강이다.

_버질(고대 로마의 시인 – 옮긴이)

나를 위한 건강 습관 들이기

자신의 건강을 냉정하고 면밀하게 들여다보자. 이를 객관적으로 진행하려면 머리부터 발끝까지 전문적인 건강 검진이 필요하다. 일반 의원이나 전문 사설 업체를 이용하자. 이를 통해 실증적인 벤치마크 측정이 이뤄지고, 어딘가 문제가 있는 경우 자신과 마주할 기준이 마련된다.

솔직하게 평가하고 작성하라

우리는 대부분 건강을 당연히 주어진 것으로 여긴다. 낡은 차는 자주 보닛을 열고 정비 점검을 해야 하건만 스프레이로 도색만 하고 눈 가리고 아웅 하는 식이다. 미국의 시인 W. H. 오든은 이렇게 말했다.

'죽음은 소풍 때 멀리서 들리는 천둥소리다.'

나는 오랫동안 내 행동과 생활 방식이 내 몸에 미치는 영향에 대해 별달리 신경 쓰지 않고 살아왔다. 그런데 최근 들어 몸이 예전 같지 않고 약간의 이상 증세가 느껴지기 시작했다. 내 몸이 어느 시점에서 이렇게 외친 것도 어찌 보면 당연하다.

'네가 날 챙기지 않으면 나도 널 챙기지 않겠어.'

작은 것들이 쿡쿡 쑤시고, 경련을 일으키고, 끊어지고, 늘어지고, 새고, 자라고, 빠지거나 떨어지기 시작했다. 우리 몸은 수많은 조기 경보 시스템을 갖춘 참으로 경이로운 기계장치다. 혈압의 변화, 콜레스테롤 수치, 몸무게, 체질량지수 등 우리 몸은 끊임없이 메시지를 보내고 있다. 귀를 기울이는 것은 우리의 몫이다.

나는 지치는 데 지쳤다. 아프지 않기 위해 아프다. 기분 좋은 느낌이 어떤 느낌인지 느끼고 싶다. 나는 그렇게 오랫동안 무모하게 살아오면서도 그 사실을 깨닫지 못했다. 심드렁한 기분이 일상이다. 내 몸에 기회를 주고 싶다. 몸을 혹사하지 않고 보살피면 어떤 변화를 보여줄지 기대된다.

우리 몸은 놀라운 생물학적 기계장치다. 특히 그 집요한 치료와 회복 능력은 믿기지 않을 만큼 대단하다. 몸의 포용력은 실로 굉장하다. 쉬운 예를 들자면 우리 몸에서는 매초 250만 개의 적혈구가 생성된다. 우리 몸은 건강한 원상태로 되돌아가려는 고무 밴드와 같다. 언젠가 더 이상 미래를 담보로 할 수 없는 순간이 오지만, 건강에 좋은 습관을 들이는 것은 언제나 결코 늦지 않다.

나는 체계적이고 정리된 것을 좋아하기에 건강 계획표를 작성하는 것이 그리 나쁘지 않은 생각 같았다. 특히 나는 태생적으로 날씬하지 않은데다 케일을 씹으며 비크람 요가(고온의 실내에서 수행하며 '핫 요가'라고도 한다 - 옮긴이)에 몰두하는 유형도 아닌지라(가젤보다 들소에 가깝다) 내 생활에 (진정, 솔직하게, 참으로) 녹아들 수 있는 현실적이고 지속 가능한 계획이 필요했다.

몸이 병든 자와 마찬가지로 마음이 병든 자도 건강할 수 없다.
_키케로

단순한 것이 효과적이다. 그래서 나의 계획은 다섯 가지로 압축되었다.

1. 마음가짐
2. 영양 관리
3. 신체 건강
4. 정신 건강
5. 사실과 수치

실제로 계획표를 작성하는 사람들도 있고, 그냥 머릿속에 저장하는 것으로 족한 사람들도 있다. 귀를 기울이면 자기에게 어떤 것이 맞는지 본능적으로 알 수 있다. 당신의 계획은 시행착오를 거치면서 시간과 함께 진화하고 변화할 것이다.

모든 것은 마음에서 시작된다

건강 전략에 접근할 때는 생각의 방향을 올바르게 잡는 것이 중요하다. 뇌는 인체에서 가장 강력한 기관이며 우리는 그 힘을 이용해야 한다. 보다 건강한 생활 방식을 받아들여 그것을 일상에 접목시키려면 무엇이 필요할까? 무엇이 동기를 부여하는가? 무엇 때문에 망설여지는가? 피할 수 없는 과속방지턱은 어떻게 극복할 것인가? 이것들을 확실히 해두는 것이 중요하다. 그래야 상황이 힘들어질 때 대처할 수 있다. 다음은 나에게 도움이 되었던 것들이다.

동기부여가 되는 이미지를 찾아라 존경하는 누군가의 사진도 좋다. 나는 타스의 브리엔느(「왕좌의 게임」 속 여성 무사 - 옮긴이)다. 아니면 휴대전화 바탕화면에 있는 자신의 '예전' 사진, 1년 안에 가고 싶은 곳, 혹은 그냥 당신이 늘 꿈꾸는 해변의 사진 같은 것도 바람직한 선택이다.

'건강 만트라'를 찾거나 직접 만들자

- 건강은 100퍼센트 정신의 작용이다. 마음이 내키지 않는 곳에 몸이 따라가는 법은 없다.
- 불가능은 없다. '불가능한impossible'을 고쳐 쓰면 '나는 가능하다I'm possible'이다.
- 나는 전적으로 내게 달렸다. 내 몸을 만들고, 내 인생을 만들고, 나 자신을 만들자.
- 모든 여정은 한 걸음으로 시작된다.
- 내가 아무리 늦게 가더라도 소파에 앉아 있는 사람들보다 한 바퀴 이상 앞서고 있다.
- 나는 강하다.
- 내가 관리한다.
- 성공이 내게 다가오지는 않는다. 내가 가는 것이다.
- 에너지는 집중하는 곳으로 흐른다.
- 의욕으로 시작하고 습관으로 지속한다.
- 건강한 선택을 하나 한다. 그리고 하나씩 더해간다.
- 깡마른 몸매가 아니라 건강한 몸매를 만들기 위해 운동하라. 먹는 것으로 몸에 영양을 공급하자. 폄하하고 회의하는 사람들은 무시하라. 나는 내가 생각하는 것보다 가치 있는 존재다.

- 오늘이 보다 나은 나로 변해갈 수 있는 기회다. 당장 시작하자.
- 내가 내 힘으로 나를 위해 정진한다.
- 내게 쓰는 메모는 '내가 널 자랑스럽게 만들 거야'다.

작은 것이 변화를 만든다 나는 이 생각 덕분에 당장 작은 변화들을 만들어갈 수 있었다. 적당한 때나 새해 1월 1일을 기해 큰맘 먹고 선언한 결심은 아쉽게도 그저 결심으로 끝나기 십상이다. 공원을 두 번 도는 것으로 만족하자. 햄&치즈 크루아상 대신 녹즙을 택하자. 이런 것들이 배를 조금씩 옳은 방향으로 끌어간다. 연구 조사에서도 밝혀졌지만, 우리 몸은 지극히 사소한 변화에도 즉각적으로 반응하고 보답한다.

직접 관리하는 기분을 즐기자 건강 계획을 세우고 나면 자신감이 생긴다. 또한 친구들의 선의지만 내가 원치 않는 충고나 비판(너무 많지 않은가?)을 받아넘길 수 있다.

자기 돌보기 건강과 몸의 관계를 어떻게 다루느냐는 것은 곧 자신을 얼마나 소중히 여기고 보살피는가, 아니면 무심한가를 객관적으로 반영한다. 자신의 건강에 책임을 져라. 의사는 수리공이 아니다.

해야 하는 것이 아니라 선택하는 것이다 말투를 바꾸자. '헬스클럽에 다녀야 하는 이유는……' 대신에 '헬스클럽에 다니기로 한 이유는……', '바퀴만 한 브리치즈를 먹지 말아야 하는 이유는……' 대신에 '물방울이 영롱하게 맺힌 이 베리를 먹기로 한 이유는……'과 같이. 내 행동은 내가 통제한다. 아무도 강요하지 않는다.

모든 행복의 기초는 건강이다.

_리 헌트(영국의 시인 - 옮긴이)

우리는 인생의 대부분을 머릿속에서 살아왔다. 이제부터는 몸속에서 살 때다.

몸을 사업체처럼 운영하라 일이든 놀이든 내가 하는 모든 것은 에너지가 필요하다. 건강하지 못한 몸은 생산성을 앗아가는 도둑이다.

그냥 실행하라 세상은 행동하는 사람에게 보상을 준다. 일단 하고 보자. 건강에 대한 계획이나 생각, 글쓰기도 좋지만 행동하면 폭발한다. 보잘것없는 낙숫물도 꾸준히 떨어지면 댓돌을 뚫는다. 세계적인 자기계발 전문가인 지그 지글러는 이렇게 말했다.

'행하라, 그러면 의욕이 솟구칠 것이다.'

잘 골라서 먹어라

영양전문가 헤더 모건의 말은 전적으로 옳다.

'우리가 먹고 마시는 것들이 병을 키우기도 하고 병과 싸우기도 한다.'

잘 먹는 방법은 간단하다. 만약 당신이 지저분한 수조에서 불쌍하게 헤엄치고 있는 물고기를 본다면 즉시 수조를 청소하고 물을 갈아줄 것이다. 자신에게도 그렇게 하면 된다. 영양이 풍부한 음식을 섭취하면 건강 증진에 가장 탁월한 효과를 볼 수 있다. 더불어 우리 몸의 강력한 자기 회복 기능도 살아난다(운동보다 낫다). 내가 샘날 만큼 유연한 중년의 친구 조시는 '입에 넣는 것이 모든 걸 좌우한다'고 말한다. 미국에서 음식은 막을 수 있는 죽음과 질병의 가장 큰 원인이다. 그런데 우리는 뭐든 미국의 추세를 따라가는 경향이 있다.

요즘 들어 점점 더 많은 사람이 먹을 것이 부족해서가 아니라 과

식으로 죽어간다는 것은 소름 끼치는 현실이다. 잘못된 음식 선택으로 수백만 년에 이르는 건강한 삶이 사라지고 있다. 최근에 불고 있는 '청정' 식품 열풍이 전부가 아니다. 신선한 무첨가 미가공 식품, 특히 식물성 식품은 프라나prana(힌두 철학에서 생명의 근원이 되는 기氣 - 옮긴이) 혹은 '생명 에너지'의 보고다. 생명력이 깃든 음식은 우리에게 에너지를 준다. 흰 가운을 입은 사람들이 만든 음식을 먹으면 말년에도 그렇게 된다는 말이 있다.

나는 독자들에게 딱히 어떤 것을 먹으라고 훈계할 생각은 없다. 다들 잘 아는 내용이다. 과일과 채소에서 요셉의 색동옷(구약성서에서 야곱이 아들 요셉을 총애하여 지어 입혔다는 귀한 옷 - 옮긴이)보다 더 다채로운 색을 섭취하자. 특히 근대나 흑양배추, 케일, 시금치 같은 진녹색 잎줄기 채소가 좋다. 단백질은 지방 없는 살코기와 콩, 렌틸로 보충한다. 거기에 통곡물, 착한 지방, 견과와 씨앗류를 첨가하자. 그리고 소금은 자제한다. 비결은 자기 마음에 드는 레시피를 찾는 것이다. 다른 건 다 제쳐두고 단지 사악한 음식만 끊어도 내 몸에 근본적인 변화가 일어난다. 생각하면 등골이 서늘하다. 나는 몇 년 동안 아무렇지도 않게 동맥으로 룰렛게임을 하고 있었다. 하지만 이제는 멈춰야 한다. 영양 관리는 마트에서 시작된다. 좀 더 구체적으로는 마트의 맨 바깥쪽 진열대다. 역시나 다 알고 있는 사실이다.

개인적인 영양 관리의 적이 무엇인지도 누구보다 본인이 가장 잘 안다. 예를 들어 과도한 당, 포장 음식, 남은 음식으로 때우는 아침 식사, 특대 사이즈 메뉴, '와인 마녀'(금주인협회에서 그럴듯한 신조어를 만들어 냈다)의 유혹 같은 것들이다. 이를 대체할 것은 본인이 찾아야 한다. 몸으로 실천하고 디지털로 자신에게 맞는 건강 레시피 파일을 만들

자. 아침, 점심, 저녁, 간식으로 구분해두면 언제든 편리하게 써먹을 수 있다. 나의 폴더에는 조식 항목에 주스와 스무디 레시피가 있다. 아침에 쓸 수 있도록 전날 밤 과일을 잘라 믹서에 담아 냉장고에 보관한다. 거기에 향긋한 머핀과 영국식 통곡물 머핀 반쪽에 얹는 건강한 토핑도 추가된다.

아보카도는 아침 식단에서 거의 빠지지 않는다. 베지마이트 Vegemite(상표명으로, 오스트레일리아의 국민 잼으로 통한다 - 옮긴이)를 곁들이면 금상첨화다(네, 압니다, 알아요). 베리와 귀리는 그릭 요거트Greek yogurt(그리스와 지중해 연안 지역의 전통 요구르트 - 옮긴이)와 함께한다. 점심은 대부분 식물성 수프와 샐러드 쌈이다. 저녁은 당분간 채소 부침개로 해결할 생각이다. 일단 주방에 들어온 채소는 종류와 상관없이 강판에 갈아 달걀, 샬롯(작은 양파의 일종 - 옮긴이), 고추, 밀가루, 허브, 향신료와 섞어 식용유를 두른 프라이팬에 부쳐낸다. 바삭바삭 맛있고 건강에도 좋다. 병아리콩 카레도 저녁 식탁에 자주 오른다. 아니면 군고구마(전자레인지로 익혀 오븐에서 구워 마무리한다)와 집에서 삶아 튀긴 무지방 검은콩, 아보카도, 요구르트도 괜찮은 선택이다. 실패 없는 간식도 몇 가지 소개한다. 볶은 호박씨에 스리라차(타이식 핫소스 - 옮긴이)와 라임, 오븐에서 바삭하게 구워낸 두카(견과, 씨앗 등을 잘게 빻아 향신료를 첨가한 이집트식 빵 고물 - 옮긴이) 병아리콩, 집에서 전자레인지에 튀긴 팝콘과 훈제 파프리카, 또는 바나나에 아몬드 버터를 살짝 발라 먹어도 좋다.

물론 마법의 조합은 좋은 음식에다 운동을 겸하는 것이다.

식단이 잘못되면 백약이 소용없고, 식단이 올바르면 백약이 필요 없다.

_아유르베다(고대 인도의 전통의학 - 옮긴이) 금언

내 몸은 지금이 봄이다!

팩트 폭격부터 날리자면, 신체 운동은 선택 사항이 아니다. 뜨끔한 독자들이 적지 않을 것이다. 운동을 뭔가 특별한 행위로 생각해서는 안 된다. 인간은 원래 자연적으로 운동을 하게끔 만들어진 존재다. 네안데르탈인 여자들은 동굴 바닥을 쓸거나 공룡 햄버거를 만들면서 남자들을 기다리지 않았다. 그들은 밖에서 최고의 전사들과 함께 사냥을 했다. '쓰지 않으면 잃는다'는 진부한 표현이지만 엄연한 사실이다. 『내년을 더 젊게 사는 연령혁명, 여성 편Younger Next Year for Women』의 저자인 크리스 크롤리와 헨리 S. 로지도 이 점을 몇 번이고 강조한다.

'성장하라는 신호를 전혀 보내지 않으면 결국 퇴화가 승리한다. 꼭 대단한 성장 신호가 필요한 건 아니다. 적당한 운동, 심지어 마음먹고 다부지게 한번 걷기만 해도 소음은 들리지 않게 된다. 요점은 내 몸에 지금이 봄이라고 알려주는 것이다.'

운동에 대해 너무 많은 생각을 하지 말고 가벼운 마음으로 시작하자.

조언을 하자면, 가장 이상적인 운동은 실제로 자기가 할 수 있는 운동이다. 그래서 나는 달리기와 산악자전거, 파도타기, 볼룸댄스는 제외했다. 하지만 절대 안 되는 건 없다. 최소한 우리 시대에는 그 어느 때보다 즐길 수 있는 것이 많다. 혼자 사는 사람에겐 새로운 것을 시도할 때 이리저리 폭넓게 고려할 시간과 기회가 주어진다. 대부분 일일체험교실을 운영하고 있으니 참가해보자. 뭔가 바보짓을 하는 것 같거나 별로 내키지 않으면 더 이상 안 나가면 그만이다. 자신의 운동을 실험하는 과학자가 되어서 실제 경험한 후의 느낌을 하나하나 점검하자.

나는 혼자 운동하는 게 좋다. 걷기 운동은 날마다 하고 있다. 가능하면 하루에 1만 보를 걸으려고 한다. 휴대전화에 만보기 앱이 있으니 지금은 한결 수월하다. 나는 지금도 즐겁지만 약간은 단조로울 수 있으니 효과를 올릴 수 있는 방법을 몇 가지 소개한다.

- 시작할 때 코어(몸의 무게중심으로 보통 등, 배, 엉덩이, 골반 근육을 말한다 - 옮긴이)에 힘을 준다. 배꼽을 척추 쪽으로 당긴다고 생각하면 쉽다. 골반 밑을 의식한다.
- 시간을 재고 단축하도록 노력한다.
- 5분마다 60초씩 빨리 걷거나 달린다.
- 걸을 때 듣는 사운드트랙을 만든다. 느린 곡 두 개와 빠른 곡 두 개를 번갈아 재생한다.
- 모래, 잔디, 오솔길 등 다양한 지표면을 밟는다.
- 걷다가 만나는 계단은 뛰어서 올라가고 내려온다.
- 고르고 평탄한 땅에서는 잠깐 뒤로 걷는다. 잘 안 쓰는 근육과 균형 감각을 깨워준다.

조심스럽게 헬스클럽 생활도 시작했다. 유튜브 영상으로 초급 요가를 배우고 있으며 DVD를 구입해 권투에도 도전 중이다. 나는 편한 시간에 내 페이스대로 진행하는 게 좋다. 요가 매트와 역기도 몇 개 장만했다. 보잘것없지만 집 안에 마련한 미니 헬스장이다. 캐

아무리 곰이라도 운동을 안 하면 뚱뚱해진다.

_A. A. 밀른(「곰돌이 푸」의 원작자 - 옮긴이)

런 가트의 책 『빨랫줄 다이어트The Clothesline Diet』에서도 멋지게 증명되었지만, 사실 장비는 별로 필요 없다. 인터넷은 운동과 동기부여에 더없이 훌륭한 정보의 원천이다. 유튜브에서 내게 맞는 운동의 종류와 강도를 찾아보자. 더 중요한 것은 강사가 마음에 들어야 한다. 데일리 번Daily Burn이나 보디 그루브Body Groove에서 시작해보자.

코어와 골반 밑 운동을 잊지 말자. 여자들에겐 열 개의 구멍이 있다. 허리 위로 일곱 개, 밑으로 세 개다. 말년에 아래쪽 세 개가 새지 않으려면 조여야 한다. 나는 골반 밑 운동을 잊지 않으려고 운전대와 냉장고, 핸드백, 지갑에 조그만 스티커를 붙여두었다. 탁구공을 쏜다는 유명한 타이 팟퐁 유흥가 여성들처럼 될 수는 결코 없겠지만 거기까지는 욕심낼 생각도 없다.

운동하는 데 동기부여가 필요하다면 다음을 참고하자.

- 운동을 하고 나면 항상 기분이 좋아진다. 늘 그렇다. 에너지가 고갈되는 게 아니라 충전된다. 운동 후의 느낌을 글로 적거나 마음으로 음미한다. 내게는 한 번도 후회한 적 없는 더없이 좋은 동기부여가 되었다.
- 미리 너무 생각만 앞서지 말고 가벼운 마음으로 하루에 하나씩 해나가자.
- 애초에 왜 운동을 시작했는지 상기하자. 내가 원하는 내 모습과 기분을 상상한다. 목표와 목표 체중을 포스트잇에 적어 사방에 붙여놓자. 나의 목표는 체력과 유연성이었다.
- 쇼핑을 하자! 편안하고 실용적이고 매력적인 운동복과 제대로 된 신발을 산다. 낡고 찌든 것들은 모두 내다 버리자.

- 아침에 일어나자마자 시작하도록 운동복이나 헬스클럽 가방을 챙겨둔다.
- 잠깐의 운동이라도 수명을 연장시킨다. 인간이라면 누구나 자기에게 할당된 이승의 시간을 늘리고 싶을 것이다
- 운동은 할 때마다 능력이 배가된다. 하면 할수록 더 많이, 오래할 수 있게 된다. 같은 운동이 점점 쉬워질 때는 말할 수 없는 뿌듯함을 느낄 것이다.
- 내가 스스로 관리하는 기분을 즐기자. 자기가 좀 낫다고 생색내듯 가르치려 드는 사람을 굳이 상대할 필요는 없다.
- 스케줄을 짜서 다이어리에 적고 꾸준히 밀어붙이자. 하루 중 가장 편한 시간을 찾아 일과에 포함시킨다.
- 스티브 잡스를 본받자. 그는 항상 검은색 터틀넥에 청바지와 운동화 차림이었다. 이로써 그가 매일 결정할 사안이 한 가지 줄어든 것이다. 우리도 매일 다른 운동으로 시간표를 짜두면 결정할 사안을 줄일 수 있다. 월요일은 요가, 화요일은 걷기 등등 식으로 정리해두자.
- 매주 몸무게를 재서 도표에 기록한다. 용지 종류가 많지만 나는 모눈종이가 좋다. 연필 말고 펜으로 기록하자.
- 벌칙 조항을 포함한 약속 이행 각서를 한 부 작성하자. 운동 일지를 쓴다. 목표를 높이고 진척 상태에 집중한다.
- 단계별 목표를 달성하면 나 자신에게 상을 주자. 책, 잡지, 얼굴 관리, 마사지, 손발 관리 같은 것들이다.

우리의 영혼을 지탱하고 정신에 활력을 주는 것은 운동뿐이다.
_키케로

- 손목에 우정 팔찌나 매듭실을 묶고 내가 왜 이러고 있는지 상기시키는 시금석으로 삼자.
- 7일, 10일, 30일, 60일, 또는 90일 과제를 정해 도전하자.
- 하루 내내 최대한 몸을 많이 쓰자.
- 몇몇 사람, 심지어 몇몇 친구조차 내가 실패하길 바란다. 잔인하지만 사실이다. 그들에게 지지 마라. 성공이 최고의 복수다.
- 나 자신에 대한 인식을 바꾸자. 이제는 '운동 안 하는 사람'이 아니라 '몸을 적극적으로 사용하는 사람'이다. 나만의 전후 사례 연구를 진행하자.
- SNS에 건강 비전 보드를 만들자.
- 다음에 섹스할 때를 생각하자. 자신감 있고 건강해야 한다.
- 잠은 충분히 잔다. 적정 수면 시간은 본인이 잘 안다. 우리의 삶에는 두 개의 끈이 함께한다. 우리를 일으켜 세워 나아가게 하는 끈과 우리를 붙잡아 재충전하게 하는 끈이다. 적절한 균형을 찾자. 사람이 너무 지치면 문장 하나도 제대로 끝마칠 수 없…….

뇌의 활동력을 높여라

핵과 맨틀, 지각으로 구성된 지구의 횡단면이나 양파처럼 인간도 다층구조를 가진 존재다. 실제로나 은유적으로나 그 중심에 신경중추인 정신이 자리하고 있다. 정신 건강이란 불가피한 인생의 부침 속에서 우리가 어떻게 생각하고 느끼고 대처하느냐의 문제다. 내면의 폭풍이다. 나 자신을 안으로부터 양육하자. 정신이 먼저고 신체는 그다음이다.

정신 건강은 신체 건강만큼 중요하다. 그리고 혼자 사는 우리에게는 자가 점검의 책임이 따른다. 우리는 스스로 기질 변화를 감지하고 자신에게 솔직해져야 한다. 예를 들어 자존감의 결여는 과식과 자책으로 이어질 수 있다. 때로는 뼈아픈 외로움을 허장성세나 술로 감춘다.

물론 필요하다면 전문가의 도움을 받아야 한다. 하지만 자립정신에 의거해 우리는 자신의 정신 건강을 스스로 돌보는 법을 익혀두어야 한다. 영국정신건강재단은 실용적인 10단계 조치를 다음과 같이 제안하고 있다.

- 자신의 감정 상태 얘기하기
- 잘 먹기
- 연락하기
- 쉬기
- 자신을 받아들이기
- 활동하기
- 현명하게 마시기
- 도움 요청하기
- 잘하는 것 하기
- 타인을 사랑하기

정신 건강의 또 다른 측면은 두뇌의 명민함이다. 나는 가끔 양로원에서 「코끼리 넬리」 1절을 반복해서 부르고 있는 내 모습이 떠오를 때마다 등골이 오싹해진다. 그런 일이 일어나지 않는다는 보장은 없지만 평소의 훈련을 통해 그 확률을 낮출 수는 있을 것이다. 다음은 하버드 의과대학에서 추천하는 방법이다.

배움을 놓지 마라 활발한 정신활동이 필요한 일을 하는 것도 포함된다. 새로운 기술이나 취미를 배워도 좋다.

모든 감각을 이용하라 감각을 총동원해서 배우면 기억을 유지하는 데 더 많은 두뇌가 사용된다.

자신을 믿어라 나아질 수 있다고 믿으면 맑은 정신을 유지할 가능성이 높아진다.

두뇌 사용의 우선순위를 정하라 머릿속을 최대한 체계적으로 정리하여 새롭고 중요한 정보가 저장될 공간을 확보한다.

알고 싶은 것은 반복하라 소리 내어 말하거나 글로 적는다.

시간 간격을 둔다 시간 간격을 두면 반복 효과가 극대화된다. 벼락치기 시험공부와는 정반대 개념이다. 한 시간, 서너 시간, 하루 간격으로 반복해서 공부한다.

사실대로 받아들이고 수치를 무시하지 마라

자신의 자료를 수집 분석할 수 있는 파일을 만들자. 몸무게, 콜레스테롤 수치, 혈액형과 혈압, 체질량지수 등을 기입한다. 검진 결과나 양친의 상세 진료 기록처럼 본인과 연관되는 수치도 포함시킨다. 페이지에 날짜를 적어두면 벤치마크로 활용할 수 있다. 자궁암, 안과, 치과, 피부과 등 필요한 검사는 모두 일정을 잡자. 그리고 일반 주치의를 찾아가 그동안 은근히 신경 쓰인 부분이 있었다면 말끔히

우리의 몸은 정원이요, 우리의 의지는 정원사다.
_윌리엄 셰익스피어, 「오셀로」

해소한다. 당장 실행하자.

방 안의 코끼리

과체중은 선진국들의 가장 세속적인 병폐다. 나의 경우도, 슬프지만 내가 음식을 사랑하는 만큼 음식도 나를 사랑한다. 결국 그 대가로 돌아온 건 살이었다. 과체중은 사람의 진을 빼고 인생을 필요 이상으로 힘들게 만든다. 체중은 혼자 사는 사람들이 흔하게 겪는 문제이고 나의 개인적인 아킬레스건이기도 하다. 나로서는 아직 갈 길이 멀다. 새끼 향유고래는 하루에 90킬로그램까지도 살이 찐다는 사실을 아는가? 나는 2017년 휴가 때 이탈리아에서 비슷한 경험을 한지라 잘 알고 있다. 나는 빅토리아 여왕과 같은 운명을 맞고 싶지 않다. 그녀는 말년에 몸집이 너무 커져서 죽고 나서는 침실 바닥에 구멍을 뚫고 도르래로 시신을 내려야 했다. 게다가 정사각형 관에 안치되었다. 알다시피 많은 오스트레일리아인은 본인의 치아로 자기 무덤을 파고 있다. 오스트레일리아인의 표준 식단Standard Australian Diet을 들여다보면 그 영어 약자처럼 안쓰러운SAD 수준이다.

혼자 사는 공간이 좋은 이유 중 하나는 그곳이 비난 청정 구역이라는 점이다. 옆에서 눈을 흘기는 이가 없으니 취향 저격하는 막장 리얼리티 TV를 마음껏 즐길 수 있다. 한편 비난 청정 구역의 단점이라면 대용량 감자칩 한 봉지를 앉은자리에서 털어먹거나 아찔하게 진하고 강렬한 치즈를 양껏 흡입해도 누구 뭐라 하지 않는다는 것이다. 집이 아니면 이런 것들은 먹지도 마시지도 못한다.

내가 결혼할 당시에는 분명 지금보다 날씬했다. 몸무게가 줄어들 때마다 그이가 보내는 은근한 지지는 나의 기쁨이자 보람이었다.

그러나 혼자가 되고 내가 나를 응원할 수밖에 없는 상황이 되면 일은 그렇게 쉽지 않다. 세상에는 다이어트 방법이 무수히 많고 실제로 내 주변에도 제대로 효과를 누린 친구가 몇 있다. 양배추 수프부터 앳킨스, 사우스 비치, 지중해, 포크스 오버 나이프스, 뒤캉 다이어트까지 사실 제대로만 따라 하면 다 효과를 보게 된다. 나는 평생에 걸친 시행착오 끝에 명백한 결론을 내리게 되었다. 살을 빼는 유일한 방법은 내게 맞는 방법을 찾아내어 실행하는 것이다.

나는 내가 피콜로처럼 날씬해질 수 없다는 사실을 받아들였다. 하지만 내 몸과 옷이 편안하고, 움직일 때 기분 좋은 몸무게에 도달하려고 노력 중이다. 나는 체중 조절에 관한 한 박사 논문도 쓸 수 있다. 다이어트는 자신이 더 좋은 것을 누릴 자격이 있다는 믿음에서 시작된다. 미국의 방송인이자 심리학자인 필 맥그로 박사는 '자신에게 더 많은 걸 요구하기 시작하는 것, 그 자체가 변화다'라고 말했다.

다음은 내가 효과를 거둔 방법들이다.

- 의견이 갈리겠지만, 나는 살을 뺄 때 조용히 혼자 한다.
- 필요할 때마다 자신에게 들려줄 만트라를 만든다. 나는 이렇게 말한다. '한 번에 하나씩만 선택한다.'
- 식당에 갈 때는 미리 인터넷으로 메뉴를 확인하고 최선의 음식을 골라둔다.
- 매일 후버 댐 정도의 물을 마시려고 노력한다. 편의성을 고려해 밑에 착즙기가 있는 시트러스 징어Citrus Zinger 물병을 구입했다. 제

건강은 나와 내 몸의 관계다.

_테리 길레메츠(미국의 인용 명문 편집자 - 옮긴이)

값을 하는 물건이다. 덕분에 식전에 꼭 물을 챙겨 마신다.

- 매주 새로운 음식에 도전한다. 채소 스파게티, 곤약 국수, 무, 용과 같은 것들이다.
- 위험한 음식이 유혹할 때는 양치를 한다.
- 육류 섭취를 줄인다. 육류는 주연이 아니라 풍미를 더하는 조연급으로 여기자.
- 음주량을 줄이면 엄청난 일이 벌어진다. 와인 한 병의 칼로리는 빅맥 하나와 같다. 친구 몇 명은 술을 완전히 끊었다. 재치 있고 용감한 『금주 일기Sober Diaries』의 저자 클레어 풀리도 그중 한 명이다. 나는 아직 그 경지에 이르지 못했지만 가급적 혼술은 피하고, 마셔도 저녁 식탁에서 한 잔으로 끝내려 한다. 와인을 옮겨 붓는 작은 유리병이 있는데 그 한 병의 선을 넘지 않는다. 그마저 조그만 와인 잔으로 바꿨더니 변화가 느껴진다. 작은 접시로 바꿔도 비슷한 효과를 거둘 수 있다.
- 건강한 사찰음식 조리법 목록을 파일로 만든 다음 종류별로 세분했다. 가능하면 삼시 세끼와 두 번의 간식으로 하루를 마무리하고 가끔 먹은 것을 기록한다.
- 1주일에 한 번, 보통 금요일 밤에 원하는 것을 마음껏 먹을 수 있는 식탁을 준비한다. 그런데 이상하게도 생각 같아선 볼로냐 스파게티를 양푼째 놓고 퍼먹어야겠지만 어쩐 일인지 그렇게 안 된다.
- 샤워 전에 보디 브러시를 쓴다. 혈액순환이 원활해지고 내 몸을 느끼는 감각이 살아난다.
- 주전부리 대신 껌을 씹자.
- 잠시 삐끗하더라도 초심으로 돌아가 다시 시작하자. 마일스 데이

비스의 말처럼 음 이탈이 나더라도 걱정하지 말자. 곡을 죽이고 살리는 건 그 후속 음 처리에 달렸다.

여섯 개의 열쇠

다음은 미국 예일 대학의 데이비드 카츠 박사가 자신의 환자에게 제시한 건강 증진 비결을 요약한 내용이다.

발 신체 활동은 체중 조절, 염증 완화, 면역기능 강화, 항암효과와 직결된다.

포크 영양이 풍부한 식단은 우리 몸 전반에 광범위한 영향을 미치고 만성질환의 위험을 줄인다.

손가락 담배를 잡는 신체 부위. 끊어라. '발', '포크', '손가락' 항목에서 옳은 선택을 하면 만성질환의 위험이 무려 80퍼센트나 낮아진다.

잠 수면의 양과 질은 우리의 몸과 마음에 지대한 영향을 미친다.

스트레스 '침묵의 살인자'로 알려진 스트레스를 잘 관리하지 않으면 장기적으로 건강에 타격을 받는다. 스트레스로 인한 수면 부족을 마치 자랑처럼 이야기하는 사람들을 보면 좀처럼 이해되지 않는다.

사랑 임상 연구에 따르면 따뜻하고 사랑스러운 인간관계를 맺고 있는 사람들은 만성질환의 위험이 적다.

혼자라서 더 우울해진다고?

나는 혼자 사는 것과 건강의 상관관계를 조사하기 시작하면서 한 가지 사실에 적잖이 당황했다. 독신 생활이 건강에 이롭지 않다는 것을 입증하려는 연구 결과가 너무 많았다. 그 신빙성을 의심하지는 않지만, 우리 중 그러한 통계자료의 일부가 되고 싶은 사람은 아무도 없다. 우리는 투철한 반골 정신으로 무장한 솔로 부대다. 그런 식의 연구 결과는 이례적이라는 것을 충분히 증명할 수 있다. 연구 결과를 뒤엎는 방법을 나의 생각대로 몇 가지 정리했다.

다양하게 교류하라

외로움은 죽음이다. 브리검영 대학의 연구원들이 한 조사를 마친 후 내린 결론이다. 그들은 또 이것이 차후 공중보건을 위협할 심각한 문제라고 경고했다. 비만이나 약물남용과 동급으로 취급한 것이다. 그들의 연구에 따르면 주관적인 고독감은 사망 위험을 26퍼센트나 증가시킨다.

반박 자료. 이 보고서는 35년여에 걸쳐 300만 명 이상이 참가한

많이 먹을수록 맛없고 적게 먹을수록 맛있다.

_중국 속담

70여 건의 건강 연구를 포괄적으로 재구성한 것이다. '사회적 고립'과 '혼자 사는 것'이 '고독감'보다 건강에 해로운 것으로 밝혀졌다. 사망 위험이 각각 29퍼센트와 32퍼센트로 커진다. 비만으로 인한 사망 위험과 같은 수준이다.

우울한 수치지만 그리 새로울 것도 없다. 티머시 스미스와 홀트 룬스타드 박사가 그 이전에 진행한 연구 조사에서도 고립과 외로움이 하루 담배 15개비 흡연이나 알코올중독만큼 수명을 단축시킨다는 설이 제기되었다. 두 사람은 그 원인을 혼자 사는 사람들이 병원에도 잘 안 가고 '흡연, 음주, 운동 부족 같은 건강에 해로운 습관을 가졌기 때문'일 것이라고 추측했다.

대단한 가르침에 감사라도 해야 할 것 같다. 그들이 내린 결론은 의미 있고 친밀한 관계 맺음과 함께 '다양한 사회적 교류'가 필요하다는 것이다. 지극히 당연한 것을 새삼스럽게 말했다.

연구 결과를 뒤엎으려면 다음과 같이 생각하고 행동하자.

- 인간관계를 우선시한다. 친밀한 사이뿐만 아니라 친구와 지인들까지 폭넓게 수용하자.
- 활동하고 참여하라.
- 건강에 관해서는 자신에게 진솔하고 엄격하라.

불리함을 극복하려고 결혼할 필요는 없다

또 다른 연구에서는 암환자가 기혼자인 경우 화학요법보다 치료에 더 효과적이라는 결과를 내놓아, 혼자 사는 사람들의 건강 문제에 대한 시각을 더욱 악화시켰다. 하버드 대학의 연구원들이 75만

명의 환자를 추적 조사한 결과, 전반적으로 결혼한 환자들의 생존 확률이 20퍼센트 높았다. 특히 유방암과 대장암의 경우 기혼 효과가 화학요법의 효과보다 우세했다.

여기서 잠깐, 온라인 만남 주선 사이트에 가입하거나 「꿈의 웨딩드레스Say Yes to the Dress」(예비 신부가 웨딩드레스 고르는 과정을 담은 미국의 리얼리티 TV쇼 - 옮긴이) 시리즈를 정주행하기 전에 기혼자들의 생존율이 높은 이유가 무엇이며, 그것을 우리 솔로의 일상에 어떻게 접목시킬지 알아보자.

실용적 관점에서 연구 결과 뒤엎기

- 관찰. 만약 당신이 어떤 사람과 계속 같이 지낸다면 상대의 사소한 태도 변화와 신체 변화까지 감지하게 된다. 당신의 절친들도 이런 감시자가 되게 하라. 몸 상태가 좋든 나쁘든 정기적으로 건강 검진을 받자.
- 잔소리. 배우자가 있다면 검진을 받아보자고 끊임없이 잔소리를 할 것이다. 나 자신에게 잔소리를 하자.
- 지원 팀 구축. 의지할 만한 인맥을 만든다.
- 짐을 나눠 질 사람이 있으면 경제적 부담이 줄어든다. 그럴 상황이 안 된다면 당장 경제적인 문제부터 해결하자.(제6장 참조) 경제적 능력과 자립이 필수다. 아쉽게도 민간 건강보험은 싱글에게 불리하다. 커플 보험료와 같은 경우도 있으니 잘 알아보고 가입하자.

친구란 벽과 같다. 때로는 기대고 때로는 거기 있는 것만으로 든든하다.

_작자 미상

정서적 관점에서 연구 결과 뒤엎기

- 함께 사는 사람을 감동시킬 일이 없으면 나 자신을 사랑하고 감동시키자.
- 함께 운동할 사람이 있으면 분명 자극이 된다. 친구와 헬스클럽, 트레이너가 있는 것도 그 때문이다.
- 저녁에 충전하기. 일기장을 펼치자. 영상 일기 촬영, 친구와 전화 통화나 스카이프 접속.
- 사랑받고 소용되고 주목받고 있음을 느끼자. 가족과 친구들에게 그들이 당신에게 얼마나 큰 의미인지 말하자. 틀림없이 같은 말이 되돌아올 것이다. 정기적으로 소식을 전하자.
- 남에게 베푼 것을 인정받자. 눈도장을 받아두면 나중에 내가 도움이 필요할 때 나서주는 사람이 있다.

혼자 산다고 우울해지는 건 아니다

핀란드에서 나온 한 보고서에 따르면 혼자 사는 사람은 우울증에 걸릴 위험이 80퍼센트나 높아진다. 보고서의 주 저자인 라우라 풀키 라박 박사는 '혼자 사는 것이 정신 건강에 위험 요소가 될 수 있다'고 말했다. 단지 혼자 사는 사람이 우울증에 걸릴 가능성이 높다는 이유만으로 무조건 그렇게 된다는 법은 없다. 이 부분을 명심하자. 우울증은 치료가 어렵지 않은 흔한 질환이다. 외로움이 심각한 우울증으로 발전하지 않도록 자신의 상태를 감시하자.

우리의 몸은 살아가기 위한 기계다. 그렇게 만들어졌고 그것이 본성이다.
그 안에서 삶이 제약 없이 계속되도록 하고 스스로 방어하도록 하라.
과도한 약으로 몸을 마비시키지만 않으면 몸은 더 많은 일을 한다.
_레프 톨스토이

퀸즐랜드 대학의 연구에 따르면 우울증에 시달리는 사람은 자기에게 의미 있는 모임에 가입하면 우울증 재발 가능성이 24퍼센트 낮아진다. 세 개의 모임에 가입하면 그 가능성이 63퍼센트까지 떨어진다. 연구를 주도한 티건 크루위즈 박사는 '우울증의 주요 증상은 인생의 목표 상실이나 소외감과 관련되어 있다. 이런 모임들이 바로 이 지점을 정확히 조준하고 있다. 살아갈 의미를 부여하고 아침에 일어날 이유를 만들어주는 것이다. 이 세상에 나를 위한 자리가 있다 말하고 좀 더 큰 무언가의 일부라고 느끼게 해준다'고 말한다. 반박할 여지가 없다.

의학박사 줄리 홀랜드는 『변덕스러운 여자들Moody Bitches』을 쓴 정신과 의사다. 그녀는 중증 정신 질환의 처방약에는 적극 동의하지만 전반적으로 우리가 약물을 과용한다고 말한다.

'약물 투여를 통해 필수적이고 본질적인 자아를 포기하라는 제안을 받는 여성이 너무 많다.'

분명 생각해볼 문제다. 때로는 매우 격한 감정을 느끼고 난관을 돌파하는 것도 좋다. 우울증을 가볍게 여기는 건 아니지만 세상살이에는 부침이 있게 마련이다. 우리는 그것들과 싸워나가면서 더욱 단단하고 강해진다. 투약과 함께, 또는 투약 대신 전문가의 상담을 받으면 단지 증상만 가리는 미봉책이 아니라 장기적인 관점에서 도움이 될 것이다.

목적의식을 갖는 것만큼 기분을 북돋우는 것도 없다. 이 책을 읽

나는 마지막 숨을 거둘 때 나 자신을 얼마나 잘 소진했는지 보고 싶다.
얼마나 많은 땀을 흘리고, 밀고, 당기고, 찢고, 떨어지고, 때리고, 부딪치고, 폭발했는가?
내 꿈은 나를 바닥까지 소진하고 마지막 순간에 폭발하여 먼지로 흩어지는 것이다.
_엘리자베스 스트렙, 「익스트림 액션 히어로가 되는 법」

는 독자들도 이 부분에 대해 생각해주길 바란다. 존 뷰트너의 『블루 존The Blue Zones』에 따르면 목적의식을 가진 사람은 그렇지 않은 사람보다 7년을 더 산다. 당장 목적의식이 없다고 걱정할 필요는 없다. 조금만 참고 기다리자. 작고 간단한 목표들을 달성하다 보면 기분이 좋아질 것이다.

제4장

01 자신의 건강을 책임져라. 나의 안전망은 나 자신이다.

02 몸 상태가 좋든 나쁘든 정기적으로 건강 검진을 받자.

03 마음가짐, 영양 관리, 신체 건강, 정신 건강, 사실과 수치를 모두 포함하는 건강 계획표를 작성한다.

04 혼자 사는 사람들의 건강에 대한 연구 결과는 믿지 마라. 교류하라. 자신을 감시하라. 상식을 적용하라. 필요하면 도움을 청하라.

제5장

1인분을 요리하다

왜 가치 있는가 · 장애물을 극복하고 시스템을 앞지르기 ·
한 사람을 위한 식재료와 도구, 그리고 최강의 레시피

한 사람을 위한 요리는 쉽지 않다. 우리 중 대부분은 왜 그게 힘든지 핑계를 줄줄이 늘어놓을 것이다.

핑계 1 귀찮다.
핑계 2 마트 상품은 죄다 가족 맞춤이다.
핑계 3 세상의 레시피는 모두 4인용이다.
핑계 4 건강하게 먹는 것보다 건강하지 않게 먹는 게 더 쉽다.
핑계 5 아이디어가 바닥났다.

그런데 나는 암호를 푼 것 같다. 여기에는 또 다른 발상의 전환과 몇 번의 시행착오, 약간의 쇼핑(까호!)이 필요하다.

요리를 가사노동으로 여기지 말자. 나를 위한 요리는 내 입맛을 찾아내고 새로운 식재료와 조리법을 시험하는 계기로 접근하자. 다른 사람에게 먹이고 욕먹을 일 없으니 밑져야 본전이다. 나는 많은 시행착오 끝에 꽤 만족스러운 혼자만의 요리들을 찾아냈다. 싱가포르 국수, 닭 다릿살 말이, 상큼한 월남쌈, 꼬마 옥수수와 국수튀김, 미소된장 양갈비, 조개 링귀니(납작한 파스타 면 - 옮긴이) 등이다. 조리법은 나중에 소개하겠다.

본인이 좋아하는 건 뭐든 만들어 먹을 수 있다. 타협은 없다. 이제 싫어하는 건 두 번 다시 먹지 않아도 된다. 나라면 참치를 먹느니 차라리 전기 콘센트를 핥겠다. 그런데 짐작하다시피 그럴 필요가 없다. 또 남의 변덕이나 음식 과민증, 호불호에 맞추지 않아도 된다. 밀, 견과, 씨앗, 나트륨, 유제품, 콩, 달걀, 생선, 조개류, 참깨, 내터잭 두꺼비, 탄수화물은 5시 이후 나의 주방에서 언제든 대환영이다.

독자들이 이 장에서 영감과 실용적인 조언을 받고 자신이 해보고 싶은 조리법 몇 가지를 얻어갔으면 한다. 제안일 뿐 강요하는 것은 아니므로 오해하지 않기를 바란다. 그저 아이디어를 참고하면 된다. 이제 앞에서 언급했던 핑계를 하나씩 짚어보자.

귀찮다

한 손에 와인 잔을 들고 주방을 어슬렁거리며 노트북으로 팟캐스트를 듣거나 웰메이드 스웨덴 수사물 시리즈를 보며 자르고 섞고 맛보고 씻고 마침내 식탁에 앉는다. 식탁보를 덮고 촛불을 켠 사각 식탁에서 식사를 하는 것은 하루를 마무리하는 가장 즐거운 의식이다. 내가 내게 주는 선물이다. 저녁식사 초대에는 고맙게 응하지만 마음속으로 늘 비교할 수밖에 없다.

'지금 이게 와인 한 잔에 넷플릭스 영화를 보며 내 손으로 요리

하는 것보다 나은가?'

비위를 맞추거나, 배려하거나, 키우거나, 만족시키거나, 유혹하거나, 잘 먹이거나, 감동시킬 사람이 없으니 골대가 바뀐다. '단지 나만을 위해 요리할 가치는 없다'는 말을 너무 자주 듣는다. 사실 요리가 취향에 안 맞는 사람도 있다. 가끔은 토스트에 치즈만 얹어도 입맛을 저격당한다. 하지만 그렇게 쉽게 빠져나갈 수는 없다. 이건 닭이 먼저냐 달걀이 먼저냐의 문제와 비슷하다. 영국 요리의 여왕으로 알려진 델리아 스미스는 '나를 위한 요리는 귀찮음을 무릅쓸 가치가 있다. 하지만 귀찮음을 무릅쓰기 전에는 기쁨을 찾을 수 없을 것이다'라고 말했다. 솔로 요리사들의 수호성녀 델리아 스미스의 이야기는 나중에 더 소개하겠다.

당신이 가치 있으므로(로레알 광고 아님 주의) 당신을 위한 요리도 가치 있다. 침대 옆에 놓아둘 꽃을 사거나, 좋은 시트에서 자거나, 저녁 식탁에 촛불을 켜거나, 혼자 미술 전시회에 가는 것처럼 가치 있다. 요리는 단순히 결과(혀가 절로 삼바춤을 추는 신선하고 맛있고 영양가 높은 음식)만 추구하는 행위가 아니다. 그것은 자기 돌보기의 중요한 요소이며 나만의 목소리를 찾을 수 있는 기회다. 자기가 좋아하는 음식을 넉넉히 찾아낼 때까지 실험을 계속하자.

마트 상품은 죄다 가족 맞춤이다

맞는 말이다. 상황은 솔로 요리사에게 불리하고 우리는 시스템을 에둘러 가야 한다. 마트들은 마치 공모라도 한 듯 우리의 기대에 부응하지 않는다. 솔로 인구 수백만 시대에 말이다. 코스트코에서도 할인 품목을 손에 넣을 가능성은 희박하다. 식료품 가격이 다른 곳보다 저렴하지만 포장 단위가 무슨 「월튼네 사람들The Waltons」(열한 명의 대가족 이야기를 다룬 미국의 고전적 드라마 - 옮긴이)이나 되어야 엄두를 내볼 어마무시한 사이즈다.

'2+1', '1+1' 상품에도 나의 솔로 지름신은 좀처럼 강림하지 않는다. 그리고 1주일 의무 사용액을 정해놓은 포인트 적립 카드는 뻔한 장삿속이라 논외로 친다. 마트들은 언제나 정신을 차릴까?

싱글 요리에 맞는 식품 매장을 눈여겨보자. 닭 가슴살과 치즈 또는 햄을 소량 구입할 수 있는 육류 코너 같은 것들이다. (이건 동네에 잘 아는 정육점이나 생선가게가 있으면 쉽게 해결된다.) 역시 건강식품 매장에 있는 벌크 빈스bulk bins(대용량 통에 담아 무게 단위로 소분 판매하는 방식 - 옮긴이)를 이용하면 견과와 씨앗류를 조금만 살 수 있다. 셀러리 한두 줄기가 필요하면 샐러드 바가 좋다. 무슨 야자수를 찾는 게 아니다. 나는 하루나 이틀 안에 먹을 수 있는 과일과 채소만 산다. 대개 질척한 샐러드 봉지와 함께 가장 많이 버리는 것이 상한 과일과 채소다. 놀랍게도 우리가 구입하는 식품 중 3분의 1이 버려진다. 쇼핑을 더 자주 해야 하지만 지금은 그것이 당연시되었다.

냉동식품 코너에서는 꼬마 완두콩, 시금치(작은 덩어리로 얼린 것), 생새우, 스무디용 망고와 베리, 퍼프 페이스트리, 장작으로 구운 정통 이탈리안 피자 베이스를 구입한다. 나는 냉동 간편식을 멀리하지만 남은 음식은 밀폐 용기나 위생 비닐봉투에 넣어 냉동 보관한다.

은혜로운 대자연은 한 사람을 위한 먹거리를 풍성하게 제공한

요리는 가족을 위해 하는 것이라는 글을 읽은 적이 있다. 하지만 혼자가 되면 때로는 자신을 가족처럼 대접해야 한다. 그리고 이제 음식 냄새 가득한 내 아파트는 그냥 잠만 자는 숙소가 아니라 진짜 집처럼 느껴진다.

_'웨이터 랜트'(전직 웨이터 스티브 두블라니카가 운영하는 블로그 - 옮긴이)

다. 대부분의 과일, 달걀, 통옥수수, 고구마, 꼬마 가지, 주름버섯, 아스파라거스, 생선, 아티초크, 작은 바닷가재, 양 정강이, 닭 가슴살이나 다릿살, 스테이크가 우선 떠오른다. 프렌치 샬롯과 방울양배추는 크기가 살짝 부담스러운 양파와 양배추를 훌륭하게 대체한다. 옥수수와 혼합 콩 미니 캔도 유용한 발명품이다. 마리골드 스위스 채소 부용 파우더Marigold Swiss Vegetable Bouillon Powder는 내가 주방에서 가장 좋아하는 재료다. 나이젤라 로슨(영국의 스타 방송인 셰프 - 옮긴이)도 애용한다. 색소나 조미료, 방부제가 첨가되지 않았고 건강식품 매장에서 구입할 수 있다. 나는 대용량을 구매해서 파스타 소스나 볶음 요리, 육수가 필요한 수프까지 다양하게 활용한다. 가볍고 깔끔한 자연의 맛이라 따끈한 무카페인 음료로도 제격이다.

꼭 마트에만 의존할 필요는 없다. 도시에 살고 있다면 조금 낯선 동네를 방문하거나 「푸드 사파리Food Safari」(이국적인 요리를 소개하는 오스트레일리아의 TV쇼 - 옮긴이) 투어에 나서보자. 다양하고 이국적인 식료품 가게를 탐사하며 놀라운 세계를 발견하라. 나의 주방 가스레인지 옆에는 늘 아시안 소스 바구니가 있다. 일단 기본적인 것부터 보면 진간장과 연간장, 청주, 쌀식초, 흑식초, 어간장, 미림, 사오싱주(중국 사오싱 지방에서 나는 술 - 옮긴이)가 있고 냉장고에는 굴소스, 흰 미소된장, 해선장, 두반장, 붉은 카레 페이스트가 대기 중이다. 냉동실에는 베이징 덕을 싸먹는 밀전병, 카피르 라임과 커리 잎, 에다마메(대두의 풋콩을 꼬투리째 딴 것 - 옮긴이), 말레이시아 로티 빵(마른 프라이팬에 구우면 빵빵하게 부풀어 오르는데, 이걸로 카레를 닦아 먹으면 완벽하다)이 들어 있다.

음식을 내 몸처럼 보관하고 다루어라. 먹은 음식은 곧 내 몸이 된다.
_벤저민 워드 리처드슨(영국의 의사 - 옮긴이)

세상의 레시피는 모두 4인용이다

어머니는 내게 약간의 기벽과 시끄러운 재봉틀을 물려주었고, 어렸을 때는 잊을 만하면 스타트라이트Start-Rite(영국의 아동용 신발 브랜드 - 옮긴이)를 새로 사주곤 했다[클락스 매장 페도스코프pedoscope(1900년대 신발 맞춤용 형광투시경 - 옮긴이)가 수없이 내 발에 엑스레이 폭격을 한 걸 생각하면 지금도 몸서리가 쳐진다]. 뿐만 아니라 어머니는 델리아 스미스의 훌륭한 요리책 『혼자는 재미있다One is Fun!』까지 선물해주었다. 느낌표에서 살짝 절박함이 느껴지지만 나는 이 책을 통해 처음으로 혼자 사는 사람들도 주목받을 가치가 있음을 깨달았다. 그리고 레시피 계량을 '4'로 나누거나 밤마다 남은 음식을 먹는다고 해결될 문제가 아니라는 것도 알게 되었다. 델리아는 모든 레시피의 계량을 줄일 필요는 없다고 생각했다. (달걀을 4등분하면 누구 코에 붙이나?) 재료의 양이 적은 만큼 조리 시간과 온도를 조절하면 된다.

여기서 더 나아가 그녀는 이 가르침 안에서 남다른 통찰력과 예지력을 보여준다.

'현대사회에서 가장 미묘하고 만연한 문제 중 하나는 (대개 밖으로 잘 드러나지 않는) 자아 수용 결핍이다. 그리고 나는 (특히 하루 한두 번의 식사 때) 자신을 돌보려는 의식적인 노력이 이 증상에 대한 가장 효과적인 치료제라 믿는다. 흥미롭고 만족스러운 음식을 요리하고 먹는 행위가 우리의 행복감에 크게 기여한다고 확신한다.'

전적으로 동의한다. 나는 이번 장의 자료 조사를 하면서 인터넷을 샅샅이 뒤져 한 사람을 위한 요리책을 되는 대로 다 구입했다. 그런데 결과는 실망스러웠다. 대부분의 책과 블로그, 웹사이트, 링크가 이런저런 이유로 결함이 있었다. 일부는 모든 조리법이 2인용이나 4인용이었다. (이해 불가…….) 아니면 재료를 '안초비 순살 1개', '작은 양파 1/4개', '사워크림 1테이블스푼', '신선한 쌀국수롤(얇은 쌀 전병에 각종 소를 얹고 쪄서 말아낸 것 - 옮긴이) 2개', '토마토 통조림 1/4개'…… 식으로 나열하고 있다. 내가 잘못된 건지 저쪽이 이상한 건지 모르겠다. (그리고 『나를 위한 전자레인지 요리Microwave Cooking for One』는 언급하지 않겠다. 맞다, 실제로 있는 책이다. 절대 사지 말 것.) 쉽고 맛있고 현실적인 한 사람을 위한 요리는 은색 뿔의 유니콘만큼이나 희귀하다. 그러나 체념하긴 이르다. 희망이 전혀 없는 건 아니다.

아이러니컬하게도 한 사람을 위한 요리책의 끝판왕은 「아메리카스 테스트 키친America's Test Kitchen」(각종 식자재로 요리하고 분석 평가하는 미국의 TV쇼 - 옮긴이)에서 펴낸 『둘을 위한 요리선집 결정판The Complete Cooking for Two Cookbook』이다. 나는 여기서 발행하는 잡지 〈쿡스 일러스트레이티드Cook's Illustrated〉의 팬이기도 하다. 자칭 '음식 덕후'라고 밝힌 이들은 미국 보스턴의 한 넓은 주방에서 식재료와 오븐 온도를 달리해가면서 몇 번이고 조리법을 실험한다. 그 결과 실패 없는 확실한 레시피가 탄생한다. 순위를 매기자면 이 책이 대상감이다.

『둘을 위한 요리선집 결정판』은 분량이 엄청나다. 650개의 레시피를 비롯해 기본(쇼핑, 보관, 남은 음식 처리, 주방 필수품)부터 수프, 샐러드, 육류와 채소 요리, 빵, 케이크 등등까지 모든 것이 망라되어 있다. 이 책의 활용성은 거기서 그치지 않는다. 모든 레시피는 도입부에 왜 이것이 되는 요리인가를 알기 쉽게 설명하고 있다. 책 전반에 걸쳐 팁과 요령이 곳곳에 제시되고, 항목마다 '난이도 쉬움' 또는 '시간 짧

인생의 많은 기쁨이 환영에 불과하지만 훌륭한 저녁 한 끼는 현실이다.

_조지프 체임벌린(영국의 정치가 - 옮긴이)

음'같이 편리한 태그를 붙여두었다. 거기에 비상 대체 식품 목록과 '당신이 몰랐던 10가지 냉동 가능 식품'까지 포함시켰다. 물론 여전히 레시피 계량을 절반으로 나눠야 하는 불편함이 있지만 그들은 방법적인 면에서 어려운 문제들을 풀어냈다. 최고의 레시피를 몇 가지 꼽자면 그릴 훈제 돼지갈비, 파르메산 치즈 크러스트 아스파라거스, 채소와 콩 토스타다(바삭하게 튀긴 토르티야 - 옮긴이), 라자냐를 채워 구운 미트로프 등이다.

조 요난의 『자신을 대접하라Serve Yourself』와 『채소를 먹자Eat Your Vegetables』를 가작으로 선정한다. 그 이유 중 하나는 내가 아는 한 솔로 요리책 집필 당시 실제로 혼자 산 작가는 조 요난이 유일하기 때문이다. 미국 남서부 음식이라 일부 식재료는 낯설고 구하기도 힘들다. 하지만 그의 열정과 쉽고 경쾌한 글쓰기가 좋다. 내가 좋아하는 레시피로는 병아리콩, 시금치, 페타(양젖이나 염소젖으로 만든 그리스 치즈 - 옮긴이)와 페피타(호박씨 등을 말리거나 볶은 것 - 옮긴이) 타코, 콘 소스 푸실리(꽈배기 모양의 파스타 - 옮긴이), 땅콩호박 카레 리소토가 있다.

조와 델리아 모두 간단한 기본 재료를 두 배로 준비하고 완전히 다른 두 가지 음식을 만들어내는 시스템을 갖고 있다. 델리아는 이것을 '혼합 복식'이라고 부른다. 다져서 볶은 소고기와 양파가 하루는 치즈 허브 크러스트 코티지 파이가 되고 다음엔 멕시칸 소스 스파게티가 된다. 조의 매콤한 검은콩 수프 베이스는 그린 살사 가리비 구이 검은콩 수프나 새우 토르티야 검은콩 수프로 변신한다. 리소토를 마른 프라이팬에 구워내면 리소토 케이크로 다시 태어난다.

당신이 무엇을 먹는지 말해주면 나는 당신이 누구인지 말해주겠다.
_장 앙텔름 브리야 사바랭(프랑스의 법률가이자 미식가 - 옮긴이)

속에 치즈[보콘치니(한입 크기의 미니 모차렐라 - 옮긴이)가 제격이다]를 조금 넣으면 쫄깃한 식감을 즐길 수 있다.

인터넷 세상이 워낙 빠르게 변하다 보니 웹사이트를 추천하기가 조심스럽다. 일반적인 정보가 필요하다면 나는 자기 색깔이 확실한 블로그도 좋아한다. SNS와 유튜브는 나만을 위한 요리에 별 도움이 안 된다. 델리아 성녀가 1인분의 피자를 기름에 튀기는(실제로 튀긴다) 무서운 고전 영상을 굳이 보겠다면 말리지는 않겠다.

나중에 내가 좋아하는 레시피를 몇 가지 소개할 것이다. 마음에 드는 것이 있다면 디지털이든 종이든 파일로 보관하자. 그것을 작은 책으로 묶어두면 또 다른 신입 솔로 요리사에게 멋진 환영 선물이 될 것이다.

건강하게 먹는 것보다 건강하지 않게 먹는 게 더 쉽다

페스토(바질, 올리브오일, 마늘 등을 갈아 만든 이탈리안 소스 - 옮긴이) 파스타는 나를 무너뜨리는 악마의 음식이다. 올림픽 수영장에 페스토 파스타가 가득하다면 나는 기꺼이 알몸으로 뛰어들어 배가 터지게 먹고 나올 것이다. 건강하게 먹는 것은 스스로 할 수 있는 가장 쉽고도 어려운 일이다. 그 이유는 다 알 것이다.

쉬운 것은, 다른 사람의 입맛에 신경 쓸 이유가 없기 때문이다. 그리고 내 집에 무엇을 들일지, 내 입에 무엇을 넣을지를 처음부터 끝까지 본인이 통제한다. 내가 사지도 않은 대용량 몰티저스(맥아유가 든 초코볼 과자 - 옮긴이)가 제 발로 마트에서 걸어 나와 내 집 소파에 드러누웠을 리가 없지 않은가!

반면에 어려운 것은, 보는 사람이 아무도 없기 때문이다. 아침에 남은 치즈 마카로니를 먹고 있는 나를 보는 사람이 없으니, 정말 그런 적이 있는가? 아마존에서 날개를 펄럭이는 나비처럼 나도 내 실수를 들키고 싶지 않다. 하지만 '남몰래 먹은 것은 남 앞에서 입게 된다'는 말에 공감하지 않을 수 없다.

건강하게 먹기 위해 내가 하는 것들

- 내가 먹는 음식이 몸에 미치는 영향을 마음속에 그린다. 신선한 주스 한 잔을 마셨을 때 온몸의 세포가 노래하는 느낌을 아는가? 영양이 풍부한 음식이 내 몸을 안에서 밖으로 청소하는 것을 상상한다.
- 몸에 좋은 것인지 자문한다.
- 죽은 음식은 죽은 에너지를 준다. 감자칩과 튀긴 음식, 햄버거, 비스킷, 포장된 빵, 피자 같은 옐로-브라운 푸드가 잔뜩 쌓인 식탁을 상상해보자. 그리고 이번에는 형형색색의 신선한 과일과 채소가 넘치는 생명력으로 숨 쉬고 있는 식탁을 상상해보자. 양쪽 다 우리 몸에 칼로리 형태의 에너지를 제공하지만 진정한 활력과 '에너지'를 주는 것은 한쪽뿐이다. 마트에서도 육류 코너가 아니라 과일과 채소 코너에서 이런 느낌을 받게 된다. 아직 채식주의자가 될 계획은 없지만 이쪽 레시피에 마음이 점점 끌리고 있다.
- 1주일 동안 먹은 것을 종이에 적어 익명으로 누군가에게 건네주고 의견을 듣는다고 가정해보자. 상대는 뭐라고 할까?
- 인터넷을 뒤지고 도서관을 찾아가 요리책과 잡지를 섭렵한다. 내가 좋아하는 건강 레시피 목록을 만들어두면 자신감이 생긴다.
- 냉장고를 깨끗이 청소하자. 얼마나 지저분하게 쓰고 있었는지 놀랄 것이다. 이왕 청소하는 김에 기한이 지났거나 건강에 해로운

건 모두 내다 버리자. 집 안에 없으면 먹을 수 없다.

- 나의 냉장고에는 늘 시금치 한 봉지가 있다. 잘게 썰어 어디에 넣어도 좋다. 한껏 영양가를 높이면서도 눈에는 띄지 않는다. (얼린 시금치도 같은 효과를 낸다.) 파스타 소스나 캐서롤, 볶음, 수프 등을 식탁에 내기 2~3분 전에 한 움큼 넣어주면 된다. ('비타민 요정님이 입장하셨습니다.')
- 식사는 미리 계획하고 먹은 것은 모두 적어놓는다.
- 수프와 스무디를 사랑하라.
- 민트, 딸기, 수박, 포도, 레몬, 라임으로 물맛에 구미를 더하라. 하루 물 정량을 채우기 쉬워진다.
- 스프레이 오일과 논스틱 프라이팬을 쓰자. 기름 사용량이 놀랄 만큼 줄어든다.
- 또 다른 자아를 소환한다. 내가 되고자 하는 사람은 이런 걸 먹을까?
- 마이클 폴란 교수의 간명한 조언을 떠올리자. '먹어라. 적당히. 식물 위주로.'

아이디어가 바닥났다

이런 말을 하는 건 내가 처음이겠지만, 좋아하는 음식을 계속 먹고 또 먹는 게 꼭 잘못된 건 아니다. 그동안 내가 먹어 없앤 칠리 콘 카르네(칠리와 고기, 콩, 토마토 등을 넣어 끓여낸 멕시칸 스튜 - 옮긴이)와 볼로냐 스파게티만 몇 그릇인지 이루 헤아리기도 힘들다. 하지만 잠들었던 요리 본능을 다시 깨워 탐험에 나서고 싶은 순간이 곧 온다.

하나의 모험이라고 생각하자. 당신의 미각과 메뉴를 확장시킬 기회다. 한 가지 주제를 정해보자. 일본, 타이, 레바논, 멕시코 음식, 아니면 상대적으로 덜 알려진 페르시아, 라오스, 페루 음식, 또는 채식 요리의 달인이 되어보는 건 어떤가? 나는 지금 샤오룽바오(작은 대나무 찜통에 쪄낸 중국식 만두 - 옮긴이) 만드는 기술을 연마하고 있다.

도서관에서 눈에 띄는 요리책을 빌려도 좋고, 아니면 헌책방 같은 곳에 보물이 숨겨져 있기도 하다. (나는 최근 헐값에 득템한 『그레이스랜드의 식탁Graceland's Table』에 꽂혔다. '러브 미 치킨 텐더스Love Me Chicken Tenders'나 '블루 스웨이드 베리 파이Blue Suede Berry Pie'처럼 원곡 타이틀을 살짝 비튼 작명 센스도 그만이다. 얘기가 옆길로 새는 중…….) 생활을 변화시키려면 식습관부터 바꿔보자. 받침잔으로 수프 마시기, 젓가락 사용하기, 자루 소바(대발 등에 얹어 맑은 육수 장국에 적셔 먹는 일본식 냉메밀국수 - 옮긴이) 먹기에 도전하자. 소바 전용 트레이는 아시아계 상점에서 구할 수 있다.

내게 맞는 용품을 구비하라

다음은 딱히 솔로 요리 전용으로 나온 건 아니지만 나의 주방에서 빠질 수 없는 용품이다.

- 글로벌Global Knife(일본의 식칼 브랜드 - 옮긴이) 채소 칼. (한마디로 만능!)
- 스푼형 실리콘 주걱. 볼이나 프라이팬을 긁어내는 데는 최강자. (나도 매일 사용 중이다.)
- 오븐 겸용 논스틱 프라이팬. 기름이 거의 필요 없고 오븐 리소토

좋은 칠리의 향은 연인의 키스처럼 황홀해야 한다.

_1951년 세계칠리유통진흥회의 모토

에도 좋다.

- 이케아 접이식 탄성 도마. 도마를 접어 자른 재료는 바로 냄비에 넣고 껍질은 쓰레기통에 투하. 써보면 반하게 된다. 녹색은 채소, 붉은색은 육류에 사용한다.
- 스페인 물컵. 나는 보르미올리 로코 보데가 맥시 글라스 텀블러(510밀리리터)를 좋아한다. 크고 얇게 모양이 잘 빠져 주방 조리대를 지날 때마다 물을 한 컵씩 마시고 싶어진다. 하루 물 목표량을 채우는 방법 중 하나다.
- 나무 후추 분쇄기.
- 나무 수저. 주방 조리대에 큰 수저통 두 개가 있다. 촉감이 좋아 여기저기 다 사용한다.
- 저렴한 청화백자 그릇. 작은 것은 사이드 샐러드나 음식 재료를 담고, 큰 것은 면이나 수프용, 아니면 서빙 볼로 사용한다.
- 실리콘 섬유 더블 오븐 장갑.
- 강판. 일반적인 박스 강판과 마이크로플레인Microplane(미국 강판 브랜드 - 옮긴이) 치즈 강판이 있다. 후자는 구운 채소와 파스타에 파르메산 치즈를 눈송이처럼 뿌려준다.
- 다용도 채칼은 양배추나 회향 등을 얇게 썰어 샐러드를 만들 때 사용한다.

나는 특히 1인용 요리에 맞는 소형 조리 기구에 늘 관심을 갖고 있다. 요리한 음식을 작은 개인 접시에 담아내면 보다 특별한 식사를 하는 느낌이 들고 양도 마음대로 조절할 수 있다. 나는 미니 타원형 도자기 내열 냄비(340그램, 캐서롤 냄비)를 좋아한다. 속을 채운 닭 다릿살과 미니 감자 그라탱을 익힐 때 제격이다. 그 밖에도 다단식 소형 대나무 찜기(만두 네 개나 생선 한 토막에 최적), 베트남 토기 냄비, 미니 미트로프 틀, 프랑스 사자 머리 손잡이 백자 수프 볼, 흰색 법랑 파이 접시가 있다. 기내식에 나오는 미니 잼 용기에는 겨자나 삼발(고추, 새우젓, 마늘 등을 섞어 만든 핫소스 - 옮긴이)을 담아낸다.

조리대 위의 오븐 토스터는 기존의 오븐을 대체할 만한 빠르고 경제적인 조리기다. 솔로 요리사에게 이보다 완벽한 물건은 별로 없다. 조그만 닭이나 채소 한 접시는 거뜬히 구워내고 그릴도 대부분 가능하다.

혼자 사는 사람이 식기세척기를 채우려면 1주일은 걸린다. 하지만 내게는 꼭 필요한 물건이다. 식기를 헹궈서 넣으면 냄새 없이 오래 쓸 수 있다. 그런데 소형 슬림 라인을 선택해도 일반형과 가격 차이가 없다는 게 함정이다. 뜨악…….

솔로 요리사를 위한 반짝 팁

- 닭 가슴살이나 다릿살, 양 정강이를 얼릴 때 올리브오일과 마늘, 싱싱한 로즈메리를 지퍼백에 함께 넣는다. 아니면 간장, 생강, 마늘, 칠리를 버무린 양념도 좋다. 해동되면서 마술처럼 깊은 맛이 배어든다.
- 밀가루, 설탕, 시리얼, 파스타, 쌀, 샐러드 봉지 등은 빨래집게로 봉한다.
- 파스타를 만들 때 전기주전자에 물을 끓이면 시간이 절약된다.

사람은 잘 먹지 못하면 생각도 잘 못하고, 잠도 잘 못 자고, 사랑도 잘 못한다.
_버지니아 울프

- 베이컨이나 닭 다릿살 슬라이스를 얼릴 때 켜켜이 베이킹 페이퍼(유산지)를 깔면 한 장씩 떼어 쓰기 쉽다.
- 수프나 볼로냐소스, 칠리소스 등을 냉동 보관할 때는 지퍼백에 넣고 공기를 뺀 후 이름표를 붙여 납작하게 얼린다. (냉동실 공간은 한 치가 소중하니까요.)
- 채소는 익혀야 제 맛! 감자나 호박뿐만이 아니다. 아스파라거스(세로로 길게 자른다), 꽃양배추, 브로콜리, 애호박, 토마토, 방울양배추도 시도해보자. 올리브오일을 두른 프라이팬에 달달 볶다가 좋아하는 양념을 첨가한다. 커민이나 훈제 파프리카도 좋고 간단하게 소금과 후추만 뿌려도 된다. 또는 속칭 감자 칼로 알려진 채소 필러로 애호박 리본을 만들어 기름을 살짝 뿌린 그릴 팬에 구워내면 갈색 줄무늬가 살아 있는 멋진 간식이 탄생한다.
- 생강과 마늘은 치즈 강판에 간다.
- 냉동실 내용물을 목록으로 만들어두면 낭비 없이 야무지게 쓸 수 있다.
- 2~3주마다 새로운 재료에 도전한다. [나는 구아버, 파로(이탈리아산 밀의 일종 - 옮긴이), 무, 쓰촨 후추(초피 또는 산초라고도 한다 - 옮긴이), 포멜로(단맛이 강한 자몽의 일종 - 옮긴이), 람부탄(붉은색을 띠는 멍게 모양의 열대과일 - 옮긴이), 국수호박을 시험해보았다.] 아니면 칸탈루프(주황색 과육의 유럽산 멜론 - 옮긴이), 파스닙(설탕당근이라고도 하는 흰색 뿌리채소 - 옮긴이), 회향, 아티초크, 비트, 홍합, 팔각八角 같은 전통의 강자들을 초대 손님 자격으로 목록에 넣어보자.

아! 홀로 마주한 저녁상의 기쁨이란!

_찰스 램(영국의 수필가 - 옮긴이)

레시피가 필요 없는 1인분 식사

대개는 가장 간단한 식사가 가장 좋은 식사다. 나는 몇 년 전 토스카나에서 어머니와 멋진 식사를 했다. 잘 익은 무화과를 종잇장 같은 프로슈토(돼지 넓적다리를 염장 처리한 이탈리아 햄 - 옮긴이)로 감싼 요리였다. 뒤이어 완벽한 소시지와 구운 감자 작은 것 하나, 소박한 채소 샐러드, 그리고 천도복숭아가 나왔다. 완벽했다. 디자인의 지존 테렌스 콘랜 경은 언젠가 기내식에 대해 불평하며 왜 신선한 바게트와 쫀득한 브리치즈, 풋사과 같은 걸 내놓지 않느냐고 물었다. 간소하지만 완벽하다. 엘리자베스 데이비드의 오믈렛과 와인 한 잔, '최소의 노력으로 최고의 맛을'이라는 안토니오 칼루치오의 좌우명을 생각해보자. 이런 식사를 준비하려면 좋은 재료가 필요하다. 하지만 그냥 마늘과 고춧가루를 올리브오일에 볶다가 익힌 파스타를 넣고 파슬리와 파르메산 치즈를 뿌리기만 해도 즉석으로 천상의 '알리오 에 올리오aglio e olio'가 완성된다.

다음은 딱히 레시피라기보다 제안에 가까운 아이디어다. 꼭 이렇게 하라고 정해진 법은 없으니 각자 입맛대로 재료를 대체하고 응용하면 된다. 몇 문장으로 끝나는 레시피를 싫어할 사람이 어디 있겠는가!

속성 케사디야 냉동실에 있는 부리토 토르티야를 두세 장 꺼내 전자레인지에 돌린다. 강판에 간 치즈, 자른 칠리, 가든 로켓(겨자과 식

매력과 아름다움과 우아함을 갖춰라. 하지만 무엇보다 잘 먹어라. 외모에 신경 쓰는 것만큼 음식 준비에도 정성을 들여라. 식사도 의복처럼 시詩가 되게 하라.

_샤를 피에르 몽슬레(프랑스의 언론인 - 옮긴이)

물로 씁쌀한 잎을 샐러드에 쓴다 - 옮긴이), 시금치, 살라미 또는 햄(냉장고에서 놀고 있는 건 뭐든 좋다)으로 샌드위치를 만든다. 전자레인지에 30초간 돌려 치즈가 녹기 시작하면 기름을 두르지 않고 달군 논스틱 프라이팬에 양쪽을 노릇하게 구워낸다. 피자처럼 삼각형으로 자른다. 맛있고 빠르다. 누가 갑자기 찾아왔을 때 내놓아도 든든하다.

나를 위한 내 멋대로 치즈 퐁뒤 작은 카망베르 치즈의 포장지를 벗겨서 다시 나무통에 넣고 뚜껑은 밑에 받친다. 용기가 없는 경우에는 작은 뚝배기에 담는다. 작은 마늘 한 쪽을 6~8조각으로 잘라 로즈메리 잔가지 몇 개와 같이 치즈 껍질에 꾹꾹 눌러 넣는다. 오븐에서 180도로 15분간 굽는다. 칼로 껍질을 갈라 빵을 찍어 먹는다. 치즈 껍질도 먹는다.

즉석 샐러드드레싱 푸성귀를 푸짐하게 먹게 되는 방법이다. 간장, 쌀식초, 미림을 두른 후 참기름 한 방울에 라임 한 개를 짜 넣고(취향에 따라 미소된장도 함께) 살살 뒤적여 버무린다. 또는 미소된장 1티스푼을 마요네즈와 섞어도 좋다. 얇게 채 썬 양배추, 파, 민트, 볶은 아몬드 플레이크처럼 간단한 샐러드와 잘 어울린다.

채소 볶음 올리브오일 2~3테이블스푼을 둘러 달군 프라이팬에 잘게 썬 마늘 한 쪽을 볶다가 카발로 네로(암녹색의 이탈리아 양배추 - 옮긴이)나 근대, 케일, 시금치 같은 채소를 한 줌 넣는다. 숨이 죽으면 레몬 반쪽을 짜 넣고 강판에 간 파르메산 치즈를 한 줌 올린다.

케일 칩 씻어서 말린 케일을 적당한 크기로 자른 뒤 오븐 트레이에 고루 펼쳐서 올리브오일을 뿌린다. 칠리 가루와 레몬을 더해 뜨거운 오븐에서 15분, 또는 바삭해질 때까지 굽는다.

오븐 종이 구이 앙 파피요트En Papillote는 '양피지 속'이라는 뜻의 프랑스어로, 재료를 베이킹 페이퍼나 알루미늄 포일에 감싸 구워낸 요리를 말한다. 속 재료는 뭘 써도 좋다. 닭 가슴살(너무 두껍지 않게 세로로 두 번 슬라이스한 것)이나 생선 한 토막에 얇게 썬 채소와 허브를 얹고 와인이나 육수, 올리브오일이나 버터, 그리고 소금과 후추를 더한다. 내용물을 조심스럽게 감싼 후 180도에서 25분 정도 굽는다. 인상적이고, 특별하며, 건강에 좋고, 응용 폭도 넓다. 내게 주는 작은 선물!

간단 채소 수프 프라이팬에 기름을 두르고 양파 한 개와 마늘 한 쪽을 강판에 갈아 반투명해질 때까지 볶는다. 뭐든 좋아하는 채소를 넣는다. 잘게 썬 (가운데 줄기를 포함한) 브로콜리 머리, 작은 꽃양배추의 머리 반쪽, 또는 호박도 좋다. 걸쭉하고 부드러운 느낌을 원하면 감자를 하나 넣는다. (미리 소금과 후추를 뿌려 기름에 볶아둔 채소를 쓰면 한층 더 맛이 살아난다.) 재료가 잠길 정도로 채소 육수(나는 마리골드 브랜드 부용을 쓴다)를 부어준다. 뭐든 집에 있는 허브와 후추를 넣고 채소가 물러질 때까지 10분 정도 뭉근하게 끓인다. 불을 끄고 한 김 식으면 으깨어 간을 맞춘다. 나는 가끔 좀 더 푸짐하게 먹고 싶을 때면 따로 익힌 통보리나 혼합 콩 통조림을 더 넣는다. 치즈 큐브나 강판에 간 파르메산 치즈로 마무리한다.

애호박 슬라이스 강판에 간 호박을 베이킹파우더가 든 밀가루 반 컵, 강한 맛 체더치즈 반 컵에 소금과 후추를 뿌려 섞는다. 여기에 (약간 흘러내릴 정도로) 농도를 조절하며 달걀을 한두 개 풀어 넣는다. 조그만 베이킹 트레이에 유산지를 깔고 내용물을 붓는다. 체더치즈와 파프리카를 좀 더 뿌리고 180도에서 30분간 굽는다. 따뜻할 때는 물론이고 식어도 맛있고 냉동 보관도 용이하다.

즉석 감자 구이 감자(또는 고구마) 한두 개를 포크로 찔러 전자레인지에 5~10분 돌린 다음 오븐에 넣고 180도에서 껍질이 바삭해질 때까지 30분 정도 굽는다. 집에서 만든 건강 수프를 끼얹는다. 브로콜리 수프나 호박 수프는 훌륭한 저지방 소스다.(위 조리법 참조) 손이 조금 더 가도 괜찮다면, 감자 속을 파내 버터와 강판에 간 치즈, 간장, 커민과 함께 으깨어 다시 껍질에 채워 넣고 그릴에 굽는다. 두 번 구워 자꾸만 당기는 마성의 감자 구이다.

즉석 병아리콩 카레 양파 한 개와 마늘 한 쪽을 강판에 갈아 반투명하게 볶는다. 카레 가루나 페이스트 1테이블스푼을 넣고 향이 올라올 때까지 저으면서 익힌다. 토마토 통조림 한 통을 넣고 15분간 뭉근하게 끓인다. 여기에 물기 뺀 병아리콩 통조림 하나를 넣고 5분간 더 익힌다. 잘게 썬 어린 시금치 한 움큼이나 시금치 아이스 큐브 두세 개를 넣어 비타민을 보강하고 셀프 칭찬도 한 스푼 끼얹자.

침샘 폭발 팬케이크 일반 밀가루 100그램과 달걀 한 개, 우유 125밀리리터, 소금 한 자밤을 함께 섞는다. 팬케이크를 만들고 치즈와 시금치, 햄, 또는 뭐든 냉장고에 있는 것으로 속을 채운다.

간단 콩 요리 양파 한 개와 마늘 한두 쪽을 볶다가 콩 통조림(카넬리니 콩 추천) 한 통을 국물까지 함께 넣고 20분간 익힌다. 아니면 콩 통조림의 물기를 빼고 토마토 통조림을 하나 넣어 10분간 끓인다. 바질을 얹고 파르메산 치즈를 살짝 뿌려 마무리한다. 빠르고 맛있다.

파르메산 비스킷 남의 집에 들고 가기도 좋고, 누가 찾아왔을 때 음료에 곁들인 주전부리로도 그만이다. 파르메산이나 그라나 파다노(파르메산 치즈의 사촌 격으로, 씹히는 알갱이가 특징이다 - 옮긴이)를 강판에 한 줌 갈고 호두와 신선한 로즈메리를 조금 썰어 넣는다. 유산지를 깐 베이킹 트레이에 각각 한입 크기로 올리고 160도에서 5분간 구워낸다. 아차

하는 순간 타버리니 매의 눈으로 관찰할 것. 노릇하게 구워지면 오븐에서 꺼내 한 김 식히고 와이어 랙(철사 선반)에 올려 완전히 식힌다.

아침은 간편하게!

나는 고급 호텔의 근사한 조식 뷔페처럼 아침에 바로 쓸 수 있도록 전날 밤에 과일을 손질하여 정리해둔다. 스무디나 주스용으로 쓸 과일과 채소도 마찬가지다. 전날 밤에 믹서에 담아 냉장고에 보관하자. 간편하니까 먹게 된다.

나는 그동안 쓰던 커다란 과일 볼을 작은 것으로 바꿨다. 하루나 이틀 분량의 과일이 들어간다. 미니 바나나 두세 개, 사과 한 개, 패션프루트(백향과로 알려진 시계꽃 열매 – 옮긴이) 한 개, 블루베리 한 팩을 모두 잘 씻어서 준비해둔다. 냉장고에는 작은 플라스틱 '아침 바구니'가 있다. 탈지 요구르트나 그릭 요거트, 귀리, 그래놀라(각종 곡물, 견과류, 꿀 등이 들어간 시리얼 – 옮긴이), 자른 아몬드, 그리고 LSA(유럽의 수제 유리용기 브랜드 – 옮긴이) 미니 플라스틱 박스에는 아마인과 수저가 들어 있다. 작은 쟁반에 준비된 내용물을 올리고 얼려둔 베리와 망고를 꺼내면 매번 별 어려움 없이 (스무디를 포함한) 건강한 아침상이 차려진다.

간단한 과일 샐러드의 경우에는 (사과, 배, 바나나, 대추야자, 멜론, 망고, 베리 등의) 과일을 아주 작게 자르면 한입 넣을 때마다 풍부하고 다양한 맛과 식감을 즐길 수 있다. 요거트와 뮤즐리(그래놀라와 비슷한 스위스 시리얼 – 옮긴이)를 함께 낸다.

맛있는 아침 메뉴는 여기서 끝이 아니다. 나는 거친 낟알 빵이나

실내 생활에서 정갈하고 넉넉하게 차려진 아침상만큼 마음 설레게 하는 것은 별로 없다.
_나다니엘 호손(미국의 소설가 – 옮긴이)

영국식 통곡물 머핀 슬라이스를 한 장씩 떼기 좋게 얼려둔다.

노릇하게 구워서 아보카도 1/4쪽을 으깨어 바르고 라임 과즙과 삼발 올렉(묽고 아린 맛이 나는 삼발소스의 한 종류 – 옮긴이)을 살짝 뿌린다. 맛있다. [아보카도 씨를 보관하려면 라임이나 레몬즙을 뿌려 (없으면 그냥) 비닐 랩으로 단단히 싸매어 냉장고에 넣어두면 오래간다.] 저지방 리코타 치즈(유청으로 만든 코티지 치즈의 일종 – 옮긴이)와 토마토 슬라이스를 더해도 좋다. 아니면 강판에 곱게 간 파르메산 치즈를 눈가루처럼 뿌려 변화를 줄 수도 있다.

좀 더 거하게 베이컨 샌드위치로 가는 건 어떠한가. 나는 저지방 베이컨을 팩에서 꺼내 슬라이스 사이사이에 유산지를 깔아 얼려둔다. 따로 해동할 필요 없이 논스틱 프라이팬에 살짝 데우기만 하면 된다. 주말 아침이면 영국식 통곡물 머핀 반쪽에 슬라이스 한두 장을 얹고 아보카도나 토마토를 올려 먹는다. 칼로리 면에서 크게 부담되지 않는다. 토마토와 바질, 리코타 치즈를 넣고 프리타타(달걀에 채소, 육류, 치즈 등을 첨가해 만든 이탈리아식 오믈렛 – 옮긴이)처럼 조리한 향긋한 머핀도 훌륭한 아침식사가 된다. 여섯 개씩 한 묶음으로 냉동실에 얼려두고 먹기 전날 밤에 꺼내놓거나 아침에 뚝딱 데우면 그만이다.

조금만 바꿔도 남다른 점심

매번 비슷비슷한 샌드위치를 씹거나 수프를 홀짝거리는 건 약간 단조로울 수 있다. 그래서 점심시간에 살짝 변화를 줄 수 있는 방법들을 생각해보았다. 도시락이나 플라우맨즈 런치ploughman's lunch(빵과 치즈, 피클, 샐러드에 맥주 등의 가벼운 식사 – 옮긴이)는 어떨까? 푸석하고 시큼한 체더치즈, 통곡물 크래커, 풋사과 슬라이스, 래디시(적환무라고도 하는 작고 붉은 무 - 옮긴이) 몇 알, 삼발소스 약간, 프로슈토 한 장, 볶은 아몬드나 페피타, 이 정도면 꽉 찬 어른의 점심상이다.

샐러드 한 봉지도 훌륭한 점심이 된다. 일단 볼에 담고 냉장고를 뒤져 맛을 살릴 만한 재료를 찾는다. 마른 프라이팬에 구운 할루미 치즈(숙성 없이 소금물에 절인 치즈로, 가열해도 잘 변형되지 않는다 - 옮긴이) 슬라이스 몇 장, 또는 레몬즙이나 발사믹 식초[악마가 만든 발사믹 글레이즈(발사믹 식초에 설탕 등을 넣어 졸인 소스 - 옮긴이)는 피하라]를 뿌린 초리조(다진 돼지고기에 마늘, 소금, 후추 등을 넣어 만든 스페인 소시지 - 옮긴이)도 좋다.

상큼한 월남쌈으로 분위기를 바꿔보자. 맛있고 지방도 적다. 마른 라이스페이퍼를 찬장에 두면 무척 편리하고 잘 변하지도 않는다. 딱딱한 라이스페이퍼 두세 장을 따뜻한 물에 적신 후 종이 타월에 올려 물기를 뺀다. 소량의 베르미첼리(스파게티보다 얇은 파스타 면으로, 쌀국수 소면과 비슷하다 - 옮긴이)에 끓는 물을 붓고 찬물에 치대어 헹군다. 그리고 아보카도 조금, 강판에 간 당근, 익힌 닭고기 슬라이스 한 장, 쌀국수 약간, 잘게 자른 상추, 집에 있는 허브(민트나 바질이 좋다)를 라이스페이퍼에 올린다. 뭐든 좋지만 재료가 너무 많으면 잘 말아지지 않는다. 거기에 스위트 칠리소스나 해선장을 조금 넣고 소를 가운데로 모아 양쪽에서 한 번씩 접고 위에서 아래로 단단히 말아준다. 민트 잎이나 반으로 가른 새우를 맨 먼저 깔면 겉으로 비쳐 한층 예쁘다. 해선장 2테이블스푼과 땅콩버터 1테이블스푼이면 찍어 먹는 소스도 간단히 만들어진다. 복잡해 보이지만 절대 그렇지 않다. 유튜브에 튜토리얼 동영상이 많으니 참고하자. 일단 맛보면 꽂힌다.

점심 : 손으로 최대한 많이 잡은 음식.

_새뮤얼 존슨의 『영어사전』, 1755년

가끔은 갓 구워낸 맛있는 빵에 돈을 좀 쓰는 것도 괜찮은 생각이다. 처음 며칠은 샌드위치가 제격이다. 그다음은 토스트나 구운 치즈 샌드위치, 그리고 마침내 빵의 말랑한 속부분과 크루톤(수프나 샐러드에 넣는, 바삭하게 튀긴 작은 빵 조각 - 옮긴이)의 영역으로 가게 된다. 첫날 맛보는 빵만으로도 그 가치는 충분하다.

잘 보관할수록 신선함이 오래 유지된다. 가장 좋은 방법은 갈색 종이봉투에 넣고 티 타월(장식, 깔개, 포장, 식탁보 등으로도 쓰이는 다용도 마른 행주 - 옮긴이)로 잘 싸서 주방 조리대에 두는 것이다. 물론 빵은 얼려도 상관없다.

그리고 이왕 구운 치즈 샌드위치를 언급했으니 제이미 올리버(영국의 스타 셰프 - 옮긴이)의 '최고의 구운 치즈 샌드위치'를 찾아보기 바란다. 침샘이 폭발할 것이다. 바삭한 치즈 크라운은 덤이다. 단지 글로만 썼는데도 벌써 정신이 아득해진다.

저녁은 입맛 따라 응용한다

80 대 20 법칙은 나의 옷장뿐만 아니라 레시피에도 적용된다. 똑같은 20퍼센트의 레시피로 80퍼센트의 식사를 준비하고 있는 것이다. 다음은 내가 가장 좋아하는 조리법이니, 이것을 출발점으로 삼아 각자 입맛에 맞게 응용하기 바란다.

가게에서 산 바비큐치킨 한 마리=다섯 끼 식사

1일째 : 치킨과 채소 오븐 구이 저민 닭 가슴살에 구운 채소와 커다란 이스라엘 쿠스쿠스를 함께 낸다. 일단 프라이팬에 프렌치 샬롯을 볶다가 쿠스쿠스를 같이 넣고 잠시 익힌 다음 육수를 부어 10분 정도 뭉근하게 끓여낸 후 어린 시금치를 잘게 썰어 넣고 마무리한다.

2일째 : 부리토 닭 다릿살을 찢어 아보카도, 혼합 콩 미니 통조림과 같이 따뜻한 부리토에 추가한다. 강판에 간 치즈와 잘게 썬 상추를 올려 완성한다.

3일째 : 베트남 치킨 샐러드 닭 가슴살을 찢고 잘게 썬 양배추, 파, 민트로 베트남 샐러드를 만든다. 뼈에 붙은 고기는 마저 발라내어 냉장고에 넣어둔다. 닭 뼈로 육수를 만든다. 커다란 팬에 재료가 잠기게 물을 붓고 양파 한 개, 셀러리 줄기 몇 대, 잘게 썬 당근, 통후추 몇 알을 넣는다. 한두 시간 약불에서 뭉근하게 우려낸다(불이 세면 졸아버린다). 체로 거르고 식으면 냉장고에 보관한다.

4일째 : 만둣국 냉장고에 넣어둔 육수에서 기름을 걷어내고 절반을 부어 팬에서 가열한다. 남은 닭고기와 파 한 대, 생강과 마늘 조금, 그 밖에 뭐든 있는 대로 넣어 준비한 소를 만두피에 싸 뜨거운 육수에서 5분 정도 끓인다. 잘게 썬 파를 뿌려 완성한다.

5일째 : 리소토 남은 육수에 사프란 한 자밤을 넣고 작은 소스팬에 끓인다. 프라이팬에 버터 1테이블스푼을 녹이고 올리브오일을 둘러 작은 양파나 프렌치 샬롯을 잘게 썰어 물러질 때까지 볶는다. 아르보리오 쌀(낱알의 길이가 짧은 단립종 이탈리아 쌀 – 옮긴이) 반 컵을 넣고 반투명해질 때까지 익힌다. 드라이 화이트와인 1/4컵을 붓고 스며들도록 젓는다. 이것을 뜨거운 육수 냄비에 조금씩 부어가며 쌀이 충분히 익을 때까지 멈추지 말고 서서히 저어준다. 붓고 젓고를 20분 정도 계속하면 거의 완성된다. 파르메산 치즈를 넣고 채소 샐러드와 함께 낸다.

싱가포르 국수

주전자에 물을 끓인다. 마른 새우 디저트스푼 하나 가득, 말린 표고버섯 세 개를 볼에 넣고 끓는 물을 부어 30분 정도 불린다. 체에 밭쳐 버섯 우려낸 물은 따로 놓아둔다. 버섯을 잘게 썰고 딱딱한 줄기는 버린다. 쌀국수 75그램을 볼에 넣고 끓는 물을 부어 몇 분 익힌 후 체에 밭친다. (너무 퍼지면 볶을 때 툭툭 끊어진다.)

프라이팬에 오일 2테이블스푼을 둘러 달군다. 달궈지는 동안 미리 준비해둔 버섯과 마른 새우, 그리고 잘게 썬 양파 한 개와 베이컨 슬라이스 두 장, 마늘 한 쪽, 강판에 간 생강 1테이블스푼을 모두 한 접시에 모아둔다. 기름이 뜨거워지면 접시의 재료를 다 넣고 잘 저은 후 약불로 줄여 15분 정도 천천히 익힌다(이렇게 천천히 조리해야 재료의 맛과 향이 기름에 잘 배어든다).

여기에 마드라스 카레 가루 1테이블스푼을 넣는다. 중불로 올려 통닭구이 가슴살을 조금 찢어 넣고 싱싱한(또는 냉동) 새우 살 25그램을 더한다. 그리고 처음에 버섯 우려낸 물을 붓고 파 넉 대를 곱게 다져 넣는다.

준비한 면을 팬에 넣고 잘 섞는다. 마지막으로 간장 2테이블스푼에 셰리주나 사오싱주 2테이블스푼을 더해 다시 한 번 뒤적여서 채소 샐러드와 함께 낸다.

건강한 고구마 껍질

오븐을 200도로 예열한다. 고구마 하나를 포크로 몇 군데 찌른 다음 키친타월을 깔고 전자레인지에서 7분간 돌린 후 베이킹 페이퍼에 올려 오븐에서 30~40분간 굽는다.

옥수수 미니 통조림의 물을 따라내고 멕시칸 칠리 양념과 함께 마른 프라이팬에서 볶는다. 계속 젓지 말고 노릇하게 익을 때까지 기다린 후 물을 뺀 검은콩 통조림과 섞는다. 버터나 올리브오일로 작은 양파나 프렌치 샬롯을 반투명해질 때까지 따로 볶아 여기에 합친다.

고구마 속을 파내어 으깨고 크림치즈 2테이블스푼, 그릭 요거트 3테이블스푼, 통조림 제품으로 아도보 소스(파프리카, 오레가노, 소금, 마늘, 간장, 식초 등으로 만든 걸쭉한 양념 - 옮긴이)에 재운 치포틀레 페퍼(할라페뇨 고추를 훈제 건조한 것 - 옮긴이) 한두 개(또는 타바스코 소스 약간)를 소금, 후추와 섞는다. 고수를 조금 썰어 넣고 먼저 준비해둔 재료와 합친다. 고구마 껍질에 다시 채워 넣고 체더치즈를 조금 갈아 올린 다음 그릴에서 5분 정도 노릇하게 구워낸다.

또 다른 속 재료 잘게 썬 프렌치 샬롯을 버터에 볶다가 어린 시금치 한두 줌과 병아리콩 통조림을 넣는다. 고구마 속을 크림치즈, 그릭 요거트와 으깨어 양파, 시금치, 병아리콩과 섞는다. 소금과 후추를 뿌린다. 껍질을 다시 채우고 치즈를 올려 그릴에 굽는다.

혹시 고기가 좀 당긴다면 잘게 썬 양파나 샬롯을 볶다가 다진 양고기 100그램, 잘게 썬 레드 칠리 한 개, 커민 한 자밤(또는 미소된장 1티스푼)을 넣고 노릇하게 익힌다. 고구마 속과 섞고 소금과 후추를 뿌린다. 이때 민트를 넣어도 좋다. 원한다면 속을 파낸 껍질에 기름을 조금 뿌려 오븐에 5분간 구우면 바삭해진다.

(고구마는 한 번에 여러 개를 구운 뒤 잘 싸서 냉장고에 넣어두

나는 와인으로 요리한다. 때로는 음식에 넣어 먹기도 한다.

_W. C. 필즈

면 1주일 정도 보관할 수 있다. 먹을 만큼 꺼내 전자레인지나 오븐에 살짝 데운다.)

베트남 뚝배기 치킨라이스

가까운 차이나타운이나 아마존(닷컴)에서 뚜껑 있는 작고 예쁜 베트남 뚝배기를 구입할 수 있다. 새 제품은 24시간 동안 물에 담가 불순물을 뺀다. 사용할 때는 먼저 약불로 5분간 달군다.

닭 다릿살 한두 개를 깍둑썰기하고 옥수수 가루 1디저트스푼에 간장 1테이블스푼, 사오싱주 1테이블스푼, 참기름 약간을 섞어 30분 정도 재운다. 마른 표고버섯 두세 개를 불린다. 프라이팬이나 웍에 기름 1테이블스푼을 달궈 곱게 다진 마늘 한 쪽과 생강 1디저트스푼을 넣는다(둘 다 치즈 강판을 써도 된다). 1분 정도 볶다가 향이 오르면 치킨을 넣고 섞는다. 노릇하게 익기 시작하면 잘게 썬 버섯과 쌀 70그램, 간장 1테이블스푼을 넣고 참기름을 약간 더한다. 몇 분간 젓다가 뚝배기에 옮겨 담는다. 물 3테이블스푼을 넣고 약불로 5분간 예열한 후 중불로 올린다. 10분 정도 간격으로 뚝배기를 확인하고 필요하면 물을 보충한다.

총 30~40분이 걸리는데 완료 10분 전에 청경채 같은 잎채소를 썰어 넣어도 좋다. 아니면 불을 끄고 잘게 썬 어린 시금치를 넣어 섞는다. 간이 맞는지 확인하고 뚝배기 받침에 올려 즐기면 된다.

탄두리 치킨

시판하는 탄두리 페이스트 제품이 워낙 좋아서 이번에는 약간의 편법을 쓰기로 했다. 손수 처음부터 만들어보았지만 전혀 나을

게 없었다. [소고기 렌당(갈비찜과 비슷한 인도네시아 요리 - 옮긴이)이나 말레이시아 카레 페이스트도 같은 상황이다.]

페이스트 1테이블스푼을 플레인 요구르트와 섞고(기본 비율은 1 대 6으로, 입맛에 따라 가감한다) 레몬 반쪽을 짜 넣는다. 껍질 벗긴 다릿살 두 개나 껍질 벗긴 가슴살 한 개를 쓴다. 다릿살은 지방과 작은 뼛조각을 발라낸 다음 고기 망치로 두들겨 얇게 펴고 몇 군데 칼집을 내준다. 가슴살이면 세로로 절반을 갈라 고기 망치로 펴고 칼집을 낸다. 양념에 버무려 냉장고에서 한 시간이나 하룻밤을 재운다. 조리 10분 전에 냉장고에서 꺼내두고 그릴을 예열한다. 속이 다 익을 때까지 그릴에서 굽는다. 맨쌀밥에 채소 샐러드와 함께 내거나 상추, 요구르트, 민트를 같이 얹고 납작한 빵에 말아서 낸다. 남은 재료는 쌈이나 샐러드, 샌드위치로 재활용한다.

미소된장 양갈비

절로 손가락을 빨게 되는 감칠맛 대장 갈비 요리다. 이 양념장은 돼지고기, 닭고기, 생선에도 기적을 일으킨다. 흰 미소된장 1테이블스푼에 간장 1테이블스푼, 미림 1테이블스푼을 섞어 양고기에 고루 발라 양념하고 그릴에서 구워낸다.

차슈 돼지고기 쌈

오리고기 쌈과 같은데 돼지고기라는 점만 다르다. 정육점에서 돼지 살코기 작은 것을 구입한다. 길이가 10~15센티미터면 적당하다. 해선장 1테이블스푼, 꿀 1테이블스푼, 간장 1테이블스푼, 참기름 1/2티스푼, 오향 가루(산초, 팔각, 회향, 정향, 계피를 섞어 만든 중국 향신료 - 옮긴이)

한 자밤으로 양념장을 만든다. 고기에 양념장을 붓고 냉장고에서 몇 시간 혹은 하룻밤 동안 재운다. 작은 레바논 오이를 세로로 반 잘라 씨를 빼고 굵게 채 썬다. 파도 굵게 채 썰어 둘 다 차게 식히고 그동안 돼지고기를 조리한다. 200도로 오븐을 예열한다. 촉촉함을 유지하도록 물을 반쯤 채운 팬 위에 랙을 놓고 돼지고기를 올린다. 15~20분 가열하면서 두세 번 양념장을 발라준다. 거의 다 익으면 꿀을 바르고 잠깐 그릴에서 노릇하게 그슬린다. 들어내서 몇 분간 식힌다. 그동안 냉동 밀전병(베이징 덕 스타일로 아시아계 마트에서 구입할 수 있다)을 몇 장 찐다. 밀전병에 해선장을 조금 바르고 굵은 파채와 오이채 한두 개, 돼지고기 슬라이스 한 장을 얹어 돌돌 말면 완성이다. 맛있고 쉽고 특별하다. 간단한 채소 샐러드와도 잘 어울린다. (사실 채소 샐러드와 궁합이 맞지 않는 건 거의 없다.)

데리야키 치킨

나는 정기적으로 데리야키 치킨을 넉넉히 만들어 월남쌈에 넣기도 하고, 아니면 잘게 다져 스시 밥으로 싸면 김 없는 스시를 만들 수 있다. 같은 양(1/4컵 정도)의 간장, 사케, 미림을 작은 소스팬에 넣고 5분간 약불에 끓인다. 식으면 납작하게 편 닭 다릿살 네 개(또는 닭 가슴살 두 개를 세로로 반 잘라 납작하게 편 것)를 소스에 넣고 재운다. 그릴이나 프라이팬에서 노릇하게 익힌다. 밥과 샐러드에 잘 어울린다.

나는 이것을 가끔 도시락에 이용한다. 밥과 샐러드, 나중에 차가운 오렌지까지 곱게 썰어 넣으면 칸칸이 정갈한 한 끼 식사가 완성된다.

속을 채운 닭 다릿살

맛도 좋고 뜨겁게도 차게도 먹을 수 있다. 그래서 나는 보통 한 번에 다릿살 네 개씩을 조리한다(두 개는 저녁으로 먹고 두 개는 남겨둔다). 다릿살 네 개를 납작하게 펴서 다듬는다. 팩에 든 세이지와 양파 소 조금을 끓는 물에 섞는다. 식으면 각각 다릿살 중앙을 따라 소시지 모양으로 놓는다. 다릿살을 말고 베이컨으로 감싼다. 베이킹 페이퍼를 깐 작은 오븐 트레이에 올리고 오븐에서 180도로 40분간 익힌다. 또는 시간에 관계없이 전체적으로 노릇하게 구우면 된다. 중간에 한 번 뒤집어준다. 이름이 심심하다고 맛까지 그런 건 절대 아니다.

양 정강이와 으깬 콩

음식의 힘찬 포옹이다. 양 정강이에 올리브오일을 살짝 적신다. 로즈메리 잔가지 하나와 까지 않은 마늘 몇 쪽을 밑에 깔고 오븐에서 180도로 40분간 굽는다. 로즈메리를 빼내고 마늘 껍질을 벗긴다. 기름을 따라내고 카넬리니 콩이나 흰 강낭콩 통조림 하나를 마늘 기름에 으깬다. 양고기와 아삭한 채소 샐러드를 함께 낸다.

꼬마 옥수수와 국수튀김

나는 논스틱 프라이팬(튀기는 데 기름이 거의 필요 없다)을 새로 장만하고 채소 튀김에 중독되었다. 쌀국수 건면 40그램을 끓는 물에 넣고 물러질 때까지 3분간 익힌다. 체에 밭쳐 주방 가위로 자른다. 파 두 대를 잘게 썰고 꼬마 옥수수 한 팩을 작게 슬라이스 한다. 긴 레드 칠리 한 개를 잘게 썰어 모두 섞는다. 여기에 간장 2테이블스푼, 굴소스 1테이블스푼을 넣고 참기름을 조금 더한다. 베이킹파우더가 든 밀가루를 1/4컵 빠듯하게 붓고 달걀 두 개를 풀어 넣는다(반죽이 되다 싶으면 하나 더). 프라이팬에 기름을 살짝 두르고 한 숟가락씩 떠서 튀겨낸다. 키친타월에 얹어 기름을 뺀다. 갓 튀겨냈을 때가 가장 맛있지만 남은 건 냉장고에 넣어두고 차게 먹어도 좋다.

튀김은 남은 재료를 처리하기에 안성맞춤이다. 구운 고기와 채소 남은 것을 잘게 썰고 달걀 한두 개와 밀가루를 더해 튀겨내면 그만이다.

조개 링귀니

나이젤라 로슨의 『어떻게 먹을까How to Eat』에 나오는 조리법이다. 이 책에는 1~2인분 요리를 다룬 장이 따로 있는데 아주 훌륭하다. 단언컨대 이것은 사랑하지 않을 수 없는 음식이다. 조개껍질이 딸깍거리는 소리만으로도 만들 가치가 충분하다. 나이젤라는 무척 아름답게 표현했지만 여기서는 번잡함을 피하기 위해 알기 쉽고 간결하게 설명한다.

작은 모시조개(봉골레) 200그램을 찬물에 담가 해감한다. 소금물을 끓여 링귀니 150그램을 익힌다. 프라이팬에서 조개 육수와 함께 마무리할 거니까 약간 덜 익혀야 한다. 마늘 한 쪽을 다져 올리브오일 1테이블스푼을 두르고 살짝 볶다가 말린 레드 칠리 반 토막을 부숴 넣는다. 조개를 체에 밭쳐 입을 벌린 것은 버리고 팬에 담는다. 화이트와인 한 잔을 붓고 뚜껑을 꽉 닫는다. 2분이 지나면 조개가 입을 벌린다. 물을 뺀 파스타를 넣고 좀 더 휘저어준다. 입을 닫고 있는 조개는 버린다. 파슬리 1테이블스푼을 팬에 넣고 흔든다. 접시에 담고 파슬리 1테이블스푼을 더 뿌린다.

나이젤라는 다음과 같은 말로 이 레시피를 마무리한다.

'이탈리아에서는 어패류 파스타에 치즈 가루를 뿌리지 않는다. 그 규칙은 언제나 유효하다. 아무것도 더할 필요가 없다. 이미 완벽하다.'

전적으로 동감한다. 로마의 정치가 루쿨루스는 소문난 미식가였다. 하루는 그의 집사가 저녁 손님이 없다는 얘기를 듣고 지극히 평범한 식사를 냈다. 루쿨루스가 집사를 나무라며 말했다.

"내가 혼자 있을 때 특히 더 상차림에 신경을 써야 한다네. 명심하게. 그때는 루쿨루스가 루쿨루스와 함께 식사를 하는 것이니까."

루쿨루스는 자신의 가치를 알았다. 여러분도 그러기를 바란다.

제5장

01 자신의 목소리를 찾자. 새로운 재료와 레시피를 실험한다. 손해 볼 게 없다. 귀찮다는 건 그저 핑계. 당신이 가치 있으므로 요리할 가치가 있다. 요리는 자기 돌보기의 중요한 요소다.

02 마트의 허를 찌르자. 이국적인 상점들을 탐험한다.

03 건강식이 어떻게 내 몸에 영양과 에너지를 공급하는지 마음속에 그려본다. 제시된 팁을 다시 검토하고 내게 맞는 것들은 취한다.

04 훌륭한 1인분 레시피를 찾아 파일로 정리한다. 여기서 제시된 것만도 40개가 넘는다. 당장 오늘밤에 한 가지를 시도하자.

제6장

내 돈에 누가 신경 쓰겠는가

혼자 살 때 돈의 중요성 · 경제 청사진 그리기 · 예산/저축/투자

방심할 때가 아니다. 경제적인 문제는 누구에게나 중요하지만 혼자 사는 사람에겐 최우선순위가 되어야 한다. 그 중요성은 아무리 강조해도 지나치지 않다. 자립은 곧 자기 자금 조달을 의미한다. 친구나 친척은 심리적인 안전망이 될 수 있지만 차갑고 현실적인 돈 문제 앞에서는 오롯이 나 혼자 책임을 짊어져야 한다. 잔인한 얘기지만 우리 중 대부분은 현재든 미래든 남에게 경제적으로 의존할 수 없다는 게 엄연한 팩트다. 여기서 남이란 친척과 자식, 정부까지 포함된다.

하지만 괜찮다. 경제 청사진으로 자신의 안전망을 설계하면 크게 잘못될 일은 없다. 만약 자기가 이미 경제적으로 안정된 상태라고 느끼면 이 장을 건너뛰어도 좋다. 하지만 그런 사람은 소수에 불과하다(보라, 당신의 코가 피노키오처럼 길어지고 있다). 통계에 따르면 대부분의 여성은 경제적으로 불안한 위치에 있다. 게다가 혼자 사는 여성이라

면 상황이 더더욱 위태로워진다.

싱글의 핸디캡

먼저 나쁜 소식이다. 우리는 혼자 사는 데에 할증료를 지불하고 있다. 이미 다 알고 있는 사실이다. 청구서를 분담할 사람이 없으니 수입 중 더 많은 부분이 생활비에 들어간다는 것은 아인슈타인이 아니라도 알 수 있다. 부부나 가족, 심지어 히피 공동체의 비용과 맞먹는 경우도 많다. 세금, 보험료, 상하수도·전기·가스·넷플릭스·인터넷 요금, 자동차 관련 비용은 사실상 똑같다. 휴가 때 호텔이나 렌터카를 예약할 때도 엄청난 할증료를 지불할 수 있다. 입에 쓴 약이지만 삼켜야 한다. 경제적인 여건은 명백히 우리에게 불리하다.

통계수치를 보면 정신이 번쩍 든다. ('*'가 있는 건 미국의 통계수치다. 오스트레일리아와 영국의 통계수치가 약간 다를 수 있지만 트렌드는 동일하다.)

- 50세가 넘은 여성 중 47퍼센트가 싱글이고, 부부 중 50퍼센트가 이혼한다.*
- 이혼한 여성은 1년 만에 생활수준이 평균 75퍼센트 떨어진다.*
- 빈곤층 노인 네 명 중 세 명은 여성이지만, 이들 중 80퍼센트가 남편이 살아 있을 때는 가난하지 않았다.*
- 모든 여성 중 90퍼센트가 죽음 이전에 경제생활의 책임을 혼자 짊어지게 된다.*
- 자신의 퇴직연금이 충분하다고 생각하는 여성은 12퍼센트에 불과하다.(2008년 영국의 금융교육재단 자료)

- 모든 여성 중 절반은 퇴직 후 편안한 노후를 보내는 데 필요한 자금이 어느 정도인지 모른다.(2008년 영국의 금융교육재단 자료)
- 평균 여성의 퇴직연금은 평균 남성의 절반 수준이다.(2011년 오스트레일리아 퇴직연금협회 자료)
- 현재 여성의 기대수명은 84세이지만 계속 늘어나고 있는 추세이니 그 점을 감안해야 한다.(오스트레일리아 통계청 자료)
- 퇴직한 독신 여성 중 40퍼센트가 빈곤선 이하에서 살아간다.(오스트레일리아 연금재단 자료)

우울한 수치이지만 우리는 이것을 오히려 강한 자극제로 삼아 위와 같은 통계의 일부가 되는 일이 없어야겠다. 내가 돈을 관리해야지 돈이 나를 관리해서는 곤란하다. 경제문제 해결은 독립의 마지막 전선이다. 이 장에서는 그곳에 이르는 확실한 방법을 제시할 것이다.

나도 돈에 신경 쓰고 싶지 않다

나는 이 장을 쓰기 전에 커틀러리(나이프, 포크, 스푼 등 식탁용 날붙이 - 옮긴이) 서랍을 정리하고, 소득세 신고를 하고, 구멍 난 카디건을 수선하고, 에어컨 필터를 청소하고, 개를 씻기고, 이베이에 꽃병 하나를 내놓았다. 그림이 그려질 것이다. 심리학에서 말하는 이른바 '회피 행위'다. 쉽게 말하면 미뤘다는 뜻이다. 금전 문제는 딱히 내 취향이 아니다. 하지만 워낙 중요한 사안인 만큼 외면하지 말고 돈의 본질을 똑바로 봐야 한다. 이제 나는 돈 관리에 어느 정도 요령이 생겼으니 독자들께 좋은 소식을 전해드리려 한다. 생각보다(삶의 커다란 기쁨들이 대개 그러하듯) 복잡하지 않고, 시간도 얼마 걸리지 않고, 해내고 나면 굉장한 만족감을 느낄 수 있다.

혼자 사는 우리를 위한 돈 관리의 원칙은 모든 사람에게 똑같이 적용된다. (다를 이유가 없잖은가!) 반복되는 얘기지만 관건은 실행이다. 따분하지만 사실이다. 운동이나 다이어트처럼 결연한 의지로 노력해야 효과를 거둘 수 있다. 그러니 다이어리에 적고 행동하자. 휴우…… 누구를 괴롭히고 싶은 마음은 없지만 독자들이 속수무책으로 돈 문제의 수렁에 빨려드는 모습을 보고 싶지는 않다. 어디선가 명견 래시가 튀어나와 도와줄 리도 없으니까. 컹!

다음 중 걱정되는 게 하나라도 있다면 경제 청사진을 만들어야 한다.

- 보유 자산 규모
- 매달 카드 대금 결제
- 은퇴자금 마련
- 비상금 조달 능력
- 휴일을 즐길 능력 없음
- 부실한 저축 통장
- 각종 생활 요금
- 빚
- 자신에게 한턱 쏠 능력 없음

돈 관리, 이제부터 시작이다

다음에 나오는 12단계의 경제 청사진은 마치 GPS처럼 당신의 경제활동을 인도해줄 것이다. 하지만 돈 자체보다는 당신 자신에 대한 비중이 더 크다. 청사진은 두 부분으로 나뉜다.

첫 번째는 당신의 생각이다

- 돈을 대하는 태도는 당신 자신의 반영이다
- 당신에게 중요한 것은 무엇인가
- 돈을 어떻게 생각하는가
- 마음가짐을 바꾸자

두 번째는 당신의 행동이다

- 공부하자
- 예산 짜기
- 당신의 돈은 얼마나 오래갈까?
- 현명한 돈 관리
- 저축과 투자
- 재무팀을 구성하라

• 꼭 필요한 서류와 백업
• 실행

돈을 대하는 태도는 나 자신의 반영이다

'……돈을 대하는 태도는 우리가 자신을 어떻게 인지하고 평가하는지에 대해 많은 것을 알려준다. 돈 앞에서 약해진다면 그는 약한 사람이다. 여기서 위태로운 것은 돈이 아니라 그보다 훨씬 더 큰 것이다. 그것은 자신의 정체성과 가치에 대한 인식의 문제이기 때문이다. 마르지 않는 순자산은 오직 건전하고 확고한 자존감을 갖추었을 때만 가질 수 있다.'

수지 오먼의 명쾌한 지적이다. 뛰어난 통찰력으로 진실을 꿰뚫고 있는 말이다. 당신의 돈은 당신의 연장이다. 따라서 돈에 대한 당신의 생각과 행동, 느낌은 당신이 자신을 어떻게 인지하고 평가하는가를 반영한다. 자존감에서 출발한다.

무명으로부터 워런 버핏, 리처드 브랜슨에 이르기까지 재정적으로 큰 성공을 거둔 사업가들은 모두 이런 자존감과 자신감을 공유하고 있다. 자신감은 자신감을 낳고 반영한다.

나에게 중요한 것은 무엇인가

돈은 중요하다. 돈은 당신의 선택 범위를 규정하고 현재 당신의 모습과 되고 싶은 당신 모습의 간극을 좁혀준다. 나는 지시받는 걸 싫어한다(그렇기 때문에 레스토랑의 고정 시식 메뉴도 좋아하지 않는다!). 나는 내 방

수중에 들어오지 않은 돈은 절대 쓰지 마라.
_토머스 제퍼슨

식대로 살고 싶다. 경제적 자립이 그것을 가능케 한다.

청사진의 수치 부분으로 넘어가기 전에 당신에게 무엇이 중요한지 확실히 해두자. 그래야 목표를 정할 수 있다. 다음 질문에 답하라. (답변의 옳고 그름은 없다. 이 연습의 목적은 당신의 인생에서 돈의 역할을 규정하는 것이다.)

- 당신이 살고 싶은 인생을 상상하라. 어떻게 느끼고 싶은가? 당신 자신을 어떻게 바라보는가? 어디서 살고 싶은가? 당신과 알고 지내는 사람들이 당신의 삶을 어떻게 평가하는가?
- 당신에게는 무엇이 중요한가? 가족이나 자식들을 정기적으로 만나는 것, 안정된 생활, 관심사를 열정적으로 추구하기, 세계 탐험? 모두 다인가?
- 올해, 그리고 앞으로 5년 동안 달성하고 싶은 개인적인 목표가 무엇인가? 그것을 달성하기 위해 어떤 계획을 세웠는가?
- 다른 사람들이 알면 깜짝 놀란 만한 당신만의 은밀한 포부가 있는가? 그것을 성취하려면 무엇이 필요한가? 기간은 어느 정도로 잡고 있는가?
- 경제적 안정을 어떻게 정의하는가? 각종 요금청구서에 대해 걱정하지 않는 것, 구구한 변명 없이 자신을 위해 크게 쓰는 것, 일을 안 해도 되는 것, 수중에 얼마가 있는지 정확히 아는 것, 그리고 그 돈이 평생 간다는 것을 아는 것인가?

돈을 어떻게 생각하는가

당신이 돈을 어떻게 인식하는지 확실히 해두는 것이 중요하다.

그것은 우리의 감정에 영향을 미치고 그 감정이 우리를 행동으로 이끌기 때문이다. '돈' 하면 무엇이 연상되는가? 기쁨, 두려움, 시기, 걱정, 죄책감, 자유, 불안, 애증, 즐거움? 아니면 돈에 대해 아예 생각하고 싶지 않을 수도 있다. 흥미롭게도 심리학자 밸러리 윌슨 박사의 연구에 따르면 돈과 가장 흔하게 연관된 네 개의 단어는 모두 부정적이다. '불안', '우울', '분노', '무력감'이다.

부모와 가정교육은 돈에 대한 우리의 태도에 결정적 영향을 줄 수 있다. 이러한 인식은 거의 타고나는 것처럼 보이지만 반드시 그렇게 행동해야만 하는 건 아니다. 우리 집의 경우, 돈과 관련된 사항은 모두 아버지가 관리했고 돈 얘기를 꺼내는 것조차 조심스러운 분위기였다. 나도 결혼하면서 이런 아버지의 모델을 그대로 따랐고 자연스럽게 두 사람의 재산을 남편(현재는 전남편)이 도맡아 관리했다. 지금 와서 생각하면 내 권리를 그토록 쉽게 포기해버렸다는 사실이 놀라울 뿐이다. 아버지가 돌아가시자 나는 기본 지식도 없이 실타래처럼 얽히고설킨 재정 문제를 풀어내야 했다. 결혼 생활이 파경에 이르고, 아는 것이 별로 없었던 나는 다른 사람들을 통해 우리 부부의 재정 상태를 파악해야만 했다. 지금은 내 이혼의 씨앗이 그런 무지 속에 뿌려졌음을 알고 있다. 다시는 그런 일이 없을 것이다. 이제는 내 돈이 정확히 어디에 얼마나 있는지 작은 단위까지 꿰고 있다.

돈에 대한 당신의 생각이 어떠하건 간에 그것을 당신의 재정 상태에 어떻게 접근할지를 결정하는 지표로 인정하고 사용하라.

진정한 부는 당신이 가진 돈을 모두 잃었을 때 당신의 가치가 얼마인가로 측정된다.
_작자 미상

마음가짐을 바꿔라

많은 여성이 돈 문제 앞에서는 무기력함을 느낀다. 그런 연약한 마음을 떨쳐내야 한다. 당신의 경제 청사진에 올바른 태도로 접근하는 것이 중요하다. 야심만만하고 자신 있게, 우사인 볼트처럼 커다란 보폭으로 행복을 향해 질주하자. 강해지고 크게 봐야 한다.

그 과정에서 도움이 될 만한 것들을 정리했다. 느낌이 오는 것을 골라보자.

- 수입을 늘리자. 할 수 있는 한 오래 일하고 할 수 있는 일은 다 한다. 이것으로 단순히 소득이 늘어나고 투자금 대출 능력만 생기는 게 아니다. 자존감과 자부심, 열정, 보람이 솟아나고 두뇌도 명민하게 돌아간다. 직장에서 자신을 낮추지 마라. 더 많이 벌 수 있다. 본인의 핵심성과지표KPI, Key Performance Indicators를 인정하고 보기 좋게 넘어서서 당당하게 임금 인상을 요구하자. 프리랜서로 당신이 잘하는 것을 해보자. 일단 시작부터 하는 거다.
- 경제적 자립은 생활에 안정감을 준다. 안정감은 자신감을 낳고 자신감은 행복을 낳는다.
- 내가 돈을 관리하는 것이지 돈이 나를 관리하는 게 아니다.
- 내 돈을 어떻게 쓸지는 내가 결정한다. 결국 내 돈은 내 힘이다.
- 돈은 내 미래의 행복에 직접적인 영향을 미치므로 누구보다 내가 가장 잘 알고 있어야 한다. 도움을 청할 수는 있지만 어디까지나

나는 젊었을 때 인생에서 가장 중요한 것은 돈이라고 생각했다.
이제 나이가 들고 그것이 사실임을 알게 되었다.
_오스카 와일드

그 주체는 나다.

- 유비무환.
- 언제 시작해도 늦지 않다. 행동이 두려움을 극복하는 비결이다.
- 나를 내 회사의 주인이라고 생각하자. 내가 내 회사의 최고경영자이자 최고재무책임자이므로 회사의 손익과 투자전략 등 모든 것이 내 책임이다.

공부하라

돈에 대한 자신감을 키우는 가장 좋은 방법 중 하나는 개인 재무에 대해 더 많이 공부하는 것이다. 당신의 돈에 대해 당신만큼 신경 쓰는 사람은 없으니 거기에 관련된 용어와 원리에 익숙해지는 것이 중요하다. 가장 기초적인 단계에서는 초등학교 산수와 새로운 용어 몇 개가 전부다. 이해하는 데 별문제가 없다고 느껴지면 좀 더 복잡한 전략으로 진행한다. 질문하는 걸 겁내지 말자. (학교에 다닐 때 한 번쯤 들어보았을 것이다. 세상에 나쁜 질문은 없다. 다만 하지 않은 질문이 있을 뿐이다.)

잘 둘러보면 우리가 이용할 수 있는 유익한 무료 정보가 많다. 개인 재무에 관한 책, 세미나, 웹사이트, 팟캐스트, 유튜브 동영상 등이 이루 다 헤아릴 수 없을 정도로 넘쳐나니 마음에 드는 자료를 찾는 데 그리 오랜 시간이 걸리지 않을 것이다. 내가 가장 좋아하는 책은 스콧 페이프의 베스트셀러 『26살 경제독립선언The Barefoot Investor』이다. 독자 여러분께도 강력 추천한다. 자체 홍보 문구가 '당신에게 필요한 단 한 권의 재무 안내서'인데 사실이다. 직설적이고, 허세가 없고, 실용적이며, 구체적이고, 맞춤형이다. 나는 스콧 페이프의 〈맨

발의 청사진Barefoot Blueprint〉이라는 소식지도 구독하고 있다. 이러한 소식지의 실용적이고 독자적인 조언을 잘 활용하면 구체적인 고급 정보로 무장하고 당신의 재무 전문가를 찾아갈 수 있을 것이다.

예산 짜기

쓰는 돈보다는 저축하는 돈에 초점을 맞추자. 매일 조금씩 더 부유해지는 방법을 생각하라. 물론 예산 편성과 저축은 동전의 양면과 같다. 수입과 지출 상황을 제대로 파악하는 것이 중요하다. 예산은 계속 업데이트되어야 하고 언제든 이용할 수 있어야 한다.

예산을 어떤 제약이라고 생각지 말자. 그것은 당신이 익사하지 않고 손을 흔들고 있다는 것을 확인시켜주는 정보다. 사실 이 예산 안에는 시쳇말로 탕진잼을 위해 특별히 마련해둔 항목이 있다. 인생은 살라고 있는 것이니까.

1단계 자기가 한 달, 한 해에 얼마나 쓰는지 어림잡아 적어본다. 보통 실제 지출액보다 25~50퍼센트 정도 적다.

2단계 실제 액수를 계산한다. 급여, 배당금, 이베이 판매 수익 등 수입원을 모두 기재한다. 그리고 지출 비용도 모두 기재한다. 우리는 인생을 앞을 보고 살아가지만 뒤돌아보고 이해한다. 자기가 돈을 어디에 얼마나 썼는지 파악해야 한다. 온라인 프로그램을 활용하자. 엑셀 스프레드시트도 좋고, 아니면 가계부를 한 권 사자. 인터넷에는 템플릿도 많으니 1년에 한 번 들어가는 경비처럼 깜빡하기 쉬운

지식에 투자하면 최고의 이윤이 보장된다.
_벤저민 프랭클린

사건을 상기시키는 알람용으로 쓰면 유용할 것이다. 또는 현재 나와 있는 예산 관련 앱 중 취향에 맞는 것을 설치해보자.

작년의 은행 통장과 신용카드 거래 내역서를 한 줄 한 줄 다 확인한다. 식료품, 의류 등 구매 품목을 분류하여 해당 경비를 예산에 추가한다. 1주일분의 현금 자동화기기 영수증을 출력하여 소비 내역을 기재한다. 통상 현찰로 구입하는 사소한 것들에 주목한다. 딱히 즐거운 작업은 아니지만, 이는 목표에 도달하는 과정임을 명심하자.

지출 명세표를 작성하자

- 주택담보대출 상환 또는 집세
- 융자 상환
- 신용카드 수수료
- 생활 요금(가스, 전기, 상하수도 등)
- 세금
- 병원비, 치과·안과·물리치료 비용, 처방약, 의료비
- 휴대전화 요금
- 컴퓨터 유지·수리비, 프린터 카트리지 교체 비용, 도메인 네임 사용료
- 자동차 할부금, 보험료, 등록세, 주차비, 유류비, 정비·수리비, 통행료, 벌금, 세차비
- 대중교통 요금

돈은 모든 악의 뿌리다. 하지만 감자처럼 없으면 살아갈 수 없는 유용한 뿌리다.
_루이자 메이 알코트(미국의 소설가 - 옮긴이)

- 음식, 가재도구
- 술(줄이거나 끊을 수 있으므로 별도의 행에 기재)
- 외식, 포장 음식, 영화, 연극
- 미용
- 옷, 신발, 핸드백, 장신구
- 집수리
- 휴가, 주말여행
- 건강, 주택, 실물 보험
- 클럽, 체육관 회원권
- 책, 구독료(넷플릭스, 유료 채널, 잡지, 아이튠즈 등)
- 애완동물(사료, 간식, 동물병원, 애견 보호소, 미용 등)
- 선물
- 취미
- 강좌, 야간학교
- 기부
- 전문가 서비스(회계사, 변호사, 재무설계사 등)

정직하게 있는 그대로의 실제 비용을 산출해야 한다.

3단계 수입이 지출을 충당하는가? 적자인가? 적자라면 어떻게 메울 것인가? '원하는 것(새 핸드백)'과 '필요한 것(음식)'에 대해 생각해보자. 선택지는 단 두 가지다. 더 적게 쓰거나, 더 많이 벌거나.

내 돈은 얼마나 오래갈까?

아는 것이 힘이다. 현재 자신의 재산과 지출, 부채 상황까지 모두 파악했다면 이번에는 내일 당장 일을 그만두었을 때 돈이 얼마나 오래갈지 계산해보자. 어떤 결과가 나올지 조금 걱정스럽더라도 일단 해보자. 현재 수중에 있는 현금(유동자산)에서 빚을 빼고 남은 돈을 한 달 생활비로 나눈다(이 최악의 시나리오에서는 앞으로 다시는 일을 할 수 없고 주택 매매나 투자 회수, 연금 등의 수입원이 전혀 없다고 가정한다). 이 숫자가 본인의 재정 상태가 얼마나 건강한지를 알려주는 지표다. 물론 누구나 최대한 높은 숫자가 나오기를 바랄 것이다. 10년이나 20년이 몇 달보다 낫다. 하지만 몇 개월밖에 안 되더라도 최소한 어떻게 해야 할지는 알게 된다. 헬스클럽에서 자주 하는 말이 있다. '적게 먹고 많이 움직여라.' 마찬가지 원리로 우리는 소비를 줄이고 소득은 늘려야 한다.

이 계산을 하고 나면 괴나리봇짐 하나 달랑 둘러메고 캄캄한 숲속으로 걸어 들어가는 기분이 들지도 모른다. 하지만 최소한 현재 자신의 위치는 알게 된다. 이 숫자들은 냉혹한 현실을 드러내지만 한편으로는 그 구체성이 오히려 안도감을 준다. 돈 관리를 도맡았던 아버지가 돌아가시자 어머니는 망연자실, 무슨 돈으로 어떻게 살아가야 할지 두려움에 떨었다. 그래서 어머니를 위해 이와 똑같은 계산을 했더니 집을 팔고 요양원으로 들어가더라도 120세까지 쓸 수 있는 재산이 있었다. 사실 어머니는 80대 초반에 찾아온 치매와 함께 편안하게 눈을 감았지만 당시에는 이 계산 덕분에 안심하고 생활했다.

일찍부터 자금을 마련해야 하더라도 당황하지 말자. 예산을 세우고 믿을 만한 재무설계사를 찾아가 방향을 잡자.(뒤에 나오는 '재무팀을 구성하라' 참조) 쉽지 않을 것이다. 당분간 휴가 여행은 포기하고 딱히 마음에 들지도 않는 일을 하면서 참치 통조림으로 끼니를 때울지도 모른다. 하지만 최소한 파산할 일은 없다. '연금이 아니라 열정을 택하라'고 말한 사람이 누군지는 몰라도 그는 거액을 상속받았거나 이혼 합의금을 두둑이 챙겼거나 신탁자금이 있을 것이다. 흙수저인 우리는 그저 묵묵히 고개를 숙이고 할 일을 해야만 한다. [나도 여전히 주택담보대출 상환 중이다. 도와줘요, 오프라!(오프라 윈프리가 생방송에서 미국인들의 주택담보대출을 자기가 모두 상환하겠다고 공언한 적이 있다 - 옮긴이)]

현명하게 관리하는 방법

목표는 원하는 대로 살면서(합리적인 선 안에서), 결과적으로 일하지 않아도 되는(또는 일을 할 수 없는) 상태에서도 경제적으로 자립하여 안정적으로 사는 것이다. 이를 달성하려면 수입에 맞게 생활하면서 투자할 여유자금을 만들어야 한다.

우리는 모두 어느 정도의 안락함과 사치를 기대하도록 길들여졌고, 우리 세대의 많은 이들이 스스로 그런 인생을 누릴 자격이 있다고 생각한다. 휴대전화, 옷, 자동차, 집, 휴가 등 우리는 친구들과 똑같은 '장난감'을 갖는 데 익숙해져 있다.

하지만 이 문제만큼은 친구 따라 강남 가는 식이어서는 곤란하다. 혼자 살 때는 돈의 의미가 더욱 중요하고 우리는 남들보다 취약한 상황이므로 선택의 여지가 별로 없다. 필요는 없지만 원하는 것을 살 때는 다시 생각해야 한다. 저축도 최대한 많이 해두어야 한다. 오늘 생각 없이 쓰는 한 푼 두 푼으로 미래에 우리가 살고 싶은 인생은 조금씩 멀어지고 있다.

백만장자처럼 생각하라. 그들은 단기적인 성과를 과시하는 것보다 장기적인 경제적 안정을 추구하는 데 관심이 있다. 돈 문제만큼은 자기 페이스대로 끌고 가는 것이 매우 중요하다. 현재 처한 상황에 따라 당신은 결혼한 친구들보다 더 목표 지향적이고, 더 많이 희생하고, 지출 항목에 더욱 신경 써야 할 수도 있다. 재무 컨설턴트 데이브 램지는 '지금 남과 다르게 살면 나중에도 남과 다르게 살 수 있다'고 조언한다. 미국의 작가이자 사상가인 헨리 데이비드 소로는 물질이 아니라 우리가 가진 자유 시간이 부의 기준이 되어야 한다고 주장했다. 그렇다면 원하는 것이나 필요한 것이 적을수록 '더 부자'인 셈이다.

목표 달성을 위한 조언

- 부채 청산을 최우선 과제로 삼는다. 빚은 속박이다. 신용카드 빚부터 갚자. 신용카드 빚이 파산의 가장 흔한 원인이다. 이왕이면 신용카드는 하나만 사용하자(『26살 경제독립선언』에서는 아예 다 없애라고 권고한다). 경쟁 수수료율이 적용된 카드를 선택한다. 대부분 그렇지만 나도 보다 나은 조건을 찾아 이 카드 저 카드 전전할 시간도 의향도 없다. 카드사에 연락해 카드를 바꾼다고 하면 대부분 수수료율을 낮춰준다.
- 매달 저축할 수 있는 액수를 계산하고 최대한 연금에 투자하라. 연금을 하나의 기금으로 통합하고 가장 낮은 수수료를 선택한다.
- 쉽게 찾아 쓸 수 있는 3~6개월 치 비상금을 마련해둔다.

열정이 끌거든 이성이 고삐를 잡게 하라.
_벤저민 프랭클린

• 은행 거래는 최대한 단출하게 꾸린다. 은행은 한 군데만 거래하고 (온라인 은행의 조건이 가장 좋다) 불필요한 계좌는 정리한다. 은행과 상담하여 자기한테 가장 잘 맞는 최선의 계좌를 선택한다.

• 절약은 지난날 미덕으로 여겨졌지만 지금은 그렇지 않다. 하지만 분위기가 바뀔 조짐을 보이고 있다. 알디Aldi(독일계 저가 체인점으로, 현재 18개국에서 9,000여 개의 매장을 운영 중이다 - 옮긴이)와 같은 저렴한 마트의 성공이 그렇다. 이곳을 이용하는 소비자들은 괜찮은 물건을 비교적 싼값에 구입하며 스스로를 현명하고 검소하다고 여긴다. 나는 딱히 뭘 이렇게 하라 마라 가르칠 생각은 없다. 피크 타임을 피해 한밤중에 세탁을 하든, PB상품(대형마트, 편의점 등의 유통업체가 자체 브랜드로 제작 판매하는 상품 - 옮긴이)으로 갈아타든, 테이크아웃 커피를 끊든 일상에서 자기 돈을 아끼는 방법은 누구보다 본인이 가장 잘 알고 있다. 당신이 결정하라.

• 목표는 투자할 돈을 마련하는 것이다. 이를 달성하는 두 가지 방법은 수입을 늘리거나 소비를 줄이는 것이다. 내가 쓸데없는 지름신을 퇴치했던 생각의 예를 들면 이런 것이다.

  * 미래의 경제적 안정, 휴가 여행 하루 더 연장, 미래의 집에 설치될 고급 수도꼭지보다 지금 그 구두 한 켤레가 더 탐나는가?

  * 지금 쓰려는 돈이 종잣돈이 되어 불어나는 상상을 한다.

• 비용을 절감하려면 큰 지출부터 살펴봐야 한다. 너무 많은 사람들이 보다 나은 조건을 찾지 않고 보험 등을 연장해서 이른바 '나태한 세금'을 내고 있다. 하나의 게임이라 생각하고 얼마나 절약되

검소함이 모든 미덕의 근본이다.
_키케로

는지 계산서를 작성한다. 로빈 후드가 되자. 대기업의 상품(전기, 휴대전화 등)은 변경하거나 비교하기가 그리 쉽지 않지만 인내심을 가져야 한다. 결국은 보통 PDS Product Disclosure Statement(금융상품 설명서 - 옮긴이) 책자에 있는 조그만 인쇄물을 읽어야 한다. 인터넷 비교 사이트는 엉터리가 많다.

살펴볼 것들

- 주택담보대출 또는 집세가 최상의 조건인가?
- 신용카드는 한 장으로 줄인다(백화점 카드 제외). 연회비 없고, 수수료율 낮고, 혜택이 많은 카드를 선택한다. 매달 전액 완납한다. 연체료가 청구되면 전화로 면제 가능한지 물어보자.
- 카드 명세서를 다 검토하고 사용 내역이 정확한지 확인한다. 온라인 쇼핑을 할 때는 보안이 취약한 'http'는 피하고 'https'로 시작하는 웹사이트를 이용한다.
- 보다 저렴한 공공설비 업체와 휴대전화 업체를 알아보자. 정부가 운영하는 사이트에서 에너지 상품을 비교하자.
- 보험은 자동으로 갱신하지 말고 매번 다른 견적과 비교한다. 아니면 최소한 보험회사에 연락해 납입액을 줄이는 방법을 알아보자(초과액이 큰 상품 등). 필요 없는 조항에 가입되었거나 장기 고객 할인을 못 받고 있을지도 모른다. 『26살 경제독립선언』에 따르면 자기에게 가장 적합한 보험에 가입한 오스트레일리아인은 7퍼센트에 그친다. 일부 회사는 고객을 붙잡아두기 위해 가격을 낮추기

돈은 끔찍한 주인이지만 훌륭한 하인이다.

_P. T. 바넘(미국의 정치인이자 기업가 - 옮긴이)

도 한다. 1년간 '허니문' 계약을 했다가 끝나면 가격을 올리는 보험사도 있으니 주의하기 바란다. 또한 비슷비슷한 견적은 거의 없으니 상품 설명서를 꼼꼼하게 읽고 정책을 비교하자. 앞부분의 두 쪽짜리 개요만으로는 부족하다. 돈을 조금 더 내더라도 보다 나은 서비스를 받는 쪽이 이득인 경우가 있으니 참고하자. (나는 보험사를 바꾸지 않고 상담 끝에 실물 보험료에서 200달러를 뺄 수 있었다. 여러분도 전화해보자.)

- 요금을 자동이체로 납부하면 할인되는 경우도 있다. 하지만 이때는 입출금 내역을 더더욱 꼼꼼하게 살펴 지출 항목을 확인해야 한다.
- 수수료 없는 현금 자동화기기에서만 돈을 인출하자.
- 자동차에 들어가는 비용을 계산하자. 지금 타고 있는 낡은 차를 전시 차량이나 '신형' 중고차로 바꾸면 장기적으로 지출이 줄어드는지 알아본다. 가치가 더 오래가고 큰 수리가 필요치 않다. 보통 5년 정도 타면 차의 가치는 급격히 떨어진다. (내 차는 냉동 박스처럼 느리고 둔하지만 믿음직하고 잘 관리되어 끝까지 탈 생각이다.)

소소하게 절약하기

- 마트 세일 상품은 넉넉하게 사두자. 나는 쇼핑 마트를 알디로 바꿨다. 다른 대형마트보다 평균적으로 3분의 1 싸다.
- 마트에서는 항상 가격표의 단가를 확인한다. 심지어 세일 품목이라도 늘 가장 싸다는 걸 뜻하지는 않는다.
- 상품권과 쿠폰 사이트에 가입하되 별도의 이메일 주소를 기재해 자주 쓰는 기본 메일함에 폭탄 맞는 일이 없도록 한다.

- 통신사와 건강기금에서 제공하는 영화 할인권을 구해보자. 보험사의 할인권을 활용하자. 연극과 공연의 막판 티켓을 판매하는 사이트에 가입하자. 반값에 나올 때도 있다.
- 웹사이트에서 물건을 구입하기 전에 SNS에 들어가 할인 코드를 찾아보자. 구글에서 회사명+할인 코드로 검색해도 좋다. 나도 이런 식으로 첫 인터넷 주문에서 문구류를 30퍼센트 싸게 구입했다.
- 모델을 찾는 미용실에서 무료로 머리를 자를 수 있다.
- 당신의 돈은 거저 내주기에 너무 귀중하다. 악착같이 붙들고 있어야 한다. 돈 빌려주지 말고 보증서지 말자. 단호한 '거절'만이 답이다. 좋은 관계에는 돈이 끼어들지 않는다.
- 마지막으로, 약간의 '특수' 자금을 마련해 죄의식 없이 탕진하는 재미를 느껴보자.

저축과 투자

걷다 보면 결국 이 갈림길을 만나게 된다. 일단 부채를 상환하고, 예산을 세우고, 은행 거래를 정리했다면 생각을 저축과 투자로 돌려야 한다. 나는 재무 전문가가 아니므로 일반적인 조언이 될 수밖에 없지만 투자는 경제 청사진의 핵심적인 부분 중 하나다. 존 베이커의 『남자는 돈줄이 아니다A Man is Not a Financial Plan』는 『26살 경제독립선언』과 함께 내가 읽은 이 분야 도서 중 가장 솔직하고 공감되는 책으로 모든 예시가 피부에 와닿는다. 존 베이커는 소극적 소득을 창출할 수 있는 세 가지의 투자 유형을 제시한다.

- 이자가 붙는 예금 계좌

- 사업(주식 포함)
- 부동산

어떤 방향을 선택할지는 본인의 판단에 달렸다. 상호 배타적인 분야는 아니지만 사람들은 대개 한 가지를 선택하는 경향이 있다. 예금, 채권, 연금기금 등으로 투자 범위를 넓히는 사람들도 있는데 꽤 안전하게 재산을 불릴 수 있는 방법이다.

지금은 과거보다 금리가 크게 낮아져 수익이 미미하다. 이는 투자라기보다 저축에 가깝다. 위험이 적으면 보상도 적은 법. 로버트 G. 앨런은 이렇게 말했다.

'저축예금에 투자해서 백만장자가 몇이나 되나요? 이상입니다.'

그저 '사는 것'에 만족하지 않고 부자가 되고 싶다면 이와 다른 노선을 선택해 적극적으로 투자할 필요가 있다. 이는 주식 매매나 부동산 투자를 뜻한다. 둘 다 위험 부담이 크지만 즉시 시작해야 한다. 빨리 시작할수록 좋기 때문이다. 미룰수록 큰돈을 만들기 어렵다. 또 당신을 도와줄 믿음직한 사람들을 찾아야 한다.

어느 쪽이 좋다고 단정할 순 없다. 본인의 나이(나이가 많을수록 위험 부담을 줄여야 한다)와 열의, 취향을 고려해 최선의 길을 찾아야 한다.

부동산 투자를 택한다면 대출을 해야 할지도 모른다. 진지하게 투자를 생각하는 사람들은 대부분 대출을 하게 된다. 물론 원금과 이자 상환 때문에 단기적으로는 가처분소득이 줄어든다. 하지만 다른 방법으로는 접근하기 힘든 자본에 투자할 수 있으므로 장기적으

부는 많이 갖는 것이 아니라 적게 원하는 것이다.

_에픽테토스

로는 자산이 늘어난다. 빚은 조심해야 하지만 보다 큰 수익을 기대하고 돈을 빌리는 '좋은 대출' 또는 '좋은 부채'의 개념에는 충분히 일리가 있다.

『백만장자 시크릿Secrets of Millionaire Mind』(제목보다 내용이 훌륭하다)의 저자 하브 에커는 '소극적 소득 구조 창출의 중요성은 아무리 강조해도 지나치지 않다. 간단하다. 소극적 소득 없이는 결코 자유로워질 수 없다'고까지 말한다. 꿀꺽. 전문가를 찾아봐야 할 때다.

재무팀을 구성하라

재무 관련 문제를 전문적인 도움 없이 혼자 힘으로 처리하려는 것은 무리다. 지식과 정보로 무장하고 당신을 이끌어줄 개인 전문가 팀을 구성하라. 재무설계사, 회계사(납세 신고가 복잡할 때는 필요하지만 국세청 사이트 등에서 본인이 처리할 수도 있다), 변호사, 그리고 필요하다면 세무사, 주식중개인, 위기관리사도 추가한다. 친구들의 조언에 의지하는 경우도 있는데 어떤 의미로든 절대 권장하고 싶지는 않다. 유능한 회계사나 재무설계사를 찾는 가장 좋은 방법은 개인 추천이다.

정식으로 등록하고 인가받은 사업자라도 '팀'을 정할 때는 직접 상담을 해야 한다. 개인 전문가들은 자문의 질과 보수를 받는 방법이 천차만별이기 때문이다(예를 들어 그들이 판매하는 정책으로 수수료를 산정하면 자문에 영향을 미친다). 어디나 그렇듯 이 분야에도 좋은 사람만큼 나쁜 사람도 많으니 누군가를 믿을 때는 매우 신중해야 한다. 이것도 매우

연 수입 20파운드에 지출이 19파운드 19실링 6펜스면 행복이다.
연 수입 20파운드에 지출이 20파운드 6펜스면 불행이다.
_찰스 디킨스의 『데이비드 코퍼필드』 중 윌킨스 미코버

사적인 영역이니만큼 담당 재무설계사와 친밀한 관계를 유지하는 것이 중요하다. 상담할 때 묻고 싶은 사항은 인터넷이나 책에서 찾을 수 있다.

두 눈을 똑바로 뜨고 들어가 완전히 마음이 놓이기 전에는 어떤 자문을 받거나 돈을 줘서는 안 된다. 그들로부터 최선의 결과를 얻으려면 미리 숙제와 준비(경제 청사진)를 해야 한다. 그것이 귀중한 상담 시간을 실속 있게 활용하는 방법이다.

세상에는 사기꾼도 많다. 나는 값비싼 대가를 치르고 이 교훈을 얻었다. 문제의 인물은 런던의 부도덕한 재무설계사였다. 나는 여성 고객 전문이라는 그 회사의 차별화 홍보 전략에 깜빡 속고 말았다. 하! 사람 좋아 보이는 그 여자 설계사는 수수료를 챙기고 부실한 투자상품 몇 개를 팔아넘겼다. 당시 일에 정신이 팔려 신경 쓸 겨를이 없었는데 결국 큰 손해를 보았다. 지금이라면 상황은 크게 달랐을 것이다. 매수자 위험 부담 원칙을 명심하자. 지금 생각해도 바보처럼 순진했던 나 자신이 원망스럽다.

꼭 필요한 서류와 백업

혼자인 나의 재무 상태를 보여주고 미래에 필요한 서류와 데이터는 어떻게 관리해야 할까?

- 혼자 살 때는 모든 서류의 업데이트가 중요하다. 그리고 믿을 만한 사람에게 보관 장소를 알려준다. 서류는 폴더 하나에 모아둔다. 이건 고양이에게 시신을 먹히는 시나리오가 아니라 그냥 상식이다.
- 유언을 남기지 않은 50퍼센트에 끼지 말 것. 집행인과 상속인의

이름을 명기한다. 유서 작성은 너무나도 중요한 일이므로 국영 신탁 관리인이나 변호사에게 맡긴다. 안전한 곳에 사본을 두고 변호사도 한 부 보관하게 한다.

- 지적 무능력자가 될 경우 본인을 대신할 집행인과 영구 위임 대리인을 지명한다. 나는 믿을 만한 오랜 친구 두 명에게 이 일을 맡겼고 소요될 비용도 유언장에 따로 기재했다. 재무설계사, 변호사, 회계사 등의 세부 사항도 폴더에 보관한다.
- 당신의 연금을 수령할 사람들을 명시한다.
- 여권도 폴더에 보관한다(중요한 페이지는 복사해서 따로 둔다). 신분증, 출생증명서 같은 법률 서류, 지갑 내용물(신용카드) 복사본도 마찬가지다.
- 은행 계좌, 연금기금과 법정 수령인, 주식과 주주 명부 내역, 자주 가는 사이트의 패스워드 목록을 따로 보관한다. 패스워드는 주기적으로 변경한다.
- 보험증권 사본도 모두 폴더에 보관한다.
- 컴퓨터와 휴대전화는 외장 하드 드라이브에 주기적으로 백업한다. 덧붙여 만약을 위해 사진은 USB 저장장치에 백업한다.
- 나는 해마다 이 폴더를 훑어보고 업데이트한다. 이제 좀 정리된 기분인가?

당장 실행하라

개인의 재정 문제에서는 80 대 20의 파레토 법칙이 적용된다. 성공적인 재정은 20퍼센트의 지식과 80퍼센트의 실행으로 이뤄진다. 전혀 행동하지 않으면 재정 상태는 더욱 악화될 수 있다. 단지 실적이 좋고 수수료가 낮은 연금기금으로 갈아타기만 해도 게임에서 앞서나가는 것이다. 이 장을 읽고 나서 곧바로 행동을 취하자. 적극적으로 자기 돈을 관리하고 관심을 가져야 한다. 내 돈에 나보다 더 신경 쓸 사람은 아무도 없다. 당장 마주하기 싫고 미루고 싶은 마음도 이해하지만 '자신감' 모드로 태세를 전환하면 몇 시간 안에 최선의 금융거래를 위해 은행, 연금, 보험 등의 조건을 따지게 될 것이다. 경제 청사진이 완성되면 전문가들과 약속을 잡는다. 관련 도서를 한 권 사는 것도 잊지 말자. 여러분의 건투를 빈다.

10월은 특히 주식에 손대기 위험한 달 중 하나다. 또 위험한 달은
7월, 1월, 9월, 4월, 11월, 5월, 3월, 6월, 12월, 8월, 그리고 2월이다.

_마크 트웨인, 『바보 윌슨』

제6장

01 본인의 재무관리는 매우 중요하다. 경제 청사진을 만들자.

02 생각하자. 돈을 대하는 태도는 나 자신을 대하는 태도의 반영이다. 당신에게 중요한 것은 무엇인가? 그것에 대해 어떤 느낌이 드는가? 긍정적이고 자신감 있는 태도를 취하자

03 행동하자. 공부한다. 예산을 짠다. 당신의 돈이 얼마나 오래갈지 계산한다.

04 현명한 돈 관리. 저축과 투자계획을 세운다. 팀을 구성한다. 필수적인 서류는 업데이트한다.

05 당장 실행하라!

06 재무계획이 궁극적인 자기 돌보기 행위임을 상기하라.

제7장

나의 집, 나의 행복 공간

새로운 시선으로 집을 둘러보자 · 집 꾸미기 · 중요한 공간들 · 실용성

조용히 식탁에 앉아 시드니에 내리는 빗소리를 듣고 있으면 세상 부러울 것이 없다. 나는 집에 있는 게 좋다. 나는 환경이 개인의 행복에 지대한 영향을 끼친다고 믿는데, 특히 혼자 살 때는 그 의미가 몇백 배 더 커진다. 이건 당신의 집을 인테리어 잡지의 매끈한 화보와 비교한다거나 '포인트 벽'이 있느냐의 문제가 아니다. 당신의 집은 당신이 누구인지, 자신을 어떻게 보는지를 여실히 드러낸다. 집을 보면 그 주인이 어떻게 시간을 보내는지, 어떻게 쉬고, 먹고, 씻고, 즐기는지도 알 수 있다. 나 혼자 사는 것이 아니라 나와 함께 사는 데 익숙해지면 온 세상이 '집'이라는 단어에 함축되어 있음을 알게 될 것이다.

혼자 사는 장점 중 하나는 내 집을 친밀하고 섬세하게 이해하고 디자인할 수 있다는 것이다. 나는 하루 중 빛이 집 안 어디에 어떻게 들어오는지 정확히 알고, 지붕에서 나는 소리를 듣고 비가 얼마나

세차게 오는지 판단할 수 있다. 또 삐걱거리는 곳, 약한 곳이 밤이면 숨 쉬는 것이 느껴진다.

손님들에게 자기 집을 잘 보이고 싶은 마음은 누구나 똑같다. 하지만 초점이 그들에게 맞춰져서는 곤란하다. 당신이 중심이고, 얼마나 자유로운가의 문제다. 집은 당신을 표현하고(자존감의 또 다른 시금석), 거기서 한 발 더 나아가 당신에게 말을 건다. 그것은 마치 물리적 실체처럼 뚜렷이 다가온다. 집은 당신의 보금자리, 당신의 안식처, 당신의 구호, 세상 한쪽에 마련된 당신의 자리, 당신의 공명판, 치유, 그리고 끊임없이 변화하는 동반자다. 4세기의 은둔 수도사 아바 모제스는 '암자에 들어가 앉으면 그 암자가 모든 걸 가르쳐주리라'고 말했다. 우리의 집도 우리에게 가르침을 줄지 모른다.

집에 혼자 있는 것은 궁여지책이 아니다. 당신은 당신의 자리에 있는 것이다. 그리고 당신에게 중요한 누군가와 함께 있는 것이다. 바로 당신 자신이다.

나는 어떤 집에서 살고 싶은가

집 안에서 조용한 곳을 찾아 10분간 앉아 공기를 흡입한다. 집의 기운이 느껴지는가? 긍정적인가, 부정적인가? 긍정적이라면 좋다. 부정적이라면 당장 바꾸는 방법이 있다. 큰 소리로 웃거나, 명상을 하거나, 세이지 향불(화이트 세이지 묶은 것을 태우면 나쁜 기운을 정화한다는 속설이 있다 - 옮긴이)을 피운다. (허튼소리가 아니라 정말로 효과가 있다!) 집 안에서 뭘 느끼고 싶은지 생각해보자. 때에 따라 다를 수 있지만 무엇이 가장 중요한가? 안전함, 편안함, 행복, 활력 충전, 평온, 회복, 열중, 사랑, 만족, 휴식, 생산성, 위로, 변화, 영감, 성장, 안심, 평화?

당신에게 가장 중요한 것을 선택하라. 그것이 집의 분위기와 맞기를 바란다. 아니라면 뭘 바꿔야 할지 생각하라.

도시든 시골이든 교외든 당신은 지금 사는 곳에서 원하는 삶을 누리고 있는가?

생활비, 직장과의 거리, 가족, 친구, 생활 방식이 기본적인 기준이 된다. 그리고 선택의 여지는 도시, 시골, 교외 세 가지다. 도시는 다양한 문화생활을 즐기기 쉽고 사람이 많다는 장점이 있지만 이웃이나 지역사회와의 교류가 단절될 수 있다. 시골의 경우는 주민들끼리 사이가 돈독하고 서로의 뒤를 봐주는 온정이 있지만 당신은 여기서도 고립될 수 있으며 새로운 사람을 만날 기회도 적다. 무엇보다 사생활 보장이 안 된다. 도시 근교는 혼자 사는 대부분의 싱글에게 행복한 가족들만 포진한 삭막한 적진이 될 수도 있다. 하지만 모두 장단점이 있고 자기한테 무엇이 실현 가능하고 잘 맞는지는 본인이 잘 안다. 정해진 것은 없다. 이사는 언제든 갈 수 있으니까.

집 크기도 마찬가지다. 우리에겐 모두 경제적 제약이 있다. 집의 크기가 당신의 생활에 맞는가? 손님이 자주 찾아오지 않는다면 정찬 식탁이나 식당을 위한 공간이 따로 필요할까? 당신이 집에서 일한다면 침실이나 (나처럼) 주방에서 일하는 게 즐거운가? 아니면 글을 쓰거나 창작할 별도의 공간이 필요한가? (내 친구 중 한 명은 작업실로 쓸 만한 주차장이 있는 집을 빌렸다.) 나는 이혼을 하거나 남편과 사별한 후 집을 줄여 이사한 친구를 많이 보았는데 다들 개의치 않았다. 이것은 욕실에 세탁기와 건조기까지 들어가고 살림살이를 뒤엎지 않으려고 까치발 신공으로 돌아다니는 한이 있더라도 자신을 새롭게 표현할 수 있는 기회가 더 소중하다는 뜻이다. 한 친구는 자신만의 공간을 갖게 된 감회를 '신선한 공기 가득한 온전한 집'이라고 표현했다. 또 다른 친구는 그냥 그러고 싶어서 모든 층을 하얗게 칠했다.

요점은, 우리는 대부분 자기가 살 곳을 결정할 수 있다는 것이다. 그러니 어디든 살고 싶은 데로 가서 본인에게 맞는 적당한 크기의 집을 고르자. 이사를 두려워하지 말자. 물론 가슴 떨리는 결단이지만 많은 여성이 이를 통해 새 인생을 시작하는 데 필요한 바로 그 힘을 얻었다.

내 집을 소개합니다!

꼭 사는 곳을 옮기는 것만이 침체를 타파하는 방법은 아니다. 단순히 지금 살고 있는 집에서 뭔가를 바꿔도 같은 효과를 기대할 수 있다.

새로운 시선으로 집을 둘러보자. 뭐가 보이는가? TV쇼나 유튜브 동영상으로 자기 집을 소개한다고 가정해보자. 휴대전화를 켜고 본인이 진행하는 짧은 동영상을 찍어보자. 예를 들어 '여기는 주방이에요. 구조가 참 편리하죠. 여기서는 이메일을 쓰고, 이건 책 읽는 의자, 저의 아늑한 침실……' 하는 식이다. 어디가 가장 좋았고, 어디가 괜찮았고, 어디를 대충 둘러댔는가? 정리를 미루고 있던 어지러운 선반? 다시 칠하려고 했던 벗겨진 페인트? 바꾸고 싶었던 흉측한 의자? 불룩한 옷장? 사방에 흩어진 서류인가?

그대의 집은 그대의 커다란 몸이다.
햇빛을 받고 자라며 밤의 고요 속에 잠든다. 그리고 꿈을 꾼다.
_칼릴 지브란

자기가 꾸미고 싶은 공간을 상상하고 그것을 지금 살고 있는 공간과 중첩시켜보자. 전후의 차이를 느껴본다. 약간의 변화가 될 수도 있고, 아니면 조금은 수고로운 작업이 필요할지도 모른다. 인테리어 전문가나 전체 리모델링이 필요한 일은 아니다. 작은 변화가 큰 효과를 불러올 수 있다. 변화는 에너지를 준다. 하지만 그것은 당신의 반영이어야 한다. TV 리모델링 리얼리티 쇼에서 보여주는 진부하고 판에 박은 결과물이어서는 곤란하다.

공간을 어떻게 활용할 것인가

집을 내게 맞춰 살아야지 나를 집에 맞춰서는 안 된다. 당신은 집을 어떻게 활용하는가? 물론 집은 당신의 안식처이지만 동시에 친구들이 찾아오고, 경우에 따라 일을 하는 곳이다. 당신에게 꼭 들어맞는 집인지 자신의 또 다른 생활을 가늠해봐야 한다.

예를 들어 내 친구 중 한 명은 스트레스가 많은 일을 하면서 순전히 집에서만 재충전의 시간을 갖고 있었다. 결국 그 친구는 과감하게 침실 하나를 환상적인 발리 스타일의 욕실로 둔갑시켰다. 그 때문에 집값이 떨어졌을지는 모르지만 그 친구의 영혼은 확실하게 위안을 얻었다. 집에서 일하는 또 다른 친구는 책상을 자연광이 더 비치는 쪽으로 옮기고 의자와 서가, 책상 조명등만 바꿨는데 그 효과는 굉장했다. 만약 당신이 요리하는 걸 좋아한다면 주방 공간을 어떻게 효율적으로 바꾸고 싶은가?

다행히 지금 살고 있는 집이 마음에 쏙 들고 크리스티앙 루부탱(프랑스의 디자이너 - 옮긴이)의 맞춤 신발처럼 편안하다면 다음 몇 단락은 띄엄띄엄 건너가도 좋다. 그렇지 않다면 계속 읽어나가자.

집 안의 '희망로'를 찾아라

집 안의 '희망로desire path'를 찾아서 자기 생활에 맞게 집을 재구성하자. '희망로'를 도시계획 용어로 풀면, 에둘러 가는 인도를 피해 보행자들이 상식적으로 만든 지름길을 말한다. 주변에서 잔디밭에 난 길들을 가끔 보았을 것이다. 다음은 위키피디아에 나와 있는 멋진 표현이다.

'핀란드의 도시계획 설계사들은 공원을 조성하고 첫눈이 내리면 즉시 현장을 답사한다. 애초에 설계된 길은 보이지 않으니 사람들은 자연스럽게 희망로를 걸어 선명한 발자국을 남긴다. 설계사들은 이를 바탕으로 새롭고 특별한 길을 다시 구상한다.'

집 안의 '희망로'에 대해 생각해보자. 모든 것을 손닿기 쉽게 하고 생활이 편해지려면 뭘 옮기고 바꿔야 할까? 오른손잡이라면 욕실 세면대 오른쪽에 아침에 꼭 써야 하는 용품을 배치하자. 자주 찾는 레시피는 별도의 폴더에 보관한다. 커틀러리 서랍을 정리하여 좋아하는 나이프와 포크, 스푼을 별도의 칸에 보관한다. 충전 케이블을 잘 풀어 정리한다. 독서용 의자에 발판이나 덮개, 더 나은 조명이 필요하다면 찾아보자.

집 꾸미기

집 안 장식을 바꾸고 싶지 않더라도 영감의 원천을 찾아볼 필요가 있다. 작은 아이디어 몇 개라도 상관없다. 본능에 따르거나 자신이 원하는 스타일을 정한다. 무엇을 원하는가? 편안함, 기능성, 스타일리시, 미니멀리스트, 절충식, 빈티지, 아름다움, 색다름, 기발함, 아늑함, 영감, 독특함, 개성, 소박함, 단순함, 전통, 우아함, 창의성, 온화함, 분위기…… 본인의 취향을 따르자.

그리고 인터넷을 뒤진다. 홈 데코 사이트에서 검색 기능을 이용해 범위를 좁히고 핀 보드를 만들어간다. 조만간 당신과 취향이 비슷한 누군가가 게시물을 올릴 것이고, 어느 순간 아이디어가 넘치고 영감이 가득한 보드를 갖게 된다. 아니면 인테리어 잡지 한 권을 사서, 상상력을 발휘해 사소한 아이디어 몇 개를 빌린다. 트로피를 꽃병으로 쓴다거나 책꽂이의 책에 기대는 액자 같은 것들이다.

어떤 색깔을 선택할까?

혼자 사는 사람은 여러 방면에서 자신의 창의력을 탐구할 기회가 주어진다. 벽 색깔을 고르는 것도 그중 하나다. 방마다 다른 색을 칠하라고 권하지는 않는다. 나의 방은 거의 대부분 흰색이다. 하지만 약간의 색채가 큰 변화를 만들어낸다. 어디서부터 시작해야 할지 막막하겠지만 당신은 이미 알고 있다.

- 자신의 SNS 보드를 살펴보자. 특정한 색상이 반복해서 등장하는가?
- 소규모 페인트 회사의 전문가들이 만든 색상 견본을 구입한다. 색상의 폭이 좁을수록 결정을 내리기가 훨씬 쉽다.
- 누구에게나 본능적으로 끌리는 색이 있다. 집 안을 둘러보고 옷, 꽃병, 그릇, 그림, 쿠션 등 자기가 좋아하는 물건의 색깔을 확인한다.

아! 집에서 누리는 휴식보다 좋은 건 없다.

_제인 오스틴, 『에마』

- 완벽한 색상 조합을 위해서는 자연을 참고한다. 새와 나비, 물고기 관련 책들은 놀랍도록 완벽한 배색을 보여준다. 큰유황앵무의 깨끗한 흰색 위에 빛나는 노랑, 멧비둘기의 분홍과 검정과 흰색, 청색꽃게의 색조를 보라.
- 산책하며 주변의 사물을 주의 깊게 관찰한다. 철문의 녹, 낡은 문의 닳은 나무, 오래된 가게 간판의 색깔, 물웅덩이에 뜬 기름 등의 사진을 찍어둔다.

어느 정도 지나면 자기가 어떤 색상이나 배색에 끌리는지 알게 된다. 나는 흰색과 연한 청색이다. 침실 천장에 칠했더니 아침에 눈을 뜰 때마다 기분이 좋아진다.

나의 스크랩북에서 발췌한 아이디어들

- 이미 갖고 있는 것들을 신중하게 살펴보고 다른 그룹과 조합하여 재배치하는 방법을 생각한다. 인수보다는 합병이다.
- 침대 옆 테이블에 꽃을 놓아두자. 물을 담을 수 있으면 뭐든 꽃병이 될 수 있다. 예쁜 깡통, 받침잔, 오래된 우유병 같은 것도 좋다.
- 야외 정원 조형물을 집 안에 들이자. 원예용품점에서 자주 대박 세일을 하고 있다. (녹청 입히는 법은 인터넷 검색으로 찾아보자.)
- 꽃병, 모자, 바구니, 옛날 보드게임의 보드 등 다양한 소품을 수집한다.
- 벽에 글씨를 쓴다. 좋아하는 글귀를 출력한 다음 벽에 대고 베껴

왕이든 농부든 집 안에서 평화를 찾은 이가 가장 행복하다.

_괴테

서 칠하면 멋지고 독특하다.

- 한쪽 벽면에 벽지를 바른다. 요즘 나오는 벽지들은 정말 예쁘다. 인터넷에서 취향에 맞는 걸 찾아보자. 예를 들어 '새가 있는 벽지' 등으로 검색해서 범위를 좁힌다.
- 발품을 팔아 가까운 벼룩시장에서 살짝 녹청이 끼고 사연이 있는 듯한 물건을 찾아본다.
- 친구들이 찾아왔을 때는 테이블에 꽃 대신 과일과 채소를 그릇에 담아 내놓는다.
- 방마다 당신을 웃게 만드는 뭔가를 숨겨놓자. 옛날부터 아끼던 곰 인형을 옷 사이에 숨긴다. 친구와 찍은 사진을 찬장 문에 끼워둔다. 커튼 뒤 벽에 수채화로 조그만 나비를 그려 넣는다. 옷장 문에 좋아하는 엽서를 붙인다. 옷 서랍에 예쁜 종이를 깔아둔다. 소재는 무궁무진하다.
- 흥미로운 화분에 꽃과 식물을 심는다. (나는 이케아에서 만든 모조품을 밖에 놓아두었는데 꽤 볼 만하다.)
- 여행 사진을 액자에 넣거나 티켓, 지도, 기념품과 함께 콜라주로 만든다.
- 당신을 사랑하는 사람들의 사진으로 주변을 둘러싼다.
- 자신의 이름과 주소가 인쇄된 편지지나 카드를 주문한다(멋진 선물이 되기도 한다).

보기만 해도 기분 좋아지는 것들을 가까이에!

어떤 공간을 최우선순위에 두고 싶은가? 한 번에 하나씩 처리하자. 한꺼번에 여기저기 손대는 것보다 완성된 공간 하나가 훨씬 더 만족스럽다. (이 경우에는 멀티태스킹이 안 통한다.)

- 현관
- 침실
- 거실
- 주방
- 욕실

당신을 환영합니다!

집은 주인을 반겨야 한다는 오프라 윈프리의 말은 그대로 핵심을 짚었다. 집에 혼자 돌아오는 경우가 많으므로 현관에 들어서면 환영받는 느낌이 들도록 신경 써보자.

조명, 쇠고리, 문고리, 초인종, 매트는 마음에 드는가? 나는 튀니지의 한 고물상에서 공을 쥔 손 모양의 골동품 쇠고리를 샀는데 정말 예쁘고 아끼는 물건이다. '환영합니다'라고 쓴 금속 사인이나 매트를 준비하고 문 옆에 화분을 하나 두는 건 어떨까? 작은 변화이지만 이런 것들이 모여 집의 분위기를 만든다. 문 색깔에 대해 생각해보자. 문을 칠할 수 있다면(세 든 집이나 아파트 단지가 아니라면) 꼭 본인이 좋아하는 색으로 칠하자. 집 사진에 다양한 색을 입혀볼 수 있는 앱이나 디지털 프로그램이 많다. 나는 딸아이의 선택에 따라 소방차처럼 빨간색으로 문을 칠했는데 볼 때마다 기분이 좋아진다. 그리고 문 옆에 작은 나무 화분을 놓아두었다.

집은 삶의 기쁨 상자가 되어야 한다.

_르 코르뷔지에(프랑스의 건축가 - 옮긴이)

현관 입구에 타이머 스위치 전등을 설치하면 늘 환한 집으로 들어올 수 있다. 당신을 맞아주는 친구와 가족의 사진을 걸고 슬림 테이블이나 선반에 열쇠와 우편물, 꽃 화분을 놓는다. 집에 들어올 때는 마음이 밝아져야 한다.

「메리에겐 뭔가 특별한 것이 있다」 같은 상황을 피하려면 거울을 하나 걸어두고 외출하기 전에 꼼꼼히 점검한다. 치아 사이에 시금치가 끼었는지, 턱에 요구르트가 묻었는지 확인하자.

호텔처럼, 그리고 포근하게

당신의 사적인 베이스캠프이자 사령탑이며 혼자 조용히 쉴 수 있는 또 다른 구역이다. 침실은 집 안에서 가장 개인적인 공간이며 기운을 재충전하는 곳이다. 침대부터 시작하자. 네 자리, 내 자리가 따로 없이 온전히 당신 것이다. 이건 축복이다. 셰익스피어가 부인에게 '두 번째로 좋은 자기 침대'를 물려준 일화는 아주 유명하다. 쯧쯧. 자기 능력 안에서 가장 좋은 침대를 사라. 내 친구 중 한 명은 최근 그토록 원하던 사주식 침대(네 모서리에 기둥이 있고 덮개가 달린 대형 침대 – 옮긴이)를 구입했다. 침대는 소파처럼 투자할 가치가 있으며 결코 후회하지 않는다. 나는 내 침대를 오아시스라고 생각한다. 크고, 부드럽고, 하얗고, 깨끗하고, 솜털 같은 도피의 섬이다. 맞다, '도피'다. 어느 날 밤에 난 그냥 통나무처럼 침대 위로 쓰러진다.

시트와 이불, 이불 커버, 베갯잇, 담요, 모포에도 같은 투자 원리가 적용된다. 인터넷에서 마음에 드는 물건을 찾아보고 세일 시기를

집은 천국을 보여준다. 집은 초심자들의 천국이다.

_찰스 헨리 파크허스트(미국의 성직자이자 사회개혁가 – 옮긴이)

기다린다. 나는 흰색 리넨 제품밖에 없는데 딱 내 취향이다. 호텔 럭셔리 제품을 원한다면 자신의 매트리스와 어울리는 매트리스 토퍼(매트리스 패드나 깃털 침대)를 고려해보자. 여름이면 나는 여기저기 덧댄 오래되고 부드러운 리넨 시트를 덮고 잔다. 어머니가 쓰던 것이다. 그 위로는 면으로 뜬 담요를 덮는다. 생각나면 빨랫줄에 걸렸을 때 향기로운 시트러스 리넨 스프레이를 뿌려준다. 겨울에는 전기담요로 침대를 데우고 그 위에 덮은 매끄럽고 두툼한 몇 장의 모포 속으로 파고든다. 엎드린 곰 인형 밑에서 자는 것 같다.

백만장자 같은 베개를 쓰자. 인생의 3분의 1 동안 얼굴을 비빌 물건이라면 자기 마음에 들어야 한다. 최고의 베개에 투자하라. 엄청난 보상에 비해 상대적으로 지출이 적은 편이다. 침구를 판매할 만한 호텔 웹사이트를 확인한다. 이론적으로 모로 누워 자는 사람은 딱딱한 베개가 좋고, 똑바로 누워 자면 중간 정도, 엎드려 자면 부드러운 베개를 선택해야 한다. 여기저기 알아보고 원하는 것을 선택하자. 꼭 자기 마음에 드는 것을 찾아라.

아침에 침대에서 내려와 바닥에 처음 발이 닿는 순간 그날의 형용사를 지정하는 것도 좋은 아이디어다('침착한', '생산적인', '기운찬' 등등). 약간의 사치를 더하고 싶다면 침대 옆에 겨울에는 발이 따뜻하고 여름에는 시원한 작은 깔개를 놓아보자. 고급 호텔에서도 이렇게 한다. 리츠칼튼 호텔에 좋다면 내게도 좋다.

반려동물과 침대에서 같이 자는 사람들도 있지만 나는 그러지 않는다. 내가 기르는 개 로리는 침대 발치 바닥에서 잔다. 침대나 소파에 올라오는 건 용납되지 않는다. 어디까지나 내 공간이다. (하지만 녀석은 가끔 내가 집에 없을 때면 몰래 침대에 올라가 나름 기쁨을 주체 못해 온몸을 뒤튼다는 걸 잘 알고 있다. 진흙투성이 발자국이 그 증거다.) 개들은 코를 골고 방귀도 뀐다. 나만 몰랐던 사실인가? 다 끝났다고 생각했는데 전남편의 코골이가 로리의 우렁찬 천둥소리로 바뀌었다.

외출 전 마지막 점검을 위해 침실에 전신 거울을 비치하자. 버스 기사에게 드레스가 속바지에 끼었다거나 셔츠 단추가 잘못 채워졌다는 말을 듣는 것보다 나은 선택이다. 어두운 데서 옷을 뒤집어 입거나 신발을 검은색과 파란색 짝짝이로 신고 나갔던 적이 언제인지 아득하다.

다시 인터넷에서 침실을 좀 더 특별하게 만드는 아이디어를 찾아보자. 침대 옆 테이블에 잡동사니는 놓아두지 않는다. 하지만 멋진 독서등, 물병, 책, 휴지, 양초, 공책과 펜, 일기장, 액자, 꽃, 손전등 등 뭐든 자기가 좋아하고 필요한 것들을 둘 수 있을 만큼 커야 한다. 나는 시계 두 개를 침대 양옆 테이블에 하나씩 놓아두었다. 덕분에 한밤중에 시계를 보려고 몸을 뒤척이지 않아도 된다. '희망로'를 실행한 좋은 예다. 또 친구가 준 조그만 도자기 천사 인형이 있고 침대 머리판으로 쓰는 고풍스러운 프랑스식 덧문은 전지식 구리선 꼬마 전구 스트링으로 장식했다.

밤에 마지막으로 보는 것과 아침에 처음으로 보는 것은 삶을 긍정하는 이미지여야 한다. 나는 침실 벽 한쪽에 핀 보드를 덧대어 계속해서 바뀌는 비전 보드vision board(이루고 싶은 꿈, 갖고 싶은 것들의 이미지를 모아 놓은 판 - 옮긴이)로 만들었다. 침대 옆으로는 좁은 선반을 설치해 가족과

작은 사업체를 운영하는 것처럼 가정을 꾸리고 그만큼 진지하게 임하라.

_앤시아 터너(영국의 방송인 - 옮긴이)

친구, 좋아하는 곳의 사진 액자를 가득 올렸다. 칠흑같이 어둡고 걱정으로 잠 못 이루는 밤에 그들의 눈길을 느끼면 마음이 푸근해진다.

밤에 작은 의식을 치러도 좋다. 베개에 향수를 뿌려보자. 내가 가장 좋아하는 세 가지는 조 멀론 라임 바질 앤 만다린 콜로뉴Jo Malone's Lime, Basil and Mandarin Cologne, 오 드 로샤스Eau de Rochas, 아닉 구탈의 오 드 아드리앙Eau d'Hadrien이다. 음악을 듣고, 촛불을 켜고, 책 몇 쪽을 읽고, 오늘 하루를 반추한다.

내 침실은 전망이 그리 좋지 않다. 맞은편에 테라스 하우스가 줄지어 서 있다. 하지만 가끔은 하늘이 곱게 물들거나 앵무새 손님이 찾아오기도 한다. 같은 경치를 하루 중 다른 시간에, 다른 계절에 사진으로 담아두는 것이 즐겁다. 나만이 즐길 수 있는 경치다.

마음 끌리는 것들로 채운다

마음에 드는 소파에 투자하라. 아주 중요한 가구이니 타협할 생각은 하지 말자. 다양한 쿠션을 놓아본다. 재봉틀을 잘 다루면 본인이 좋아하는 천으로 몇 개 더 만들어보자. 또는 자기 이름이나 의미 있는 글귀를 수놓는다. (손으로 써서 밧줄무늬뜨기를 한다. 유튜브 검색 요망.) 나는 매끄럽고 부드러운 덮개를 깔고 몸을 감싼다(여름에는 가벼운 면 덮개를 쓴다). 또 좋은 독서등 덕분에 언제든 아늑하게 책을 읽을 수 있다. 장식품과 그림은 자기 마음에 드는 것만 둔다. 직접 손으로 만든 물건을 구해보자. 그냥 간단한 그릇이나 집에서 가장 가까운 미술대 학생이 그린 스케치도 좋다(마지막 전시회에 가면 싸게 구매할 수 있다). 당신과 당신의 집에 독특함을 더할 것이다.

당신에겐 본능적인 수준에서 마음에 드는 물건으로 주변을 채울 수 있는 기회가 생겼다. '보디 토크Body Talk'(과학, 요가, 한의학, 서양 의학 등을 조합한 심신 전인 요법 - 옮긴이) 치료를 받아본 사람은 알겠지만 우리의 몸은 무의식적으로 특정한 반응을 보인다. 뭔가에 이끌리고 뭔가를 회피한다. 끌리는 것들로 주변을 채우자. 예를 들어 내 친구 중 한 명은 작은 기쁨을 기반으로 하는 일본의 장식철학 '와비사비侘寂'에 끌렸다. 이 정신은 손으로 빚어낸 불완전함을 존중한다. 에도시대의 시인 마쓰오 바쇼松尾芭蕉가 '단순함과 고요함의 아취'를 설명하기 위해 와비(외로움)와 사비(녹)를 결합한 것이다. 집 안 구석구석에 놓인 물건을 하나하나 살펴보고 가늠하자.

그리고 (이건 끝까지 읽어주기 바란다.) TV는 아예 버리는 쪽으로 생각해보자. 물론 TV를 '친구'로 생각하고 적막감을 메워주는 배경음으로 그 소리를 좋아하는 사람들도 있다. 이해는 하지만 TV는 지독한 시간 도둑이 될 수도 있다. 게다가 요즘처럼 노트북으로 넷플릭스와 각종 동영상을 감상하는 시대에 TV는 점점 쓸모없는 물건이 되어가고 있다. 트라피스트 수녀가 되어서 기계문명을 멀리하라는 말이 아니다. 노트북이 있으면 소파에서 자유로워진다. 침대에서도, 요리를 하면서도 볼 수 있다. 그런 이유로 나는 라디오의 광팬이기도 하다. 인터넷 덕분에 이제 우리는 세계 어디서나 라디오 방송과 팟캐스트를 들을 수 있다.

음악도 집 안에서 중요한 역할을 할 수 있다. 품질 좋은 포터블 블루투스 스피커를 하나 장만해두면 이 방 저 방 옮겨 다니며 들을 수 있다. 본인의 감성을 흔드는 새로운 음악을 계속 찾는 건 더욱 좋다. 친구들에게 묻고 인터넷을 뒤져 다양한 기분에 맞는 재생 목록을 만든다. CD는 모두 컴퓨터로 백업해둔다. 그리고 단순히 음악에만 한정되지 말 것. 내가 좋아하는 트랙에는 빗소리와 한국 승려들의 염불 소리도 있다. 일단 준비되었으면 같은 곡을 귀에서 피가 날 때까지 들어도 좋다. 불평할 사람은 아무도 없다.

그릇 하나도 에지 있게!

주방에서 일어나는 일은 본인의 자존감과 직접적으로 연관되어 있지만 자칫 잘못되기도 쉽다. 어차피 아무도 모를 것 아닌가? 더러운 접시를 쌓아놓고, 바닥에 흘린 것도 안 닦고, 포장 음식을 용기째 스푼포크로 서서 먹고, 냉장고 청소도 안 하고, 쓰레기도 잘 안 버린다? 뭔가 익숙한 상황인가? 욕실과 함께 이 공간도 티끌 하나 없이 수술실만큼 청결해야 한다. 우리는 모두 한계선이라는 게 있다. 이 선을 넘으면 너무 멀리 간 것이다. 나에게 그것은 설거지를 미루는 것이다. 설거지를 안 하면 집 안 전체가 파티를 끝낸 여학생 클럽 회관이나 수집광의 천국처럼 보인다.

앞에서도 말했지만 나는 의식을 치르듯 혼자서 저녁 먹는 순간을 고대한다. 조그만 사각형 식탁에서도 작업을 하기 때문에 식탁보(또는 고운 빈티지 리넨 티 타월)를 덮는 것으로 일과를 마무리한다. 촛불을 켜고, 테이블을 세팅하고, 마지막으로 은고리에 냅킨을 끼워놓는다. 작은 수고이지만 보상은 크다. 식탁보는 내가 직접 만들었다. 하나는 낡은 티 타월 몇 장을 꿰매 붙였고, 다른 하나는 눈에 띄는 천을 길이 방향으로 감침질한 것이다. 바구니에 개어놓으면 편하게 꺼내 쓸 수 있다.

음식과 불이 없는 집은 몸과 마음의 보금자리가 아니다.

_벤저민 프랭클린

운 좋게 멋진 도자기와 커틀러리를 갖고 있다면 매일 사용하자. 아니면 자신을 위해 한 세트 구입한다. 지난 몇 년간 나는 특이한 식기를 꽤 많이 손에 넣었다. 물고기와 문어가 아름답게 장식된 그릇부터 무지Muji에서 나온 칸칸 도시락 용기, 머드Mud의 아름다운 가지색 국수 그릇, 상추 잎 모양의 샐러드 접시까지 종류도 다양하다. 차이나타운과 일본 상점에서 청화백자 접시와 그릇도 많이 구입했다. 팔콘Falcon의 청화법랑도 있다. 또 미니 나무 도마에는 제이미 올리버식으로 음식을 털썩 내려놓을 수도 있다. 모두 사랑스러운 물건들이다. 유리 제품도 마찬가지다. 나는 자선 행사나 고물상, 골동품상에서 하나씩 사 모은다. '고아들'이라 비싸지도 않다. 혼자를 위한 쇼핑에서 이득 보는 경우는 이때가 유일한 것 같다.

말 그대로 잠깐 한 걸음 뒤로 물러나보자. 지금 주방의 모습이 만족스러운가? 여기저기 기름이 튀어 값나가는 건 없지만 단순히 주방이라는 이유로 그림이나 좋아하는 얼굴과 장소의 사진을 걸지 말라는 법은 없다. 나처럼 주방에서 많은 시간을 보낸다면 그에 맞게 외관과 느낌에 대해 고민해보는 것도 가치가 있다. 친구들이 집에 찾아오면 내가 요리할 때 모두 주방의 바 스툴에 앉아 얘기를 나누거나 작은 식탁에서 음식을 먹는다. 각종 티켓과 사진, 카드, 편지, 이베이에서 산 빈티지 가격표, 차이나타운에서 구한 종이부채와 종이용이 가득한 커다란 핀 보드들은 멋진 대화의 실마리가 된다. 또 휴가 때 아이들과 찍은 사진을 콜라주로 액자에 넣어두었다. 이렇게 간직된 추억은 그 앞을 지나칠 때마다 나를 미소 짓게 한다. 사진은

집은 생의 출발점이다.

_T. S. 엘리엇

메모리 카드 저장용이 아니라 인쇄물로 출력하거나 각종 디바이스의 바탕화면으로 깔았을 때 생명을 얻는다.

나를 돌보는 특별한 공간

'아름다운 욕실'이라는 단어에 동공이 확장되지 않는 여성은 거의 없을 것이다. 보통 호텔 객실이나 리모델링한 집에서 가장 먼저 확인하는 곳이기도 하다. 부동산을 알아보러 다닐 때는 말할 것도 없다. 털 뽑고 양치하고 짜내고 찌르고 쑤시는 것은 물론 씻고 쉬고 담그고 재조정하는 아름다운 개인 공간을 갖는다는 것은 무척 중요하다.

혼자 사는 사람의 욕실에서 가장 중요한 세 가지 요소는 좋은 조명과 확대거울, 그리고 욕조다.

조명과 확대거울은 함께 간다. 마스카라가 판다 눈이 되었다거나, 눈썹에 원예용 재단기가 필요하다거나, 또는 심지어 상태가 안 좋아 보인다고 말해줄 사람은 아무도 없다. 자기가 찾아내어 고쳐야 하고, 그러자면 제대로 된 조명과 거울이 있어야 한다. 나는 적외선 램프 두 개를 포함해 여분의 조명을 설치했다. 또 스토리지 숍에서 확장 팔 하나가 달린 원형 확대거울을 샀는데 불과 15달러였다. 내 인생에서 제일 잘 쓴 15달러일 것이다. 아니면 조명이 내장된 확대거울을 구입해도 좋다. 일단 이 귀염둥이를 집 안에 들이면 다시는 그전 생활로 돌아갈 수 없다.

욕조야, 욕조야, 욕조야, 내가 널 사랑하는 방법을 세어보자. 내가 영국에서 자랄 때는 샤워를 하는 사람이 거의 없었고 매우 이국적인 것으로 간주되었다. 그래서 내게는 욕조가 더 편하다. 사실 욕조는 내가 집을 빌리거나 살 때 반드시 손꼽는 조건이다. 욕조가 없으면 계약을 하지 않는다. 물론 아침에는 샤워를 해야겠지만 나의 경우에는 거의 매일 저녁 목욕을 한다. 그것은 몸을 씻는 행위라기보다 소생 의식에 가깝다. 약간은 쑥스러운 사실이지만 나는 SNS 보드에 아름다운 욕조 이미지를 모으고 내 평행우주의 삶에서 환상을 부풀린다. 그곳에서 돈은 문제가 되지 않는다. 나는 세계를 두루 여행하며 최고의 호텔 욕조들을 경험할 것이다. 물론 전망도 기가 막히다. 아그라의 오베로이 호텔 욕조에서 보는 타지마할, 두바이의 아틀란티스 호텔 욕조에서 보는 수족관은 상상만으로도 황홀하다. 얘기가 또 산으로 가고 있다. 물론 욕조는 필수가 아니다. 하지만 양초와 꽃, 샴페인, 쓴 다크 초콜릿도 마찬가지다. 그런데 생각해보면 잘 어울리는 조합 아닌가?

혼자 사는 사람에게 욕실은 자기 돌봄의 중심이자 스파, 향응, 도락으로서 중요한 역할을 수행한다. 어떻게 하면 기존의 공간을 보다 매력적으로 만들 수 있을까? 나는 그냥 SNS에서 '스파 욕실'을 검색했는데 '호텔 같은 욕실 만들기'부터 '욕실을 스파로 변신시키기'까지 훌륭한 아이디어가 굉장히 많았다.

조금만 신경 써도 놀라운 차이를 만들 수 있다. 양초(머리에서 멀리 둘 것!)나 전기 양초, 거품 목욕제, 고급 욕실 매트, 욕조 베개, 머리띠, 예쁜 가운(나는 언젠가 갔던 스파에서 구입했다), 주전부리 바구니, 목욕 솔, 천연 바다수세미, 편안한 배경음악, 욕조에서 먹을 만한 작은 초콜릿 바, 그리고 등긁이도 하나 필요하다. 나는 마른 수건을 쓰기 위해 매

물건이 아니라 순간을 수집하라.
_작자 미상

번 최소 두 장의 수건을 준비한다. 거기에 흰 수건 몇 장을 개서 포개 놓는다(가장 간단하게 고급 호텔 분위기를 내는 방법이다). 그리고 흰 수건에 메이크업을 묻히지 않으려면 검은색 목욕 수건도 필요하다. 하지만 무엇보다도 욕실의 모습과 기운을 크게 변화시키는 소품은 아담하고 싱싱한 꽃다발이다. 아니면 단 한 송이라도 좋으니 시도해보기 바란다.

욕실 수납장에는 무슨 약품이 들어 있는가? 당신의 구급 요원은 당신 자신이므로 필요한 것은 모두 수납장에 구비해두어야 한다. 1회용 밴드, 두통약, 기침약, 감기약, 목캔디, 붕대, 체온계, 항히스타민제, 소독 크림, 모기 물린 데 바르는 연고, 박힌 가시 뺄 때 유용한 과산화수소, 선크림, 핀셋, 가위, 여분의 칫솔, 설사약, 변비약, 경구재수화염rehydration salt(설사 및 탈수 증상 환자에게 투여해 체내 수분을 재공급하는 전해질 제제 - 옮긴이), 면봉, 휴지 등을 상비한다. 주기적으로 유효기간을 확인하자. 약물 치료를 받고 있다면 관리에 도움이 될 만한 앱이 아주 많다.

마지막으로, 욕실에 갇히지 말자. 욕실 문고리와 잠금장치의 상태가 좋은지 반드시 확인한다. 실제로 문을 잠그지 않고 닫았더라도 부실한 잠금장치는 당신을 욕실에 가둘 수도 있다. 나는 큰 낭패를 보고서야 이 교훈을 배웠다.

행복은 삶에 뛰어들어야 오는 것이지 더 많이 취하고 가진다고 오는 것이 아니다. 이 말은 잘 알려진 다음 경구와도 일맥상통한다.

'너를 위해 울어줄 수 없는 것들을 위해 울지 마라.'

한 번에 조금씩 정리하라

나는 언젠가 집 안에서 잡동사니가 사라지리라는 망상을 키우고 있지만 그렇게 될 가능성은 낮아 보인다. 그럼에도 잡동사니를 지속적으로 관리하기 위해 최선을 다하고 있다. 내가 잡동사니를 통제하지 않으면 잡동사니가 나를 통제할 것이다. 내가 치우지 않으면 아무도 치워줄 사람이 없다.

깔끔한 공간에서는 모든 의미에서 숨을 쉴 수 있다는 의견에 기꺼이 동의한다. 잡동사니 처리 전문가 피터 월시가 명쾌하게 지적했다.

'정리 안 된 물건들은 실패의 원인이 될 수 있다. 그것들은 스트레스를 더하고 소중한 시간을 낭비시킨다. 정리정돈은 자신에게 더 많은 시간과 마음의 평화를 주는 행위다.'

맞는 말이다. 하지만 지금 이 순간에도 곁눈질로 보면 종이와 책이 마치 트리피드triffid(머리 셋 달린 소설 속의 거대 식물 괴수 - 옮긴이)처럼 모든 평면 위에서 꿈틀거리고 있다. 때로는 그것들을 몽땅 쓰레기통에 집어넣고 무슨 반향이 생기는지 보고 싶어진다.

내 친구 중 한 명은 영국에서 오스트레일리아로 이주할 때 마음 한구석에서 자기 짐을 실은 컨테이너가 배에서 떨어지기를 바랐다고 한다. 짐을 줄여 다시 시작해보고 싶다는 뜻이었다. 충분히 이해가 된다.

그렇다면 어떤 동기부여가 필요할까? 나는 뭔가가 집에 들어오

집은 이름이자 말이고 강한 존재다.
최강의 주술을 건 마법사나 그에 응답한 정령보다 강하다.
_찰스 디킨스, 『마틴 처즐위트』

면 뭔가를 내보낸다는 규칙을 지키려고 노력한다. 새로운 물건은 당신의 삶에 자리할 자격을 얻어야 한다. 예술가이자 직물디자이너인 윌리엄 모리스는 '쓸모 있거나 아름답다고 생각되지 않는 것들은 집에 두지 마라'고 말했다.

내가 볼 때 잡동사니를 격퇴하는 가장 좋은 방법은 한 번에 조금씩 처리하는 것이다. 예를 들어 폐지 세 묶음, 선반 두세 단, 매일 30분씩 같은 식이다. 나는 영화 「대탈주」의 한 인물이 된 듯 야금야금 흙(잡동사니)을 파내 굴을 뚫는다. 그리고 한 달에 한 번 모아놓은 짐을 자선 중고판매점으로 가져간다.

혼자 사는 인생은 자유를 주지만 어느 정도의 자기 관리도 요구한다. 욕실 바닥에 방치된 젖은 수건은 한 마리 민달팽이처럼 사랑받지도 못하고 움직이지도 않고 언제까지나 그 자리에 있을 것이다. 집 안을 깔끔하게 유지하는 최선의 방법은 친구나 부동산 중개인이 곧 찾아온다고 가정하는 것이다. 누가 되었건 손님을 맞으려면 서둘러 손을 써야 한다.

청소도 마찬가지다. 나는 1주일에 하루 시간을 내어 진공청소기를 돌리고 찌든 때를 닦아내어 손님 맞을 준비를 해둔다. 그리고 틈틈이 욕실과 주방 바닥을 대걸레질하고 변기를 청소한다. 깨끗한 창문도 분위기를 크게 바꿔놓는다. 또 1년에 한 번 정도 카펫과 소파를 스팀 소독하고 집 안 전체에 살충제를 뿌린다. 그냥 '살충제'라고 했지만 사실 좀 더 구체적으로 말하면 바퀴벌레약이다. 시드니의 우리 동네 바퀴벌레들은 말안장을 얹어도 될 만큼 크다.

꼼꼼하게 체크하고 강화하라

집 안에서는 100퍼센트 안전하다고 느껴야 한다. '한밤중이나 내가 없을 때 누가 침입할 수 있을까?' 또는 '도둑이 들면 어쩌지?' 하는 질문은 애초에 성립되지 않는다. 보안에 확신이 없다면 열쇠 기사를 불러 현관문의 잠금장치를 업그레이드하자. 더불어 필요하다면 핍홀peephole(문에 설치하여 실내에서 방문자를 확인하는 광각렌즈 장비 - 옮긴이)과 도어체인, 창문 잠금장치, 방범 창살도 추가한다. 도난경보기를 구해 설치하고 사용하자.

나의 집 현관문에는 묵직하고 오래된 빗장이 달려 있는데 매일 밤 철컹하고 질러놓으면 그렇게 마음이 든든할 수가 없다. 집 주변 바깥에 알림판과 스티커를 붙여 도난경보기와 (키우고 있다면) 개가 있다는 사실을 알린다. 값비싼 귀금속이 있으면 잘 숨겨두자. 하지만 양말 서랍은 아니다. 통조림이나 책, 심지어 전기 콘센트로 위장한 소형 금고들이 나와 있으니 필요하면 구입하자. 쓸 만한 가정용 보안 앱들도 있다. 휴대전화로 집 안을 감시하고, 가정용 컴퓨터를 감시 장비로 둔갑시키고, 주인 부재 시 전등을 점멸시키는 등 다양한 기능을 자랑한다. 항상 업그레이드되고 있으니 자기한테 맞는 것을 찾아보자.

그 외에도 제안할 만한 보안 팁이 몇 가지 더 있다. 집 안에 여러 명이 사는 것처럼 남자 신발을 섞어 신발 몇 켤레를 보이는 곳에 둔다. 동작 감지 옥외등을 설치한다. 열쇠고리에는 절대 개인 신상 정보를 남기지 않는다. 예비 키는 아무한테나 주지 않는다. 자동차 정비나 세차를 맡길 때, 또는 열쇠를 복사할 때는 항상 따로 분리해서 건네준다. 이웃을 잘 사귀어두면 특히 집을 오래 비울 때 그들의 눈이 감시해줄 것이다. 공항에 간다면 절대 자기 집에서 택시를 부르면 안 된다. 근처의 다른 주소를 대고 거기서 기다린다.

작동하는 손전등, 양초와 성냥, 거기에 소방 담요, 소형 소화기를 주방에 꼭 비치한다. 화재경보기를 제대로 설치하고 서머타임 실시와 해제에 맞춰 주기적으로 점검한다. 양초는 사랑스러운 분위기를 연출하지만 아주 조심해야 한다. 밤에 혼자서 촛불을 켰다면 그대로 잠들지 않도록 알람을 맞춰두도록 한다. 더 좋은 건 전기 양초다. 점점 진짜와 똑같아지고 있다.

도움 받을 생각은 미뤄두어라

가끔은 나 자신이 인간 스위스 군용 칼이 된 듯한 느낌이 든다……. 바느질도 하지, 드릴도 쓰지, 싱크대도 뚫지, 망치질도 하지, 말발굽에서 돌도 빼지. 현실에서 혼자라는 건 기본적인 집 보수 관리 정도는 자기 힘으로 능숙하게 해내야 한다는 뜻이다. 모든 게 DIY가 되면 DIY의 의미는 완전히 달라진다. 집 관리를 소홀히 하면 보통 나중에 더 크고 비용이 많이 드는 골칫거리가 생기게 된다. '내가 집을 돌보면 집이 나를 돌본다'가 기본 원칙이다. 나는 전기 다루는 데 일가견이 있고 정전이 되어도 침착하게 대응한다. 뿐만 아니라 마당 청소기를 돌리고, 변기를 뚫고, 물이 새는 수도꼭지의 와셔를 갈고, 드릴로 구멍을 뚫어 그림을 걸고, 온수장치를 손보고, 레인지 후드와 에어컨의 필터를 청소하고, 냉장고 문의 고무 패킹을 교체하고, 배수로를 청소하고, 경보 장치를 재시동하고, 화재경보기 배터리를 교체하고, 욕실 타일 사이에 회반죽을 발라 칠하고, 바퀴벌레, 쌀나방, 심지어 쥐까지 잡고, 인터넷 문제를 해결하고, 샤워기 헤드의 물때를 벗긴다.

물론 나 혼자서는 할 수 없는 일도 있다. 무거운 그림 걸기, 커다란 사다리를 타야 하는 작업, 무거운 가구 옮기기(이동 바퀴 슬라이더 제품은 혼자서 옮길 수 있다) 같은 것들이다. 상식적으로 생각하고 지나치다 싶을 정도로 조심하자. 나는 주방에 비치한 공책에 필요한 작업 목록을 계속 작성하고 어느 정도 양이 차면 기술자를 반나절만 고용한다. 물론 지붕공사나 중요한 전기공사, 배관공사는 전문가를 부른다. 내 한계는 내가 잘 안다.

좋은 도구에 돈을 쓰는 것은 그만한 가치가 있다(주방 설비도 마찬가지다). 소위 여성용이라고 나온 무늬 손잡이가 달린 미니 공구 세트는 피하라. 무슨 생각으로 그런 걸 만들까? 당신에게는 큼지막하고 짱짱한 장도리와 줄자, 못, 나사, 그림 거는 고리, 순간접착제, 단단한 십자드라이버와 일자드라이버, 접착테이프, 마스킹테이프, 페인트붓, 송곳, 각종 배터리, 펜치, 스패너, 수준기, 작은 톱, 만능 칼, 하수관을 뚫는 압축기, 천 스테이플러가 필요할 것이다. 후유. 나는 모든 공구를 서랍 하나에 넣어둔다. 그리고 '전기용품 서랍'에는 콘센트 연장선, 전구, 타이머 스위치, 해외에서 쓰는 각종 플러그, 전선 등이 들어 있다.

제7장

01 집은 주인의 행복에 엄청난 영향을 미친다.

02 집의 에너지를 판별하고 새로운 시선으로 공간을 바라본다.

03 집 안의 '희망로'를 찾아라.

04 색깔을 두려워하지 마라.

05 집 안의 모든 공간을 하나씩 살펴보고 이 장에서 소개된 아이디어를 몇 가지 접목시키자. 인터넷과 잡지는 영감의 원천이다.

06 잡동사니, 정리정돈, 청소, 보안, DIY와 유지 관리 같은 현실적인 문제를 요령 있게 처리한다.

07 자기가 사는 공간이 마음에 들어야 한다.

제8장
혼자 있는 시간을 즐긴다

여행·크리스마스·식당·영화·혼자 있는 시간을 최대한 활용하라

혼자 살아서 무엇이든 하고 싶은 걸 못한다는 건 핑계가 되지 않는다. 그것들을 해냈을 때 오는 만족감은 오히려 더 달콤하다. 그것은 문을 열어젖히고 자신만의 모험을 떠나는 문제다. 솔로가 아닌 많은 친구들이 하나같이 보여주는 독선적이고 병적인 호기심은 소름이 끼칠 정도다. 그들은 내가 어떻게 혼자서 휴가를 가고, 콘서트에 가고, 미술관에 가고, 영화관에 가고, 심지어 식당에서 식사를 하는지 궁금해한다.

"난 절대 그렇게 못해."

그들은 이렇게 중얼거린다. 물론 그들도 할 수 있다. 이 경우 방구석의 거대한 코끼리, 즉 불편한 진실은 어색함, 창피함, 평가받음, 이상하고 외롭고 친구 없는 사람으로 낙인찍힘에 대한 두려움이거나 또는 그저 즐기지 못하는 것이다.

결론부터 말하자면, 아무도 신경 쓰지 않는다. 인류의 100퍼센

트가 100퍼센트 자기에게만 몰두한다는 것은 잘 알려진 사실이다. 식당 손님들은 남편의 음식 씹는 모습이 꼴 보기 싫어 미칠 지경이다. 아니면 친구가 시킨 걸 시킬 걸 하고 후회하는 중이거나 카르보나라 스파게티의 칼로리를 계산하고 있을 것이다. 또는 식당이 너무 시끄럽다든지, 남자친구가 왜 문자에 답장을 안 하는지, 집에서 넷플릭스 영화나 보는 게 더 나을 뻔했다든지 하는 생각을 하고 있다. 그들은 당신이 왜 거기에 혼자 앉아 있는지 궁금해하지 않는다. 아무도 신경 쓰지 않는다. 사람들은 판단도 하지 않고, 결론도 내리지 않고, 추측도 하지 않는다. 그들은 전혀 당신에 대해 생각하지 않는다. 설령 그렇다 하더라도 무슨 상관인가? 인생을 잘 헤쳐 나가는 솔로가 점점 많아지고 있다. 삶은 계속된다. 나는 여행과 영화와 외식을 좋아한다. 그리고 요즘 눈에 들어오는 강좌가 몇 개 있다. 같이 갈 사람이 없다고 이 기회를 놓쳐서야 되겠는가?

오늘과 내일, 모레 하는 일이 미래를 결정한다. 그러니 계획을 세우고 문을 열자. 머리를 꼿꼿이 들고 밖으로 나가라.

어느 날 문득 그동안 몰랐던 내 말버릇 하나를 깨달았다. '그냥 티켓 한 장이요', '그냥 한 사람 앉을 테이블이요', '그냥 한 조각이요'. '그냥'은 '하나만이요' 할 때 '……만'처럼 위축된 단어다. 우리는 왜 사과를 하는가? 우리는 그만한 가치가 없는가? 우리는 그들에게 정당한 대우를 요구하지만 '그냥'이라고 말하는 순간 결과는 사뭇 달라진다. 이 단어는 내 어휘집에서 빼려고 노력 중이다. 나는 하나고, 하나면 족하다.

이 장에서는 먼저 혼자 즐기는 이벤트에 관해서, 그리고 혼자 있는 시간을 최대한 활용하는 방법에 대해 다루려 한다.

나를 위한, 나만의 이벤트

여기서 '이벤트'란 휴가, 영화 관람, 외식, 크리스마스, 연휴 등을 말한다. 나는 미리 다이어리에 날짜별로 일정을 정리해둔다. 친구와 함께 또는 나 혼자 가는 콘서트, 연극, 강좌, 휴가, 주말여행 같은 것들이다. 이것은 곧 생활의 지표가 된다. 덕분에 1년 내내 기대감에 설레는 한편 충동적인 활동에도 많은 시간을 할애할 수 있다.

나홀로 여행('또는 '당신이 여기에 없어서 기쁘다')

내겐 편견이 있다. 여행은 내 마음속에 특별한 자리를 차지하고 있다. 나는 여행을 사랑한다. 그리고('하지만'인가?) 여행은 자신을 얼마나 좋아하는가, 혼자 있는 것이 진정 얼마나 행복한가를 알려주는 궁극의 시험대다. 나홀로 여행이 늘 쉬운 건 아니지만 그 보상은 매우 크다. 아무도 보지 않을 때 자신이 누구인지를 발견하게 된다.

애거사 크리스티가 여행의 정신을 아름답게 표현했다.

'당신의 여행 인생은 꿈과 같은 측면이 있다. 겉은 평범한 그 무엇이지만 당신은 그 안에 있다. 거기에는 당신이 지금까지 만나지

자기 혼자 경험한 것이 훨씬 더 강렬하고 순수하다.
_외젠 들라크루아(프랑스 낭만주의 미술을 대표하는 화가 – 옮긴이)

못했고 십중팔구 다시는 만나지 못할 독특한 사람으로 가득하다. 여행에는 가끔 향수병과 외로움, 갈망의 고통이 따른다. 하지만 당신은 바이킹처럼 모험의 세계로 떠났다. 그리고 집은 당신이 돌아올 때까지 집이 아니다.'

당신이 아는 사람들은 대부분 혼자 여행할 '의향'이 없을 것이다. 하지만 내가 장담하건대 그들 중 대부분은 한 번도 시도조차 해보지 않았을 것이다. 낯이 두꺼운 것도 득이 된다. 나는 2017년에 프랑스 여행을 준비하면서 학창 시절 배운 프랑스어를 다듬어볼 요량으로 강의를 듣게 되었다. 내 계획을 말하자 수강생 동기가 끼어들었다.

"그래도 파리에 혼자 가면 많이 외로울 것 같은데요. 사랑의 도시잖아요."

말씀은 참 고마웠지만 속으로 이렇게 응수했다.

'만약 당신이 철자법을 알고, 속 채운 조개를 즐겁게 자기 몸무게만큼 먹고, 반어법을 이해하는 키 큰 남자를 당장 찾아준다면 그 남자랑 사귈게요. 그게 아니라면 혼자라도 괜찮아요. 정말 고마워요.'

사실이었다. 그렇게 나는 파리로 떠났다. 그리고 두바이, 로마, 노르망디, 누아르무티에까지 모든 순간이 좋았다.

믿어도 좋다. 혼자 여행하는 것에 대한 의구심이 있다면 버리길 바란다. 날개를 펼치고 날자. 나의 나홀로 여행은 발견의 연속이었다. 나 자신의 호불호 취향도 알게 되었다(옥상 테라스는 좋고 군중은 싫다). 평균적인 음식과 더위, 대기 행렬에 대한 내성 수준은 그리 높지 않았다. 하루 중 생활의 페이스는 아침에 최고조로 올랐다가 오후가 되면서 떨어졌다. 나는 시장과 길거리 음식, 먼지 쌓이고 오래된 문구점에 마음이 간다. 나는 소도시와 마이너 박물관이 좋다. 또 내게는 이전에 몰랐던 강인함과 자신감, 호기심, 회복력이 있었다.

비관적으로 보면 당신의 의심은 옳다. 여행업계는 커플과 가족을 대상으로 움직이고 사업한다. 호텔 객실, 가이드 투어나 크루즈, 여행자보험, 렌터카에는 커플요금이 적용된다. 싱글 할증(호텔 2인실을 혼자 이용했을 때 여행사에서 추가하는 요금 - 옮긴이) 없이 나홀로 여행자들을 배려하는 업체가 늘어나고 있으니 잘 알아보자. 쇼핑에 쓴 시간은 늘 유익하다.

혼자 여행할 때 신경 쓰이는 것 중 하나는 당연히 '안전'이다. 무차별 테러의 그림자는 어디에나 드리워져 있다. 하지만 나는 그 위험성에 대해 다분히 초탈한 입장이다. 겁먹고 휴양지만 맴돌지 말고 다양한 일을 시도해보자. 하지만 목적지는 분별력 있게 선택하고 항상 정부의 여행 지침을 따른다. 여행 콘텐츠나 안내서, 여행 블로그 등에서 안전에 관한 정보를 수집한다. '우범지대'는 피하고(큰 기차역 주변인 경우가 많다) 밤에는 조심하는 게 상책이다. 상식이 최고의 안내자다. 현지인들의 조언은 늘 새겨듣자. 아무래도 불안하다면 기초적인 호신술을 배우는 것도 생각해보자.

고장 난 레코드판(기억나는가?)처럼 들릴지 모르지만 여행에 어떻게 접근하느냐에 따라 즐거움의 수준이 결정된다. 초조하고 불안하고, 나홀로 여행을 하나의 타협안으로 본다면 정확히 그렇게 될 것이다. 나홀로 여행을 내가 주도권을 잡고, 관찰하고, 성장하고, 흥미로운 사람들을 만나고, 새로운 감각을 경험하는 짜릿한 모험으로 본

시간은 새다. 앉았다 날아간다.

_작자 미상

다면 정확히 그렇게 될 것이다.

우리는 운이 좋다. (나 혼자 떠나는 여행이 아닌) 나와 함께하는 여행이 이렇게 쉽고 자연스러웠던 적은 없었다. 자신감으로 무장하고 현장에서 몸으로 증명하는 나홀로 여행자들의 거침없는 쇄도로 나홀로 여행의 오명은 사라지고 있다. 관련 블로그를 방문해보자. 솔로 동지들이 전하는 다양한 지역에 대한 조언과 실용적인 정보가 가득하다.

떠나기 전에

방문할 가능성이 있는 여행지에 대한 정보를 수집한다. 나는 언젠가 가고 싶은 곳에 대해 읽거나 들은 것을 스크랩북(디지털 하나, 실물 하나)에 모아둔다. 또 세계지도에서 방문하고 싶은 곳은 동그라미 표시를 한다. 지금까지 한 번도 혼자 여행한 적이 없고 그 경험이 어떠할지 궁금하다면 우선은 그리 멀지 않은 다른 마을이나 도시로 주말 여행을 떠나보자. 그리고 자기가 꿈꾸는 여행으로 점차 발전시켜나간다. 내 판타지는 장거리 자동차 여행으로 미국 전역의 빈티지 장터를 돌아보는 것이다. 또 프랑스 누아르무티에 섬에서 한 달간 살아보기, 세계 일주 여행을 하며 거기가 어디든 친구들 찾아가기도 있다. 아니면 이탈리아가 나를 다시 한 번 유혹할지도 모르겠다. [나라에도 틴더Tinder(친구를 찾아주는 소셜 앱 - 옮긴이) 프로필이 있다면 나는 이탈리아를 빛의 속도로 오른쪽 스와이프('좋아요'와 같은 뜻이다. 왼쪽 스와이프는 '싫어요'다 - 옮긴이)를 할 것이다.]

나는 휴가 전과 후에 그 기분을 최대한 오래 지속시키려 한다. 폭넓고 세심한 조사 단계도 즐겁다. 또 다양한 나라와 도시들, 여행과 숙소의 옵션, 관광지, 식당, 시장, 쇼핑 기회 등을 비교하는 것도 좋아한다. 한가로운 오후에 블로그, 그리고 여행 기사들을 상호 참조하는 것만큼 신나는 일은 없다. 협찬을 받는 리뷰어들은 알아서 거르고 부정적인 리뷰에 대한 반응을 살핀다. 가끔 올라오는 악평 때문에 계획을 포기한 적은 없지만 너무 방어적이거나 부실하고 엉뚱한 호텔 관리자의 답변에는 심경의 변화가 일어난다. 나는 매니저에게 직접 연락해서 큰 혜택을 받은 적도 몇 번 있다.

나는 배경지식을 얻기 위해 구글에서 여행지의 '내부자 팁' 또는 '현지인 팁'을 검색한다. 또 책을 읽고 그곳을 배경으로 한 영화를 보고 현지 언어를 조금 배워둔다. 불과 단어 몇 개라 해도 환영받는 수준이 크게 달라질 수 있다. 나는 서툰 억양으로 더듬거리며 문장 몇 개를 말한 덕분에 더 좋은 객실로 업그레이드되었고, 현지인들만 알고 있는 숨은 맛집을 소개받았고, 심지어 그들의 집에 초대도 받았다. 원하는 외국어 강좌를 찾아보자. 온라인 무료 강좌로 듣고 따라 할 수 있는 주요 단어와 관용구가 제공되기도 한다.

미리 주요 관광지의 티켓을 예매해두면 도착했을 때 시간을 아끼고 대기 행렬을 피할 수 있다. 관광객 무리에 대해서는 장 폴 사르트르의 의견에 공감한다. '지옥은 타인들이다.' 물론 전혀 조사를 하지 않고 즉흥적으로 움직이며 의외의 재미와 기쁨을 찾는 것을 좋아하는 사람들도 있다. 중도를 선택할 수도 있다. 준비하고 조사하고 예약한 후 유연하게 자연스러운 흐름에 맡기는 것이다. 나는 휴가

혼자 가는 사람은 오늘 출발할 수 있다. 하지만 동행이 있는 사람은 그가 준비될 때까지 기다려야 한다. 그리고 그들이 떠나기까지는 많은 시간이 걸릴 수 있다.

_헨리 데이비드 소로

여행 일정을 빈 달력으로 계획한다. 네모 칸에 비행과 숙소의 세부 사항, 매일 할 일을 적어 넣는다. 그리고 이 할 일은 더없이 행복하게도 내가 결정한다. 휴가 전체를 요리나 스노클링, 사진, 예술, 하이킹 같은 취미 활동 위주로 즐기는 것도 좋다. 아니면 하루에 이런 세상들을 잠깐씩 맛볼 수도 있다. 로마에서 파스타 만드는 법을 배우고, 시카고의 건축 투어에 참가하고, 두바이에서 황조롱이를 날려보자.

가장 먼저 확보해야 하는 것은 항공편이다. 날짜에 여유가 있다면 항공사 세일을 기다리자(가입하고 알림을 받자). 경유지를 추가하면 큰 할인 혜택이 있다.

나는 사전에 숙소를 모두 예약해둔다. 그렇게까지 하고 싶지 않다는 사람도 최소한 첫날은 헤매지 않고 투숙하는 게 좋다. 목적지의 호텔과 에어비앤비Airbnb(에어 매트와 조식을 제공하면서 시작해 세계적인 숙소 중개업체로 성장한 인터넷 기업 - 옮긴이)를 비교하고 그 중간에 있는 모든 대안을 조사한다. 혼자 여행할 때는 호텔과 그 위치 선정이 무척 중요하므로 시간을 들여 조사하고 자기 능력 범위 안에서 최선을 선택하자(다만 호스텔 유형의 숙소에서는 더 많은 사람을 만나게 된다는 점을 기억해두는 것도 의미가 있다). 싱글 할증은 나홀로 여행자의 인생 골칫거리다. 우리는 거의 항상 커플과 똑같은 요금을 내고 있다. 가끔 오래된 호텔에서 어렵게 싱글 룸을 찾을 수 있지만 이마저도 더블 룸의 절반 가격보다 비싸다. 하암. 혼자니까 가격을 할인해달라고 정중하게 부탁해볼 수는 있다. 특히 비수기에는 어차피 비어 있을 테지만 너무 큰 기대는 하지 않는 게 좋다.

휴가 날짜는 여행 경비에 확실한 영향을 미친다. 성수기와 비수기 사이의 '중간' 시즌을 노리자. 아직 날씨도 좋고 관광지도 개장 중이지만 사람은 더 적다. 성수기는 비싸고, 사람이 많고, 학교 방학과 겹친다. 이보다 나쁠 순 없다. 비수기는 싸지만 날씨가 변덕을 부릴 수 있다. 그렇긴 해도 나는 한겨울에 프랑스의 시골에서 정말 행복한 시간을 보냈다. 그곳에서 비수기 관광객은 이동경로를 이탈한 이국적인 새처럼 대접받는다. 뿐만 아니라 베네치아의 겨울 안개 속을 쏘다니기도 했고, 암스테르담의 얼어붙은 운하에서 현지인들과 스케이트도 탔다.

현실적인 조언 몇 가지…… 필요한 예방접종은 반드시 한다. 자기 능력 안에서 최선의 여행자보험에 가입한다. 여권의 중요한 페이지와 지갑 속의 카드를 스캔하거나 복사해서 집에 두고 다른 사본을 여행 가방에 챙겨 넣는다. 빈집에서도 전등이 자동으로 점멸되도록 타이머 스위치를 설치한다. 우편물 수신 주소를 변경하고 문 앞에 광고 전단지가 쌓이지 않도록 이웃에게 치워달라고 부탁한다. 스티커 라벨에 이름과 주소, 이메일, 전화번호를 적어 여행 가방 안쪽에 붙여두면 분실해도 주인을 찾을 수 있다. 다이어리에 여권 만료일을 기입해서 본의 아니게 낭패를 당하는 일이 없도록 하자. 나는 특별한 여행 지갑에 여권과 전자 항공권, 탑승권, 그리고 현찰을 보관한다. 또 작은 카드로 알기 쉬운 나만의 '환율 계산기'를 만들어 지갑에 넣고 다닌다.

짐 싸기의 경우, 나는 출발 몇 주 전부터 공책에 목록을 작성하기 시작하고 되는 대로 하나씩 여행 가방에 넣어둔다. 필요한 충전

군중을 따르는 여성은 대개 군중보다 멀리 가지 못한다.
혼자 걷는 여성은 아무도 가보지 못한 곳에서 자신을 발견할 가능성이 높다.
_알베르트 아인슈타인

케이블과 정압 변환 어댑터도 챙긴다. 세면도구 가방에는 설사약과 변비약(영어를 모르는 약사 앞에서 손짓 발짓으로 자기 상태를 설명하는 창피를 안 당하려면), 두통약, 소독 크림, 선크림, 모기 퇴치제와 모기 물린 데 바르는 연고, 1회용 밴드, 그리고 자기에게 필요한 처방약이 모두 들어 있어야 한다. 나는 또 상의와 하의, 속옷, 수영복, 잠옷, 장신구, 신발 등의 목록을 작성하면서 머릿속으로는 어떤 것들이 서로 잘 어울리는지, 어떤 활동을 하게 될지 계속 생각한다.

나는 짐을 과하게 싸는 성향이 있었는데 지금은 '만약을 위한' 바지와 신발을 뺄 줄 알게 되었다. 솔직히 혼자일 때는 매일 같은 옷을 입어도 알아보는 사람이 없다. 쇼핑을 위한 자리를 남겨두거나 접히는 빈 가방을 하나 가져가자. 하지만 수하물 중량 제한을 조심하자. 초과되면 킬로그램 단위로 요금이 부과되고 순식간에 엄청난 금액이 된다.

내 수하물에는 오디오북을 담은 휴대전화, 기분 좋은 극세사 메리노 양모 스카프, 나만의 비즈니스 클래스 세면도구 가방(내용물은 안대, 작은 목욕 수건, 양말, 손 세정제, 미니 탈취제, 조 멀론 향수와 보습제 샘플), 빈 물병(검색대를 통과한 후 채운다), 잡지나 볼 것을 저장한 아이패드(잡음 차단 이어버드에 눈독을 들이는 중이다)가 있다.

오늘을 만끽하라

나는 사전조사를 통해 휴가 기간 중 매일 즐길 만한 활동을 바탕으로 여행 일정표를 짠다. 하지만 옆길로 새면 그것이 훨씬 더 좋다. 도심의 명소를 하나도 빠짐없이 봐야 한다는 충동은 오래전에 사라졌다. 오히려 뜻밖의 조그만 모퉁이와 B급 마이너 박물관에서 더 큰 즐거움을 찾아냈다.

예를 들어, 탁월하지만 비교적 찾는 사람이 적은 로마 국립미술관에는 '푸른 하늘과 오렌지 나무'를 생생하게 묘사한 프레스코 벽화가 있다. 클라우디우스 황제의 어머니 리비아의 저택에서 가져와 복원한 이 작품은 믿을 수 없을 정도로 훌륭하다. 그녀가 보던 것을 우리도 보고 있다.

나홀로 여행은 죄책감 없는 여행이다. 그렇다면 이해하기 쉽도록 지극히 이론적으로 말해보자. 로마에 왔는데 산 피에트로 바실리카(성 베드로 대성당)에 긴 줄이 늘어서 있다면 아예 관람을 단념해버린다. 대신 냄새를 따라 비아 투시니로 내려와 거대한 지하 먹거리 시장인 안드레아 도리아에서 세계 최고의 포르케타(촉촉하고 뼈가 없는 돼지고기 구이 - 옮긴이)를 찾아보자. 미니 모차렐라 치즈볼 한 봉지와 따뜻한 파니노(이탈리아식 샌드위치 - 옮긴이), 햇볕에 갈라진 토마토 몇 개, 바질을 푸짐하게 추가한다. 벤치를 찾아 편하게 자리를 잡고 여왕의 피크닉 음식을 폭풍 흡입한다. 성 베드로 대성당의 보물을 못 본 것에 대한 죄책감은 티끌만큼도 없다. 손가락에 묻은 토마토 과즙을 빨아먹는 것도 미켈란젤로의 피에타 못지않은 이탈리아의 참맛이다.

하루가 시작되는 시간을 즐기는 나는 사람들이 깨기 전에 이른 산책에 나선다. 외로움의 망령이 나를 덮치는 시간은 대개 밤이다. 그러니 느긋하게 식당에서 점심을 먹고 이른 저녁을 간단히 해결한 후 호텔방으로 돌아와 거품 욕조에서 와인 한잔을 즐긴다. 그리고 책을 읽거나 노트북으로 영화를 보고 다음 날 계획을 짠다. 아니면

최대한 불행을 줄이고 행복을 키우는 훌륭한 기술은 작은 것을 공부함으로써 얻어진다.
_새뮤얼 존슨

마음에 드는 식당을 찾아내어 밤마다 찾아간다. 그곳은 내 '단골집'이 된다. 몇 번 가서 얼굴을 익혀두면 식당 직원들이 놀랍도록 친절하게 응대해준다(특히 레시피를 물어볼 때!). 다른 곳에 가고 싶어 하는 여행 친구가 있을 때는 하기 힘든 일이다.

현장 경험을 공유할 사람이 없어서 아쉽다면 그날의 인상을 틈틈이 공책에 적거나 저녁에 일기를 쓴다. 셰익스피어 작품일 필요도 없고, 심지어 완성된 문장이 아니어도 좋다. 그저 자기 생각과 느낌의 흔적을 남겨서 집에 돌아가 감회에 젖을 수 있으면 된다. 추억을 기록과 공유하는 것이다. 같은 의미에서 나는 작은 통에 든 휴대용 수채 물감을 갖고 다니며 엽서 크기의 종이에 풍경을 몇 장씩 스케치한다. 호텔 창문으로 보이는 전망 같은 것들이다. 나는 이런 드로잉과 페인팅 과정만으로도 눈앞의 대상을 진심으로 바라보게 된다는 것을 알게 되었다. 심지어 내 서툴고 조악한 붓질마저도 시간과 장소를 상기시키는 강력한 힘이다. 나는 또 반쪽이 떼어내진 티켓과 현지 음악 CD, 현지 플레잉 카드, 그 지역의 요리 기구와 요리책, 현지 맥주 라벨, 가게와 식당에서 받은 명암을 수집하고 휴대전화에 거리의 소리를 녹음한다. 이 모든 것이 멋진 추억이 되고 보통 콜라주로 만들어 액자에 넣는다. 나는 며칠마다 페이스북에 올리는 것보다 이것이 더 좋다. 게다가 내가 집에 없다는 사실을 온 세상에 알리고 싶지도 않다.

진정한 의미에서 혼자 여행하는 것은 물론 불가능하다. 주위에 늘 사람들이 있기 때문이다. 그들과 소통할지 말지는 본인이 선택한다. 나도 때로는 소통하고 때로는 하지 않는다. 만약 사람들과의 만남을 원한다면 어떻게 시작해야 할까? 그들을 만날 수 있는 방법은 아주 많다. 비행기, 호스텔, 강좌, 인터넷 카페 가입, 투어 참가, 호텔 라운지나 로비에서 시간 보내기, 식당에서 옆 테이블 손님과 말문 트기, 그보다 더 쉬운 건 합석 테이블에서다. 만약 운 좋게 파리에서 거부할 수 없는 부용 샤르티에 식당을 찾는다면 다른 손님들과 한 테이블에 앉아 틀림없이 대화를 시작하게 될 것이다. 또는 로마 캄포 데 피오리 호텔의 축복 넘치는 옥상 테라스가 될지도 모른다. 저녁이면 투숙객들은 그곳에 모여 성 베드로 대성당의 지붕 너머로 지는 해를 보고 프로세코 와인을 즐기며 대화에 취한다. 아니면 그냥 한 호텔이나 에어비앤비에 1주일간 묵으면 대화의 기회가 생길 것이다.

패키지 투어에 참가하면 혼자 여행하지 않고도 혼자 여행할 수 있다. 음식이나 와인, 예술, 또는 역사 등이 주제인데 솔로 여행자를 타깃으로 삼는 것도 있다. 나는 직접 체험한 적이 없지만, 또 다른 대안으로 크루즈 여행을 꼽을 수 있다(아주 좋거나 극도로 싫거나, 둘 중 하나일 것이다).

인터넷을 검색해 자기들의 도시 사랑을 기꺼이 관광객과 함께할 현지 '그리터greeter(주로 현직에서 은퇴한 자원봉사 안내원 - 옮긴이)' 단체가 있는지 알아보자. 반복되는 얘기지만, 한 장소에 며칠 동안 머물 거라면 같은 카페나 시장 가판대를 찾아가 가판대 주인이나 카페 직원들과 얘기를 나눠보자. 저녁 먹거리 투어도 생각해보자. 나는 로마의 트라스테베레 지구에서 환상적인 투어를 했다. 우리는 열 군데가 넘는 식품점과 식당, 와인 바를 방문했는데 나 혼자서는 도저히 찾지 못할 곳이었다. 동료 여행자들과 함께한 그 도시의 풍물 체험은 정말 재미있었다. 저녁에 뭔가를 하고 싶으면 블로그를 검색하고,

현지인들에게 물어보고, 행사를 홍보하는 포스터를 눈여겨보자. 나는 우연히 발견한 포스터 덕분에 기억에 남는 밤을 보낸 적이 몇 번 있다. 그중 하나는 뉴욕의 어느 바에서 있었던 인터넷 스토리텔링 이벤트 '모스The Moth'의 녹음 행사였다. 나는 줄을 서서 기다리던 사람들과 친구가 되었고(때로는 오스트레일리아 억양도 쓸모가 있다!) 멋진 시간을 보냈다. 다른 하나는 프라하의 한 교회에서 열린 무료 클래식 콘서트였다.

그리고 비록 내가 집에서는 열렬한 스포츠 팬이 아니지만 경기장에 가는 것은 현지 분위기를 만끽하고 옆자리 사람과 대화할 수 있는 좋은 방법이다. 미리 확인하고 현지 농구팀이나 축구팀을 응원하자. 나는 일본에서 스모 선수들까지 응원해보았다.

대부분의 사람들은 친절하다. 현지의 대표적인 문화에 열린 마음으로 호기심을 보이며 존중하고 열중하는 태도로 다가서면 보상이 따를 것이다. 여행을 뭔가로부터 달아나는 것이 아닌 뭔가에 다가가는 기회로 삼자. 놀라운 일이 일어나기도 한다. 나는 시드니에서 오랫동안 연애를 하지 않고 살아왔는데 로마에 도착한 지 20분 만에 택시 기사 마우리치오로부터 데이트 신청을 받았다. (이 이야기는 다음 기회에 하기로 하자…….)

사람들은 여행할 때 사진을 너무 많이 찍는 것 같다. 경치를 실제로 보고 받아들이는 것의 대체용으로 사진을 찍지는 말자. 눈을 카메라 셔터라고 생각하자. 깜빡여서 이미지를 기억 속에 저장한다.

나는 내 길이 보이지만 그 길이 어디로 나 있는지는 모른다.
어디로 가는지 모른다는 것이 내가 그 길을 걷도록 자극한다.
_로살리아 데 카스트로(스페인의 시인 - 옮긴이)

물론 신중하게 선택된 사진들은 언제나 여행의 중요한 부분이다. 다음은 내가 찾아낸 몇 가지 팁이다.

- 집에서 카메라 조작법을 익히고 시험해본다.
- 만나는 사람들의 사진을 찍는다. 우리는 자주 경치를 찍는 데 정신이 팔려 그 여행을 인상적으로 만들어준 사람들을 찍는 걸 잊어버린다.
- 다양한 장소(자갈밭, 물속, 풀밭 등)에서 비슷한 앵글로 자신의 발이나 그림자를 찍는다.
- 나는 오래된 창문이나 장식된 문, 벗겨지는 페인트를 찍는 걸 좋아한다. 그 아름다운, 바래고 차분한 색조를 연작으로 놓고 보면 아주 멋지다.
- 같은 색깔이 계속 나타나는 것을 발견하게 될 것이다. 그것들을 옷과 음식, 건축물에서 찾아보자. 집에 돌아왔을 때 콜라주의 멋진 구성 요소가 될 것이다.
- 프레임에 무엇을 넣고 뺄지 판단한다. 스타일리스트의 눈으로 크롭(잘라내기)과 앵글을 결정한다. 구도의 기초적인 가이드라인이 되는 3등분의 법칙(프레임을 가로세로 3등분하여 생기는 네 개의 교차점에 주제를 위치시키는 촬영법 - 옮긴이)을 따른다.
- 일찍 일어나고 늦게 잔다. 최고의 빛은 일출 한 시간 후와 일몰 한 시간 전이다.
- 여유를 갖는다. 스냅숏이라고 꼭 '서두를' 이유는 없다. 그래도 자

나는 폭풍이 두렵지 않다. 내 배로 항해하는 법을 배우고 있으니까.
_루이자 메이 알코트

연스러워 보일 수 있다. 잘못된 것은 즉시 되돌려 고칠 수 있다는 게 디지털의 묘미다.

- 사진을 다운로드하기 전에 계속해서 가차 없이 편집한다. 보다 강렬한 '이야기'가 만들어진다. 집에 가서는 할 수 없는 일이다.
- 사진들을 묵혀두지 마라. 나는 돌아오자마자 가장 잘 나온 것들을 출력해 주방의 핀 보드에 꽂거나 콜라주로 만든다.

내 경우에 혼자라는 것의 가장 쓰라린 면 중 하나는 공항에 아무도 나오지 않는 것이다. 내 주변 사람들이 모두 껴안고 입 맞추는 모습을 보고 있노라면 나도 모르게 명치끝이 아려온다. 그러니 민폐가 되지 않는 시간대에 도착한다면 친구 한 명에게 픽업을 부탁하자. 나는 친구들에게 생일 선물을 이걸로 대신하자며 부탁한다.

여러모로 해외여행이 부담스럽다면 자신에게 주말여행을 선물해보자. 강습회나 전시회 같은 것을 위주로 계획하면 의미와 목적이 생긴다. 이런 약식 휴가마저 여의치 않다면 상상력을 발휘하자! 자기를 위해 하나의 주제를 정하고 하루 낮이나 밤을 잡아 집에서 그에 맞는 즐길 거리와 음식을 준비한다. 프리커델러 미트볼과 오이 피클을 먹으며 덴마크의 명품 TV 시리즈 「보르겐Borgen」(한국에서는 「여총리 비르기트」로 방영되었다 - 옮긴이)에 빠져보자.

나의 크리스마스로 재구성하라

영어에서 가장 서글픈 네 개의 단어는 'Christmas dinner for one(혼자를 위한 크리스마스 저녁)'이 아닐까 한다. 먹을 수 있는 자살 유서처럼 들리지 않는가? 크리스마스가 1년 중 혼자 있기 가장 힘든 시간 중 하나라는 것은 의심의 여지가 없다. 그동안 독립 정신 하나로 맹렬하게 휘날리던 '혼자라도괜찮아요정말고마워요' 깃발이 갑자기 좀 축 처진다. 물론 본인이 원하거나 선택권이 있다면 친구나 친척들과 어울려 그날을 무척 행복하게 보낼 수도 있다. 하지만 그것이 아니라면 그날을 재구성해야 한다.

나는 지난 일곱 번의 크리스마스를 혼자 보냈다. 내게 맞는 공식을 찾아내는 데 시간이 꽤 걸렸지만 결국 성공했다. 이혼 후 아이들은 전남편을 포함한 그의 대식구와 함께 이날을 보낸다(나는 아무도 없다). 시작부터 현실이 만만치 않았다. 처음에는 사려 깊은 친구들이 자기들의 가족 모임에 나를 데려갔다. 다분히 좋은 뜻이었지만 나로서는 '부랑아들' 테이블에 앉아 행복한 남의 가족 모임을 보고 있자니 더욱 큰 소외감이 밀려들었다. 내가 원하는 건 오로지 그들이 가진 것이었다. 내 인생은 실패한 것처럼 느껴졌다.

지금은 혼자 있기로 마음먹었다. 그래 봐야 단 하루뿐이고 내가 신중히 계획하여 나만의 전통을 창조하는 날이다. 이날은 나를 위해 응축된 명절이라고 생각한다. 10월이면 다이어리에 표시를 하고 크리스마스카드를 만들기 시작한다. 그리고 일찌감치 크리스마스카드(또는 이메일)를 최대한 많이 보낸다. 안부를 묻는 뜻도 있지만 그래야 나도 받을 가능성이 높아지기 때문이다. 아무리 엎드려 절 받기라고 해도 이것은 사람들이 내 생각을 하게 만드는 멋진 방법이다. 나는 해마다 똑같은 장식품으로 트리를 장식한다. (나는 은은한 파스텔 색조와 빈티지 크리스마스 장식용 유리 방울을 무척 좋아해서

위대하고 관대한 지성 안에서 호기심은 처음이자 마지막 열정이다.

_새뮤얼 존슨

1년 내내 이베이에서 수집한다.) 또 몇 주 전부터 크리스마스캐럴을 틀어놓고 기분을 낸다. 나를 위한 선물도 사서(티파니 다이어리, 요리책, 바데다스 거품 목욕제, 잡지, 맞춤 장신구를 몇 개 주문할 수도 있다) 트리 밑에 둔다.

이제 크리스마스 날에 내가 하는 일은 정해져 있다. 일찍 일어나 명상하고 수영을 하러 간다. 시드니는 여름이다! 그게 힘들다면 산책을 하자. 뭐든 자연을 접하는 활동이면 좋다. 그리고 그동안 아껴두었던 책이나 잡지를 읽으며 좋아하는 음식을 오물거린다. 웨이퍼처럼 얇게 저민 스페인산 하몬 이베리코 두어 장, 약간의 치즈, 천도복숭아 한 개, 샴페인 한 잔 정도다. (교회에 가는 건 내 일과에 없지만 각자 알아서 할 부분이다.) 보고 싶은 영화나 TV 시리즈를 준비한다. 그리고 미리 얘기가 되었다면 해외에 있는 친구들과 스카이프로 통화한다. (뭘 하든 페이스북은 들여다보지 말 것. 행복한 가족들의 무차별 융단폭격으로 심신이 너덜너덜해진다.) 나는 몇 시가 되었건 촛불을 밝혀 목욕을 하고 일기도 쓰면서 다가올 새해를 설계한다. 이제 내게 크리스마스는 행복하고 평온하고 기대치가 낮은 작은 명절이다. 자신에게 주어진 지복을 즐기자. 여기에는 뭔가 대단한 해방감이 있다. 사실 몇몇 친구는 나를 부러워한다. 나는 해마다 이맘때면 뜻하지 않게 불거지는 가족 간의 갈등을 마주하지 않아도 된다. 여기까지 오는 데 꽤 많은 시간이 걸렸지만 이제 크리스마스는 내게 문제가 되지 않는다.

크리스마스를 보내는 또 하나의 좋은 방법은 노숙자와 불우한 이웃에게 식사를 제공하는 자선단체에서 자원봉사를 하는 것이다. 흥미롭게도 이 자리는 지원자가 몰리는 경향이 있어서 일찍 신청을 해야 한다.

내게는 새해 전야도 이와 비슷한 공포로 다가온다. 강요된 기쁨은 내 체질에 안 맞는다. 내 조언은 크리스마스 때와 비슷한 계획을 짜서 조용히 지내라는 것이다.

혼밥족은 외롭지 않다

누가 알았겠는가? 혼자 식사하는 것에 대한 두려움은 실제로 존재하고, 심지어 '솔로맨게어포비아solomangarephobia'(굳이 번역하면 '혼밥공포증' 정도가 되겠다 - 옮긴이)라는 용어까지 있다. 에드워드 호퍼의 그림 「밤을 새우는 사람들Nighthawks」의 이미지가 머릿속을 스쳐간다. 피할 수도 없고 숨길 수도 없다……. 당신은 혼자, 사람들이 보는 식당에서, 식사를 한다. 나는 이 문제를 넘어서는 데 오랜 시간이 걸렸다. 며칠, 몇 달이 아니라 몇 년이 필요했다. 하지만 우리 혼밥족은 스스로 생각하는 것만큼 외롭지 않다. 잘 믿기지 않겠지만 혼자 식사하는 사람들은 수적으로 가장 빠르게 성장하고 있는 식당 손님 유형이다. 매년 1인 예약이 기하급수적으로 늘어나고 있다.

긍정적인 면에서 보자면, 아무리 인기 좋은 식당이라도 혼자라면 대개 자리를 맡을 수 있다. 사전조사를 해서 식당의 위치와 교통편을 알아보자. 예약을 하고 피크 타임 전후의 시간을 선택한다. 혼자일 때는 개방형 주방과 가까운 자리도 좋은 선택이다. 댄서와 같은 강약 조절을 구사하며 우아하게 움직이는 셰프들을 구경하는 건 언제나 즐겁다. 이런 자리는 저녁 시간보다 점심때가 더 구하기 쉽다. 이 방면의 경험이 없다면 다른 끼니보다 점심을 혼자 먹는 게 덜 부담된다는 사실을 알아두자.

음식도 같이 내는 바가 있다면 어렵지 않게 비집고 들어가 전망 좋은 자리를 차지할 수 있다. 합석 테이블은 언제나 한결 쉽지만 그래도 소품을 챙기는 것이 유리하다. 휴대전화는 혼밥족의 튀는 모양새를 어느 정도 희석시키는 것 같다. 하지만 책과 잡지, 메모지도 쓸 만한 식탁 친구이고 스카프는 화장실에 갈 때 자리 확보용으로 유용하다. 혼자 먹는 것이 추세가 되어가는 만큼 혼밥족에 대한 서비스와 자세도 개선되고 있다. 그러니 다들 강해지시라!

주문의 경우, 인터넷에서 미리 메뉴를 검색하고 식당을 찾으면 당황할 일이 없다. 나는 메뉴의 상단에 있는 품목을 선호하고 연이어 나오는 두 가지 애피타이저와 샐러드를 선택한다. 애피타이저에 메인 코스가 바로 이어지면 대개 양이 너무 많고 비싸다. 나는 혼자일 때 먹는 것보다 보는 것에 집중한다. 게임처럼, 먹으면서 내 모든 감각을 동원한다. 눈앞에 있는 음식의 색깔과 질감을 관찰하라. 다른 손님들의 얘기를 엿듣고 머릿속으로 그들에 대한 단편소설 하나를 써보자.

혼밥족에 대한 용인 정도는 나라마다 다르다. 혼자 식사하는 사람들을 위한 세계 최초의 식당이 문을 열었는데 암스테르담의 엔말 Eenmaal(한 끼)이라는 곳이다. 그 식당은 스스로 '세계 최초의 1인 식당, 그리고 잠시 세상과 단절하는 매력적인 장소'라는 문구로 홍보하고 있다. 여기서 식사하는 손님들 중 대부분은 싱글이나 혼자 사는 사람이 아니라 홀로 있는 시간을 원하는 사람들이다. 처음에는 임시 이벤트로 시작했지만 폭발적인 인기로 지금은 영구 매장이 되었고 세계적 체인까지 계획하고 있다. 도쿄의 무민moomin(핀란드의 만화 캐릭터

나는 혼자 있는 게 좋다. 나는 아직 고독만큼 벗다운 벗을 찾지 못했다.
_헨리 데이비드 소로

- 옮긴이) 하우스 카페는 외로운 고객들에게 다른 방식으로 다가간다. 손님들은 하마처럼 생긴 무민 봉제 인형과 함께 앉아 외로움을 달랜다. 이른바 '외로운 친구'라는 개념이 입소문을 타면서 사업은 크게 번창했다. 하지만 내게는 조금 극단적으로 보인다. 나는 아시아와 인도, 유럽을 돌면서 혼자 잘 먹고 다녔다. 무민이 없어도 아무런 문제가 없다.

1인 손님을 귀찮게 여기는 식당도 있다. 그들의 주장은 이렇다. 우리는 2인용 식탁을 차지한다. 우리는 많이 마시지 않는다(식당 수익 중 대부분은 술에서 나온다). 우리는 분위기 조성에 도움이 되지 않는다. 그들이 1인 손님의 집합명사를 뭐라고 하는지 궁금하다. 아마도 '짜증'이 아닐까 싶다. 나는 식사 도중에 세 사람을 위해 자리를 양보해달라는 부탁을 받았다. 그리고 화장실 옆 테이블로 안내받은 게 몇 번인지 기억도 안 난다. 분명 잘못된 것이다. 우리는 이제 이런 상황을 용납하지 말아야 한다. 이것을 피할 수 있는 방법은 두 가지다. 온라인으로 예약하면 보통 글을 작성하는 칸이 있다. 이곳을 이용해 요구 사항을 전달하자. 두 번째는 현지 식당 두세 군데를 정해 단골이 되는 것이다. 나는 파리의 카페 라 팔레트에서 보았던 매혹적인 장면을 잊을 수 없다. 웨이터들이 모두 카리스마 넘치는 노부인을 접대하느라 한바탕 소란을 피우고 있었다. 그녀의 조그맣고 하얀 개도 나란히 옆자리에 앉아 자기 스테이크를 먹었다. 관광객들은 옆으로 밀리고 그녀는 마치 여왕과 같은 대우를 받았다.

자신감을 끌어올릴 필요가 있으면 그날 밤에 맞는 또 다른 자아

최상의 행복은 분주한 고독이다.
_볼테르

를 소환하자. '미식가 수잰', '출장 중인 여성 사업가 캐럴라인', 아니면 그냥 레스토랑 리뷰를 쓴다고 가정하자. 혼자 밖에서 식사할 때는 공책을 한 권 챙겨 가서 먹으면서 그 음식에 대해 써본다. 식당 명함과 영수증은 책에 끼워둔다. 또는 자기 고장의 음식 한 가지를 정해 전문가가 되어본다. 내 친구 중 한 명은 인스타그램으로 시드니에 있는 덤플링 가게의 등급을 매기고 있다.

혼자서 영화 보는 것이 왜 어색할까?

이것은 죄책감을 동반한 즐거움이다. 다만 영화관과 극장이 왜 사교의 장이 안 되는지는 잘 모르겠다. 우리는 조용히 두 시간 동안 앉아 있어야 한다. 침착하게 해내자. 세상에서 벗어날 수 있는 기회다. 변명하듯 자꾸만 휴대전화를 만지작거릴 일이 아니다. 우리는 영화의 못생긴 여동생이 TV를 혼자 볼 때는 아무 거리낌이 없다. 그런데 왜 양쪽에 빈 붉은 벨벳 좌석이 있다는 사실이 우리를 어색하게 만드는가? 자기가 정말 보고 싶은 걸 고른다(여기 친구들 앞에서 고백하건대, 나는 「스타트렉」 영화라면 정신을 못 차린다). 뭐든 좋아하는 걸 먹자. 영화 상영 내내 친구들이 얘기하거나 휴대전화 확인하는 걸 걱정하지 않아도 된다. 하루 중 아무 때나 가도 좋다. 밝을 때 영화관에 가면 뭔가 정말 퇴폐적인 기분이 든다.

자기가 사는 지역의 영화관을 꾸준히 이용하면 좋다. 그들의 영화 클럽에 가입하면 대개 할인 혜택을 받을 수 있다. 나는 운 좋게 집

> 파리에서 무명이었던 나는 그 대도시 속에서 길을 잃었다. 하지만 거기서 혼자 살며 아무런 도움 없이 나 자신을 보살피는 것이 전혀 우울하지 않았다. 가끔 외로움을 느끼면 보통 내 마음 상태는 고요하고 큰 도덕적 만족감을 느꼈다.
>
> _마리 퀴리

근처에 아트 하우스 시네마가 있고 그들의 이메일 알림을 받고 있다. 그래서 몇 주에 한 번은 뭔가 예술적이고 마음을 이완시키는 외국영화를 찾아보려고 노력 중이다. 티켓 한 장을 사는 게 어색하면 온라인으로 예매하자. 하지만 혼자 영화관을 찾는 사람은 의외로 많다. 영화 공책을 한 권 마련해 감상한 작품을 비평하고 평가해보자. 나처럼 눈물이 많은 사람이라면 티슈를 챙기자. 또 공포 영화를 보고 빈집으로 돌아가는 일은 없어야겠다.

나만의 시간을 어떻게 보낼 것인가

마사 베크는 자신의 페이스북 팔로워들에게 자기가 자신에게 줄 수 있는 최고의 선물이 무엇이냐고 물었다. 단연 인기가 높은 대답은 '시간'이었다. 좀 더 구체적으로 말하면 혼자 있는 시간이다. 그러니 우리 솔로들은 많은 사람이 갈망하는 바로 그 혼자 있는 시간을 풍족하게 가졌으니 아주 큰 행운이라고 생각해야 한다. 하지만 우리는 늘 운이 좋다고 느끼지 않는다. 어느 날은 시계가 물리학의 법칙을 거부하고 시간이 쏜살처럼 날아가버린다. 또 어떤 날은 일생이 간 것 같은데 시곗바늘은 겨우 몇 분을 움직였을 뿐이다. 그리고 눈에 보이는 건 우리가 메워야 할 거대하고 나른한 시간의 공백뿐이다. 나는 그런 느낌이 싫다. 그래서 나는 이 문제에 정면으로 맞서려 한다.

일에 대한 얘기가 아니다. 혼자 사는 사람은 너무나 쉽게 주말과 밤에 규칙적으로 일하는 함정에 빠질 수 있다. 그렇다고 고마워하는 사람도 거의 없고 시간이 지나면 사람들은 당연한 것처럼 그런 식으로 일해주기를 기대한다. 아무쪼록 열심히 일하고 자신의 직업을 사랑하라. 하지만 자기 시간에 일을 하는 건 삶을 대체할 수 없으며 직업이 당신을 보듬어주지도 않는다.

대신 시간을 내어 자기가 누구인지, 무엇을 사랑하는지 찾아내고 그것을 하라.

내 인생의 상자를 더 크게 만들어라

혼자 사는 사람은 시간을 생산적으로 써야 할 책임이 자신에게 있다. 단서는 '살아가기'라는 단어 안에 있다. 살고 싶지 않았다면 당신은 이 책을 읽지 않았을 것이다. 그냥 존재하는 데 그치지 않으려면 자신을 약간 몰아붙여야 한다. 힘들거나 불편한 것들을 해보라는 것이다. 자기 인생의 상자를 더 크게 만드는 것은 조그만 상자 안에서 아늑하게 사는 것보다 어렵다. 나는 내 인생의 가장자리를 밖으로 확장시키고 싶다. 무척 재미있는 몇 가지 일이 그 공간에서 일어나리라는 느낌이 든다.

인생 최고의 경험은 대개 어렵다. 외국어 공부나 다른 도시로 이사하기, 새로운 스포츠 배우기처럼 뭔가 도전이 되고 적응을 강요하는 것들은 우리에게 긴장감을 주고 살아 있음을 느끼게 한다.

곁눈질하지 말고, 나를 위해!

몇 년 전 나는 한 여성이 달리는 모습의 나이키 포스터를 본 적이 있는데, 슬로건은 단순히 '내 시간My Time'이었다. 몇 년이 지난 지금 그것은 나 혼자 보내는 시간에 대한 내 생각을 대변한다. 나 '혼자'가 아니라 나를 '위해' 또는 나와 '함께' 움직인다는 생각 덕분에 내 태도는 달라졌다. ('학습 장애'의 반대말로 '학습 차이'라는 적확한 표

자신의 권태에 도덕적 책임을 지는 것은 모든 인간의 의무다.
_새뮤얼 존슨

현을 처음 들었을 때도 이와 비슷한 깨달음이 왔다.) 이것은 의미론이 아니다. 당신이 혼자라는 높은 회색 벽을 마주하고 있다면 이것은 당신의 상태를 재구성하는 유용하면서도 필수적인 방법이다.

나는 곧잘 친구들이 나만 빼놓고 즐거운 시간을 갖고 있다는 느낌이 스멀스멀 들곤 한다. 그동안 나는 특히 주말에 혼자서 따분한 일을 묵묵히 하고 있다. 친구들은 뱃놀이를 하러 갔거나, 새로운 식당을 탐방하거나, 해변에서 피크닉을 즐기는지도 모른다. 하지만 물론 그렇지 않다. 이것은 고립공포감이 아니다. 나는 그저 다른 사람들이 나보다 더 즐겁게 살고 그것이 혼자인 내가 치러야 할 대가라고 생각했다.

비교가 기쁨을 앗아간다는 사실은 별개로 치더라도 현실적으로 우리는 모두 같은 일을 해야 한다. 세차를 하고, 마트에 가고, 다림질을 하고, 인터넷으로 고양이가 젠가Jenga(나무 블록 탑으로 하는 보드게임 - 옮긴이)를 하는 모습을 본다. 그러니 앞을 바라보고 다른 사람들이 뭘 하는지 신경 쓰지 말고 자기가 하는 일을 생각하자.

테크놀로지의 명암

나는 내 소중한 노트북을 무척이나 아끼지만 과도한 사용은 해롭다는 것을 알고 있다. 우선 나는 위태로운 넷플릭스 잔치에 탐닉하는 경향이 있다. 어떻게든 시간을 보내야 하는 내게는 크랙 코카인이나 다름없다. 하지만 과용하면 영혼에 배터리액을 붓는 격이다. 심지어 누군가는 박스 세트를 두고 '우울증 진단 도구'라는 표현까지 썼다. 지나친 영화 감상은 시간 도둑이라는 것을 알고 있다. 그것은 약간이나마 내 가치를 떨어뜨리고 기분을 더 나쁘게 만들 수도 있다.

SNS는 양날의 검이다. 순수하게 사람들을 연결시키지만 동시에 다른 사람들의 잘난 척을 면전에 들이밀기도 한다. 일부 온라인 커뮤니티는 성실하게 도움을 주고 재미도 있지만 많은 수가 대용품으로 현실에서 인간관계를 맺으면 더 좋았을 시간을 빼앗는다.

나는 또 다음과 같은 윌리엄 데레시비치의 사려 깊은 주장대로 테크놀로지와의 지나친 접촉이 세상에 대한 우리 자신의 관점을 흐릴 수도 있는지 궁금하다.

> 스스로 생각하는 것은 자신과 자신의 현실을 찾는 것을 의미한다. 페이스북과 트위터, 심지어 〈뉴욕 타임스〉의 또 다른 문제는 이것이다. 젊은이들뿐만 아니라 노인들까지 지금 사람들이 하는 것처럼 자신을 이런 매체들에 지속적으로 노출시키면 다른 사람들의 생각으로 계속해서 자기를 폭격하는 것이다. 이는 일반적 통념에 자신을 담그는 행위다. 다른 사람들의 현실에서, 자기가 아닌 남을 위해 살아간다. 결국 자기가 만들어낸 불협화음에 묻혀 자신에 대한 생각이든 다른 것이든 자기 목소리를 들을 수 없게 된다. 다음과 같은 에머슨의 말도 바로 이런 뜻이다. '자신의 종족을 고무하고 이끌어갈 인물은 다른 이들의 영혼과 여행하는 것을 막아야 한다. 일상적이고 낡아빠진 멍에와 같은 그들의 견해와 함께 살고 숨 쉬고 읽고 써서는 안 된다.' 그는 이끌어간다는 표현을 썼다. 리더십은 새로운 방향을 찾는 것이다. 벼랑 끝으로 향하는 무리의 선두에 선다고 지도자가 되는 것은 아니다.

나는 휴대전화로 사진을 찍는 것에 대해 상반되는 감정을 갖고 있다. 영국 최고의 디바인 아델은 자기가 노래하는 모습을 찍는 콘서트 관람객에게 다음과 같이 따끔한 충고를 했다.

"그 비디오카메라로 저 좀 그만 찍으시면 안 될까요? 저는 실제로 이곳에 와 있어요. 카메라를 통해서가 아니라 현실을 있는 그대로 즐겨주세요. 이건 DVD가 아니라 실제 공연이에요."

나는 사물을 실제로 보는 대신 사진 찍는 것을 싫어한다고 말한 적이 있는데 음식 사진을 찍는 것에 대해서도 같은 생각이다. 그것은 단지 가상 우표 수집 행위의 일부가 될 뿐이고 음식을 음미할 혀의 역할을 줄인다.

디지털 디톡스 휴가 사업이 급격한 성장세를 보이고 있는데 나로서는 별로 놀라운 현상이 아니다. 영국의 호브에 있는 진 텁The Gin Tub이라는 바는 휴대전화 신호를 차단하면서 엄청난 인기를 누리고 있다. (어쨌든 진 텁은 이름부터 재미있는 것 같다.) 우리가 영양 식단을 건강하게 만들려고 하는 것처럼 디지털 식단에 대해 생각하고, 보는 것을 신경 쓰고, 배울 만한 것을 찾아보는 것도 가치가 있다.

익숙한 관심사와 새로운 아이디어

지금부터는 새로운 할 일에 대해 생각해보려 한다. 하지만 먼저 가까운 곳, 자기가 이미 갖고 있는 관심사를 들여다보자. 기존 취미의 표토만 뒤집을 것이 아니라 더 깊이 파고 들어가 다이아몬드가 있는 층을 채굴하는 건 어떤가?

당연히 커플로서도 관심 분야를 추구할 수 있지만 혼자인 경우에는 열정적으로 자신을 내던져 마음껏 심취할 만한 기회가 주어진다. 자신의 호기심과 춤추고 자신의 기질과 놀아나라. 단순히 낚싯줄을 드리울 것이 아니라 불법 저인망을 던져 넣자. 이것은 하나의 주제를 세밀하고 철저하게 연구한다든지, 강좌에 등록한다든지, 일련의 수업을 받는다든지, 기존의 기술을 완성하는 것을 뜻한다. 다양한 관심사를 이것저것 건드릴 것이 아니라 말에게 눈가리개를 하는 것처럼 한두 가지 분야를 집중적으로 깊이 파고들자.

이것은 또 전문성을 개발할 좋은 기회다. 현재의 직업에 도움이 되거나 디지털 기술을 연마할 수 있는 강좌를 찾아보자. 직업을 바꿀 생각이 있다면 뭔가 새로운 것에 도전해보자.

'새로운 아이디어로 확장된 정신은 절대 원래 크기로 줄어들지 않는다.'

올리버 웬들 홈스의 말이다.

영화 「사랑의 블랙홀」처럼 일상이 계속 반복되는 기분이 들면 억지로라도 매주 새로운 뭔가를 해보자. '흥미 있는'은 '흥미로운'과 같은 말이다. 전설적인 페미니스트이자 〈코스모폴리탄〉의 편집장 헬렌 걸리 브라운은 이렇게 말했다.

'정신을 채워라.'

해이한 정신은 고여 썩게 마련이다. 그러니 털고 일어나 변화를 추구하고 그 과정에서 새로운 기억을 만들어라. 몇 가지 아이디어를 정리했다.

지식인은 지속적인 긴장에 시달려서는 안 되며 취미 생활로 기분을 전환해야 한다……. 정신은 휴식이 필요하며 여가 활동 뒤에는 보다 강하고 명민하게 일어선다.

_세네카

- 영감이 떠오르지 않으면 집 안에서 한가로이 노닐며 은유적인 빵가루의 흔적을 따라가라. 작은 단서들이 나타날 것이다. 이것을 연극의 서막이라고 생각하자. 오래된 책, 미완성인 공예품, 기념품, 또는 사진이 한때는 하고 싶었지만 포기한 뭔가를 기억나게 할지도 모른다. 아니면 새로운 뭔가를 시도할 영감을 줄 수도 있다. 『논어』에 나오는 '온고지신(옛것을 익히고 그것을 미루어서 새것을 안다)'이라는 공자의 말이 이 아이디어를 잘 표현하고 있다.
- 거주 지역에 있는 마이너 박물관 목록을 모두 작성하고 차례로 한 곳씩 방문하자.
- 미술관에 가서 직관에 따라 두세 개의 그림을 선택하고 자세히 관찰한다. 현재 자신의 삶과 관련된 부분에서 그 그림들은 무슨 말을 하고 있는가?
- 플라뇌즈flâneuse(한가롭게 거니는 여성, 거닐기를 좋아하는 여성 - 옮긴이)가 되자. 로렌 엘킨은 플라뇌즈를 '단호하고 재치 넘치며 도시의 창의적인 잠재력과 좋은 걷기가 주는 해방감의 가능성에 민감하게 조화된 여성'이라고 설명한다. 그녀는 『플라뇌즈Flâneuse』라는 책에서 남장으로 유명한 19세기 소설가 조르주 상드, 파리지앵 예술가 소피 칼, 저널리스트 마사 겔혼, 작가 진 리스가 걸었던 길을 추적한다. 새로운 시선으로 자기 도시를 걷고 두 발로 지도를 만들자.
- 풀이 무성한 새 산비탈을 찾아내어 나홀로 피크닉을 즐긴다.
- 자화상을 그려보자. 프리다 칼로의 작품에서 영감을 찾자. 그녀는

배움이란 물을 거슬러 오르는 배를 젓는 것과 같아서 앞으로 나아가지 않으면 퇴보한다.
_중국 속담

'나의 뮤즈는 나 자신이다. 나는 내가 가장 잘 아는 소재이며 더 잘 알고 싶은 소재다'라고 말했다.

- 자기 동네에 대해 상세하게 알아보자. 가장 좋은 산책로를 찾아보고 역사를 공부한다(오래된 집이 철거되기 전에 사진을 찍어두자). 운동 경기장과 극장, 도서관을 방문한다. 뜻밖의 즐거움을 만나게 되는 경우가 많다.
- 예약할 필요가 없는 댄스 교실에 다니거나 춤동작이 정해진 율동을 배운다(유튜브).
- 연을 날린다.
- 줄리아 캐머런의 베스트셀러 『아티스트 웨이Artist's Way』에서 추천한 대로 '아티스트 데이트Artist's Date'에 나서자. 이것은 자신의 창의적인 자아를 계발하기 위해 홀로 떠나는 탐험이다. '자신에게 마법을 걸고' 창의적인 내면의 샘을 다시 채운다. 그리고 고기를 잡으러 가면 뭔가 헤엄치고 있을 것이다. 그것은 화방이나 포목점, 정원, 미술관, 영화관으로의 여행이 될 수도 있다.
- 만다라(우주 법계의 온갖 덕을 망라한 진수를 그림으로 나타낸 불화 – 옮긴이)를 그린다.
- 지역 공원을 답사하며 자연의 경이로움을 느껴보자.
- 인터넷의 놀라운 점은 롱테일 마케팅long tail marketing(대중적인 주류 상품 대신 다품종 소량 생산된 틈새시장 제품의 인터넷 판매 등으로 점유율을 높여가는 전략 – 옮긴이)처럼 그리 일반적이지 않은 틈새 관심사를 공유하는 사람이 무수히 많다는 것이다. 건물 측벽에 남아 있는 오래된 광고 그림의 흔적을 뜻하는 '고스트 사인ghost sign'을 사진 촬영하는 것도 그중 하나다. 본인이 흥미를 느끼는 것을 하나 찾아보자.

- 테드 강연으로 영감을 받자.
- 명상을 배우자.
- 마음에 드는 팟캐스트 시리즈를 찾자.
- 나는 또 구어체 라디오, 특히 BBC 라디오 4의 드라마를 무척 좋아한다.
- 드림보드를 만들자.
- 인터넷에서 마음이 맞고 함께할 수 있는 사람들의 모임을 찾아본다.
- 자신의 인생 이야기를 요약해서 적어본다.
- 어린 시절에 살았던 집을 그려보자. 밖에서 본 모습과 배치도를 그린다. 방에서 있었던 특별한 추억이 떠오르면 적어둔다.
- 응급처치 강좌를 듣는다.
- 헌혈한다.
- 자선단체에서 자원봉사를 한다.
- 유튜브에서 뭔가를 배운다. 뭐가 있는지 미리 말해서 흥을 깨진 않겠다.
- 태양계의 행성들에 대해 공부한다. 학습용 앱도 있다.
- 시를 배우자. (T. S. 엘리엇은 시를 '지면에 가득한 침묵으로 글 쓰기'라고 표현했다.)

때로는 가장자리가 어디인지 알려면 발가락을 그 위에 올려놓아야 한다. 그러니 앞으로 나서라.

읽고 성장하라

프루스트는 이렇게 썼다.

'우리는 우리 자신을 알기 위해 읽는다.'

내가 다시 책에서 기쁨을 찾게 된 이유를 설명해주는 말이다. 카산드라 클레어는 또 이렇게 말했다.

'우리는 항상 책과 그 내용을 조심해야 한다. 말은 우리를 바꾸는 힘이 있기 때문이다.'

책 한 권만 있으면 절대 혼자가 아니다. 니콜로 마키아벨리는 500년 전에 그것을 알고 있었다.

'나는 더럽고 땀에 젖은 작업복을 벗고…… 고대의 옛 궁중으로 들어간다…… 그리고 네 시간 동안 세상을 잊는다.'

또 W. H. 오든은 이렇게 지적했다.

'진정한 책은 우리가 읽는 책이 아니라 우리를 읽는 책이다.'

사실 우리가 한 작가의 글을 읽을 때처럼 다른 인간과 머리를 맞댈 수 있는 기회를 제공하는 다른 활동은 별로 없다. 나는 이제 형광펜을 준비해서 책을 읽고 마음에 와닿는 특별한 문구는 따로 적어둔다.

온라인 북 클럽에 가입하는 걸 고려해보자. 지역 도서관도 확인하자. 나는 읽는 책보다 듣는 책이 훨씬 더 많다. 요즘은 공원을 산책하면서 제인 오스틴의 작품 여섯 권을 오디오북으로 도전하고 있다. 헬렌 맥도널드의 『메이블 이야기H is for Hawk』 오디오북도 즐겁게 들었고, 데이비드 세다리스나 빌 브라이슨의 작품은 다 좋았다.

자신의 행동에 대해 지나치게 소심하거나 예민해지지 마라. 모든 인생은 실험이다.
_랄프 왈도 에머슨

나는 점점 내가 읽는 책에 대해 까다로워지고 있음을 깨달았다. 절반쯤 읽던 책도 재미없으면 손을 놓아버린다. 다 읽지 못한 책에는 두 가지 종류가 있다고들 한다. 수준이 떨어지는 책과, 독자가 그 수준을 못 따라가는 책이다. 세상에는 1억 2,900만 종의 책이 있다. 지금 시작하자.

자기 집착의 달콤한 유혹에 빠지게 될 위험성이 없지는 않지만 혼자 사는 이들에게는 인간으로서 성장할 수 있는 특별한 기회가 주어진다. 이 책 전체가 정확히 그것에 관한 내용이므로 장황한 반복 설명은 피하겠다. 다만 나는 오랫동안 서점의 '자기계발' 코너에 가는 것이 창피했다. 나중에 '자기강화'라는 말로 바뀌면서 조금은 편해진 느낌이다. 어쨌든 자기를 강화하고 싶지 않다면 어리석은 사람 아니겠는가?

나는 다년간의 경험과 시행착오를 거쳐 깨달은 것이 하나 있다. 자기계발서를 잔뜩 사서 한 번 휘리릭 넘겨본 후 책장에 두고 방치하기 쉽다는 것이다. '자기계발'이 아닌 '책장개발'이 된다. 책장 가득한 자기계발서만큼 우울한 건 없다. 그 책들은 시크릿(끌어당김의 법칙)이 자신에게 효과가 없어서, 누가 자기 치즈를 옮겼는지 관심이 없어서, 영혼을 위한 닭고기 수프에는 흥미가 없어서, 또는 세상에서 오직 자기만 자신의 인생 목표를 밝히지 못해서 처방을 받는 듯한 느낌을 준다.

어떤 책 한 권이 의문을 다 해결해줄 수는 없다. 그러니 책을 훑어본 후 최선의 의견을 선별해 일기장에 적고 책은 기부하자.

지식이 없는 인생은 죽음의 그림자에 불과하다.

_몰리에르(프랑스의 극작가이자 배우 - 옮긴이)

창의성은 고독의 산물이다

결혼하지 않고 혼자 살면서 위대한 업적을 이룬 사람은 많다. 아이작 뉴턴, 프리드리히 니체, 베아트릭스 포터, 에밀리 디킨슨, 그레타 가르보, 베토벤이 여기에 속한다.

우리는 혼자 있는 시간에 창의성이 꽃피는 것을 느낀다. 100년 전 오스트레일리아의 화가 클래리스 베킷도 그랬다. 그녀는 매우 위압적인 아버지 밑에서 수차례 청혼을 거절하고 몇 명의 연인을 사귀었지만 대부분의 시간을 병든 양친을 봉양하며 지냈다. 그녀가 이 짐을 벗는 유일한 시간은 동틀 무렵과 해가 질 무렵에 멜버른 교외를 걸어 다니며 그림을 그릴 때였다. 그녀의 창의성은 고독 속에서 피어났다. 그녀는 마흔일곱 살에 세상을 떠났고, 40년 후 그녀의 여동생이 페인팅과 스케치한 꾸러미를 들고 미술관을 찾아갈 때까지 무명으로 남아 있었다. 이후 낡고 비바람에 노출된 헛간에서 2,000여 점의 작품이 발견되었다. 상당수가 복원할 수 없을 정도로 훼손되었지만 몇 점은 구할 수 있었다. 이 아름다운 작품들은 고독 속에서 그녀의 슬픔과 회복력이 빚어낸 것이었다.

많은 사람들이 줄리아 캐머런의 『아티스트 웨이』가 자신의 본연적인 창의성에 다가가는 데 도움이 된다고 말한다(지금은 온라인 강좌도 개설되었다). 나는 '우리 모두는 창의적이다'라는 말을 들을 때마다 약간 움찔하지만 그것은 사실이다. 많은 경우 창의성은 우리가 어렸을 때 빠져나가고 만다.

나는 일곱 살 무렵 내 침실에 대한 시를 썼다. 나는 정성껏 시를 썼고 무척 마음에 들었던 것으로 기억한다. 하지만 선생님은 내가 쓴 시가 아니라며 'D'를 매겼다. 그 결과 나는 두 번 다시 시를 쓰지 않았다. 적어도 지난달까지는 그랬다. 혼자 살지 않았다면 절대 쓰지 않았을 것이다.

최고의 복수는 성공이다. 그러니 비웃는 자들에게 중지를 쌍으로 날려주고 자신이 뭘 할 수 있는지 보여주자. 자신의 창의성을 찾아내는 데 그치지 말고 분출하라.

요리, 옷 입기, 집 안 꾸미기 등 창의성은 삶의 많은 부분에 적용될 수 있다. 나는 예술적인 것을 좋아하는데 공간이 충분치 않아서 항상 붓과 물감을 꺼내두고 쓸 수가 없다. 그래서 물고기 동양화, 수채화, 얼터드 북altered book(책을 찢거나 자르고 붙여서 다른 모양으로 개조하는 일종의 책 공예 – 옮긴이) 등 프로젝트에 따라 캔버스 백을 바꿔가며 쓰고 있다. 요즘은 섬유예술가 리처드 사하에게 영감을 받아 얇은 리넨 천에 자수를 놓고 있다. 나는 한두 시간 정도 쓸 만한 백이 좋다.

혼자 사는 나는 섬이지만 흥미로운 섬이다. 탐사할 만한 흥미진진한 곳이 가득하다.

권태를 받아들이고 나에겐 휴식을!

권태를 완전하게 경험한 마지막 세대는 우리였다. 요즘은 테크놀로지가 그 간격을 메우고 있다. 몇 년 전 나는 볼쇼이 발레 하이라이트 공연을 보러 간 적이 있다. 무척이나 기대되었지만 내 인생에서 가장 따분한 공연 중 하나가 되고 말았다. 잔잔하고 느린 파트와의 대비가 빠진 하이라이트(엄청난 점프, 한없이 빙글빙글 돌기)의 연속은 힘도 감동도 없었다. 조용히 귀를 기울일 수 있다면 권태는 나쁜 것이 아니다. 권태와 비약은 쌍둥이가 될 수도 있다.

하지만 정말 신경이 쓰인다면 스스로 권태 퇴치 기구를 만든다.

종이쪽지에 자기가 할 일을 여러 가지 적어 상자에 넣는다. 현실적인 것(서랍 세 칸 정리, 냉장고 청소 등)도 좋고, 보다 창의적인 것(시 배우기, 친구 두 명에게 전화하기, 연락이 끊긴 친구에게 손편지 보내기 등)도 좋다. 권태에 뒤통수를 맞았다면 아이디어 상자에 손을 넣어보시라.

그리고 자신에게 휴식을 주자. 실제로나 은유적으로나 그렇게 해야 한다. 날마다 큰 성취를 이뤄야 하는 건 아니다. 나는 내가 늘 유능해야 한다는 느낌에 지쳐버렸다. 배터리를 재충전하고 샘을 다시 채우는 것은 중요하다. 때때로 자신이 모든 것을 놓아버리도록 허용하자. 하루 낮이나 하룻밤을 정해 철저하게 휴식을 취한다. 먹으면 위로가 되는 음식을 만들고[나의 경우에는 나이젤 슬레이터의 셰퍼드 파이 sheperd's pie(다진 고기와 양파에 으깬 감자를 올려 익힌 영국 전통 음식 - 옮긴이)다] 좋은 레드와인을 한 잔 따라 영화를 본다. 세상에서 가장 쓰고 진하고 비싼 초콜릿을 곁들여도 나쁘지 않다.

그리고 불멸의 윌리 웡카Willy Wonka(영화 「찰리와 초콜릿 공장」의 주인공 - 옮긴이)가 남긴 말도 잊지 않도록 하자.

'가장 현명한 사람들도 때로는 소소한 난센스를 즐긴다.'

권태는 다른 것으로 변신한다.
권태는 불편한 것이지만 이후 창의적 사고라는 높은 수준의 몽상으로 비약한다.
_마이클 해리스, 『부재의 종말』

제8장

핵심 포인트

01 뭔가를 혼자 하는 것을 절대 겁내지 마라.

02 스스로에게 도전할수록 자신감이 생긴다. 친구들과 가족의 호기심과 동정에 맞서라. 당신은 아르마딜로다!

03 여행할 때는 보지 말고 관찰하며, 듣지 말고 귀 기울이며, 배우지 말고 이해하라.

04 크리스마스와 혼자 식사하기, 근사한 나홀로 영화 보기, 여행을 위해 전략을 세운다.

05 당신 혼자가 아니라 당신과 함께 또는 당신을 위해 움직여라.

06 디지털 사용을 조절하자.

07 익숙한 것들에 더 깊이 파고들거나 새로운 것에 도전하자. 뭐든 해보는 거다. 시인 월리스 스티븐스는 이를 '선을 넘는 것'이라고 했다.

08 권태를 받아들이고 자신에게 휴식을 주자.

09 당신의 배가 들어오지 않으면 헤엄쳐서 나아가라.

제9장

나의 내면을 들여다본다

그것은 왜 중요한가 · 당신이 찾고 있는 것과
그것을 인생에 접목시키는 방법 · 비탄과 죽음을 마주하기

영성靈性이란 아주 개인적이고 복잡한 주제다. 간단히 자기계발 점검표에서 체크하고 넘어갈 사안이 아니라는 것이다. 나는 실용주의자이고, 앞에서 얘기했듯이 헛소리를 감지하는 예민한 촉이 있다. 그래서 영성과 종교를 다루고 있는 많은 글이 이해되지도 않고 혼란스럽다는 사실이 그리 놀랍게 다가오지는 않는다. 나는 독자들에게 영감을 주는 현실적인 관점으로 이 문제에 접근하고 싶다. 간단히 말하면, 자신에게 맞는 것을 찾고 그것을 삶에 적용하는 방법이다.

이 발견의 여정을 시작하기 전에 우리가 찾고 있는 것을 확실히 해두자. 질문은 세 가지다.

왜 영성이 중요한가?
무엇을 해야 내가 원하는 걸 찾을 수 있을까?
어떻게 그것을 일상에 접목시킬 것인가?

내면의 삶이 왜 필요할까?

왜 인생에서 영성이 중요한가? 그것은 어떤 역할을 하는가? 혼자 살면서 내면의 삶에서 안팎으로 힘을 얻으려면 아주 강해져야 한다. 영성은 두 얼굴의 신 야누스처럼 양면성을 갖고 있다. 하나는 본인이 의지할 수 있는 용기와 지혜의 내적인 샘이자 저수지다. 다른 하나는 기운을 불어넣고 자신을 세상에 투영하는 방법을 알려준다. 일단 이 둘 사이의 균형점을 찾으면 당신도 남을 도울 수 있는 보다 강력한 위치에 서게 된다.

독신 여성들에게 '무엇 때문에 좀 더 깊은 세계를 찾게 되었는가?'라고 묻자 이런 답변들이 돌아왔다.

- 내 인생의 다른 부분을 탐구하고 싶다. 이건 내 일, 또는 내 친구들, 또는 내 집, 내 일상이 아니다. 이건 별개의 나다. 이건 아주 개인적이다.
- 아직 탐사되지 않은 온전한 나 자신이 있을 것 같다.
- 존재가 먼저, 행위는 다음.
- 나 자신을 좀 더 잘 이해하고 싶다.
- 진정한 자아를 찾고 싶다.
- 내면이 공허하다.
- 돌려주고 싶다.
- 최근에 이혼했다. 절박한 슬픔에서 벗어날 어떤 희망을 보고 싶다.
- 평온해지고 싶다.
- 실타래처럼 엉킨 내 인생을 풀어 좀 더 단순하게 만들고 싶다.
- 나 자신이 아닌 다른 어떤 것을 믿고 싶다.

- 나 자신과 단절된 느낌이다.
- 어머니의 죽음으로 모든 것을 다시 생각하게 되었다.
- 산만하고 시끄러운 마음을 가라앉히고 싶다.
- 나는 이제야 깨어나기 시작한 것 같다.
- 나는 불완전한 것 같다.
- 이것은 내 변신의 일부다.
- 내 일상에 뭔가 영적인 것을 접목시키는 방법을 찾고 싶다.
- 종교적 느낌은 아니지만 나보다 더 큰 무엇이 있다고 느낀다.
- 몇몇 친구가 갖고 있는 그 기운을 나도 갖고 싶다.
- 죽는 게 두렵다.
- 그냥 명상하는 걸 배우고 싶다.
- 어떤 영적인 호기심이 생겨 그것을 해결하려 한다.
- 내 목적을 찾아내고 싶다.

영성이 우리에게 개인적으로 무엇을 의미하고, 무엇이 효과가 있으며, 그것을 인생에 어떻게 접목시킬지 파악하려면 시간과 공간이 필요하다. 다행히 우리 솔로들은 이 두 가지 자산을 풍족하게 갖고 있다. 바로 이 부분이 뚜렷한 우리의 이점이다. 이를 최대한 활용해 삶의 이면을 탐구하는 것은 우리 자신에 대한 의무이다. 고독은 우리가 영적인 자아와 접속하고, 내면세계와의 연결고리를 탐구하고 유지하기 쉽게 한다. 당신의 영성은 펼쳐질 것이다.

내가 원하는 것을 찾는 여정

이것은 영혼의 모험이다. 그러니 자신을 몰아붙이지 말고 느긋하게 몇 가지를 탐구하고 무엇이 울림을 주는지 파악한다. 때로는 자기에게 맞는 길을 알아보는 데 시간이 걸리고 처음에는 반발심이 생길 수도 있다. 어떤 경우에는 오랜만에 처음으로 한 걸음 물러나 들여다본 것이 마음에 들지 않을지도 모른다. 우리는 보통 이 거창한 질문들이 답변하기 쉽고 재미있어서 씨름하고 있는 것이 아니다. 이 문제들은 우리를 무릎 꿇릴 수도 있다. 이것은 용감한 자의 여정이다.

영국의 시인 새뮤얼 테일러 콜리지는 '인간이 자신의 마음을 내면으로 돌리는 데 가장 흔한 장애물은 그곳에서 발견하게 될 것에 대한 두려움이다. 가슴에는 쓰라린 공허함이, 심장에는 어둡고 차가운 오점이 있다. 양심의 시야에서 벗어나 있어야 할 다소 모호하고 불길한 감각, 마음먹고 내칠 수도 받을 수도 없는 은밀한 유숙객이다'라고 말했다.

이렇듯 두려워하는 건 당신 혼자만이 아니니 처음부터 기죽을 이유는 없다. 오래된 거울의 변색이 차츰 사라지고 깨끗한 상을 드러내는 것이라고 생각하자.

고독의 혜택

역사적으로 보면 고독을 본인에게 유리하게 이용하여 자신을 더 잘 이해하고 보다 높은 권력에 다가간 남녀의 예를 많이 찾을 수 있다. 40일 낮과 40일 밤을 동굴에서 칩거하라고 주장하는 건 아니지만 그들의 행동에서 우리가 본받을 만한 부분이 있을 것이다.

나는 성 히에로니무스를 가장 좋아한다. 그는 사막에서 혼자 생활하다 지나가는 사자의 발에서 가시를 뽑아주기도 했다. 이후 사자는 죽을 때까지 충직한 개처럼 그를 따라다녔다. 나는 특히 안토넬로 다 메시나의 작품으로 런던 국립미술관에 있는 히에로니무스의 그림이 무척 마음에 든다. 그는 아름다운 건축 공간에 마련된 자신의 서재에서 책을 읽고 있다. 그림에서 뿜어져 나오는 집중과 자족의 분위기가 인상적이다(세부적인 것까지 아름답게 묘사되었다. 그의 발치에 웅크리고 앉은 고양이, 고리에 걸려 드리워진 수건, 그늘 속에서 그의 사자도 보인다). 히에로니무스는 아주 침착하다. 그리고 혼자다.

침묵의 즐거움

'시간이 가면서 침묵에는 내적인 차원이 있음을 점점 더 명확히 느끼게 된다. 이 마음과 정신의 고요는 공허함이 아니라 풍요로운 공간이다.'

세라 메이틀런드의 책 『침묵의 책A Book of Silence』에 나오는 말이다. 그녀는 스카이 섬의 외진 곳에 있는 조그만 오두막을 빌린 후 기다리며 정적에 귀를 기울였다. 그녀는 자신의 기대보다 훨씬 더 많은 것을 찾아냈다. 신체적인 변화도 있었다. 미각과 청각이 강화되고, 체온에 대한 감각이 보다 예민해졌다. 또 기쁨, 슬픔, 웃음으로 감정의 농축이 일어났다. 그녀는 억제에서 벗어나 1주일에 한 번밖에 씻지 못했지만 뜨거운 목욕을 즐겼다. 사회의 규범에 구속될 필요가 없었다. 그녀는 또 자신과 비슷한 경험을 한 다른 사람들의 예도 많이 소개했다. 그리고 그것은 단지 고립되고 혼자라서 겪은 일이 아니었다. 그녀는 침묵 자체가 자신을 해치지 않는다고 느꼈다.

미국의 작곡가 존 케이지는 침묵의 「4분 33초」를 썼다. 3악장으로 구성된 이 작품에서 단원들은 자신의 악기를 연주할 수 없다. 이

정적은 청중이 들을 수 있는 주변 음향으로 채워지고 그 자체로 작품이 된다. (유튜브에서 공연 영상을 볼 수 있다.) 침묵 속에서 놀라운 것을 들을 수 있다. 일상의 조직에 약간의 침묵을 섞어 넣자.

시작하기에는 새벽 시간이 좋다. 나도 기상 시간이 점점 빨라지는 중이고 하루 중 이때를 무척 좋아한다. 마치 나만 아는 비밀 같다. 앤서니 로빈스는 이것을 '힘의 시간'이라 부른다. 그리고 여기에서 '뭔가'를 만들어낸 할 엘로드의 『미라클 모닝Miracle Morning』도 읽어볼 만한 가치가 있다.

직감에 귀를 기울이자

'항상 자신의 본능을 신뢰하라.'

이것은 내가 정말 굳게 믿는 말이라 내 책 『중년 선언Midlife Manifesto』의 모든 페이지 맨 아래에 인쇄를 할 정도였다. 하지만 우리가 주목해야 하는 건 본능이 아니라 직감이지 않을까? 이 두 가지의 차이점은 무엇일까?

본능에는 의식적인 선택이 없다. 이미 고정된 회로라 자신이 좋든 싫든 특정한 방식으로 반응하게 만든다. 누군가가 자기를 때리려 하거나 엄청난 소리에 화들짝 놀랄 때 손을 드는 것처럼 그 지식은 우리의 골수에 새겨져 있다.

직감은 한 가지 반응을 다른 반응보다 더 매력적으로 만드는 느낌이나 육감에 가깝다. 하지만 이에 따를지 말지는 여전히 자유롭게 선택할 수 있다. 이것은 각자의 경험에서 나온 정보다. 당신이 조용

그리고 그대는 자신을 향한 긴 여정을 언제 시작할 셈인가?
_루미

히 할수록 영적 GPS인 직감의 목소리는 커진다. 거기에 귀를 기울이면 직감은 각자에게 맞는 영적인 전망과 실천으로 우리를 인도할 것이다.

리사 코건은 이렇게 말했다.

'그렇다, 영적 깨달음과 샌들은 좋은 것이다. 하지만 에어컨과 실내 화장실도 그렇다. 영적인 깨달음은 본인이 준비되면 언제 어디서든 얻을 수 있다.'

자기만의 규칙을 만들자

우리는 세계의 위대한 영적 지도자들이 당대의 선동가이자 급진주의자였음을 잊고 있다. 그들은 추종자들에게 지나간 것을 맹목적으로 답습하지 말라고 설파했다. 과거를 이해하고 의문을 제기하며 공감대를 찾는 노력은 곧 저 위대한 정신들이 놓았던 길에 경의를 표하는 것이다. 그들은 수백 년 전부터 내려왔을 법한 독단적 신조에 도전했다. 심지어 석가모니도 임종 자리에서 제자들에게 일렀다.

'전해 들은 것을 인정하지 말며, 전통을 인정하지 말며, 또한 그것이 너희의 믿음과 맞다 하여, 스승의 말이라 하여, 우리의 책에 나온 말을 인정하지 마라. 스스로 자신의 등불이 되어라.'

우리는 모두 미국의 신화학자 조지프 캠벨이 말한 '살아 있음의 황홀함'을 경험하고 싶다. 길은 하나가 아니다. 우리는 각자 자신의 사고를 가진 지각 있는 존재다. 내게 맞는 것이 당신에게 맞지 않을 수도 있다.

'종교란 요리책이나 여행안내서와 같다. 그 자체로 요리나 외국이 아니라 식재료를 소개하고 방향을 제시한다.'

엘리자베스 레서가 쓴 『구하는 자를 위한 안내서Seeker's Guide』(나의 강력 추천)에 나오는 말이다. 자신의 여정을 짤 수 있는 사람은 자기뿐이다.

열린 마음으로 시작하라

인생에서 영성 탐구에 호기심을 가질 때쯤이면 고래에 붙은 따개비처럼 이미 낡은 가치관을 어느 정도 갖고 있을 가능성이 높다. 그것은 기존의 자신이나 부모, 친구의 종교적·영적 믿음일 수도 있다. 그것이 꼭 잘못된 건 아니지만 한 발 물러서서 또 다른 시선으로 바라볼 가치는 늘 있다. 나는 운 좋게 기존의 지혜에 의문을 제기하고, 심지어 신의 존재를 회의하는 시대와 지역에 살게 된 덕분에 우물 안 개구리 신세를 면했다. 우리는 논쟁의 모든 면을 자유롭게 고려해볼 수 있다.

스티븐 프라이처럼 논리정연한 사람이 반신론反神論이라는 무척 강렬한 의제를 들고 나오는 것을 보면 무척이나 흥미롭다. 유튜브에 '스티븐 프라이의 신/삶의 의미'라는 인터뷰 영상이 있다. 그는 전혀 거침이 없다. 예를 들어 '천국의 문 앞에 있는 신에게 무슨 말을 하고 싶은가?'라는 질문에 그는 이렇게 대답한다.

"아이들이 뼈암에 걸린다고요? 이게 대체 뭐죠? 말이 안 됩니다. 우리의 잘못이 아닌데도 어떻게 이런 비참한 세상을 창조할 수 있습니까? 이건 옳지 않습니다. 대단히, 대단히 사악합니다. 내가 왜 불의와 고통이 만연한 세계를 창조한 변덕스럽고 비열하고 어리석은 신을 존경해야 합니까?"

나의 아버지도 같은 생각이었을 것이다. 아버지는 제2차 세계대전 이후 믿음을 접었다. 홀로코스트로 선민(유대인들은 스스로를 하느님에게 선택된 사람들이라고 믿는다 - 옮긴이) 600만 명을 죽게 한 그 신을 용인할 수 없었다.

기성 종교가 혼자 사는 사람들에게 영적 자양분을 제공할 수 있다는 것은 의심의 여지가 없다. 마음이 맞는 사람들과 소통하고 신도의 '무리'에 낄 수 있는 좋은 방법이기도 하다. 세상에는 수많은 신앙과 수행 방법이 있다. 관심이 있으면 더 공부할 가치가 있다. 비교 종교학 속성 강좌를 듣거나, 가능하다면 다양한 종교 행사에 참석해 보자(실례가 되지 않도록 미리 문의하자). 나는 모스크와 유대교 회당, 러시아 정교회를 경험했지만 퀘이커 모임이 가장 마음을 움직였다.

때로는 다른 종교 행사에 참여하는 것이 회로차단기 역할을 한다. 자신의 선입견과 믿음에 의문을 제기하고, 마치 나무를 깎듯 본인의 개인적인 영성에 접근하는 방법을 정련하는 데 도움이 된다. 지역 도서관에 들러 흥미를 자극하는 종교나 신화, 철학, 심리학에 관한 책을 찾아보자.

가슴을 넓게 펴자. 갈비뼈가 만나는 중앙에 손을 얹는다. 일부 종교에서 '마음 중심'이라 부르는 곳이다. 새로운 생각에 마음을 열자.

당신의 영적 '패스트패스'는 무엇인가

디즈니 테마파크에서 운용하는 '패스트패스fastpass'라는 티켓 시스템은 대기열의 앞쪽으로 갈 수 있는 일종의 지름길을 제공한다. 자신의 영적 삶에도 이 같은 역할을 할 수 있는 것들을 찾아보자. 더 깊은 영적인 바다에 보다 빨리 도달하는 방법이다.

예를 들어 만트라나 수정구, 이미지, 조각상, 염주, 팔찌, 또는 심지어 주기적으로 명상하고 예배하는 물리적 공간이 될 수도 있다. 내 친구는 손목 안쪽에 정신 집중을 도와주는 문신을 새겼다. 공감 능력이 매우 뛰어난 사람들은 사원이나 교회 등 특정 예배 공간에 들어갈 때 신앙의 품격을 느낀다.

미로를 걷는 것도 같은 효과가 있다. 최근에 나는 시드니에서 처음으로 시도해보았다. 미국의 강신술사 주디스 트립의 자상한 지도로 생면부지의 여성 10여 명과 함께했다. 그것은 일종의 가볍게 걷는 명상이었다.

처음에는 모두 앉아서 짧게 명상을 한 후 둥글게 둘러서서 서로의 손을 잡았다. 주디스는 우리의 가족과 조상들, 그리고 뒤에서 우리를 응원하는 세계의 다른 여성들을 생각해보라고 권유했다. 또한 우리의 발을 자연과 지구의 중심에 연결된 뿌리로 생각하고, 나무들이 가지를 팔처럼 펼쳐 우리를 껴안는 것을 상상하라고 했다. 이쯤 되면 여러분 중 누군가는 구글에서 '가장 가까운 미로'를 검색하거나, 아니면 이 책을 방 저편으로 내동댕이쳐버릴지도 모른다. 미로 걷기가 누구에게나 맞는다는 뜻은 아니다. 요점은, 새로운 것을 시도하는 것이다. 손가락을 물에 담그고 끌어보자.

메리앤 윌리엄슨의 아름다운 표현을 보자.

'지혜는 양념장과 같다. 우리는 먼저 책에서 본 것이나 선생님에게 들은 것을 받아들인 후 나중에 그것을 자신의 생각과 혼합한다. 거기에 경험과 눈물 몇 통이 더해진다. 잃어버린 사랑에 대한 추억, 개인적인 수치심 한 조각, 깊은 회한 한 스푼도 들어간다. 용기 한 컵

영혼을 통해 뭔가를 하면 자기 안에서 강물이 흐르는 기쁨을 느낀다.
_루미

까지 부어넣자. 이것을 몇 년 재운 후 열어본다. 자, 현명해지지 않을 수가 없다.'

내게는 자연에서 시간을 보내는 것도 하나의 영적 '패스트패스'다. 일본에서 유래한 삼림욕이 심박동수와 혈압을 낮추고, 스트레스 호르몬 분비를 줄이고, 면역체계를 강화하고, 전반적인 행복감을 증진시키는 것으로 밝혀진 데는 그만한 이유가 있다.

자연에 빠르게 접속할 수 있는 방법

- 똑바로 누워서 별을 본다.
- 맨발로 풀을 밟는다.
- 날씨를 음미한다. 빗속을 걸으며 얼굴을 적신다.
- 계절의 변화를 즐긴다.
- 새들을 관찰한다.
- 자연을 집 안에 들인다. 꽃보다는 나뭇가지를 큰 항아리에 꽂는다. 유목流木 또는 버려진 둥지나 깃털을 수집한다.
- 바다가 숨 쉬는 소리를 듣는다. 녹음된 소리도 좋다.
- 동질감이 느껴지는 새나 동물을 골라 하루 동안 '영혼의 안내자'로 삼는다. 헌책방에서 영감이 될 만한 멋진 동물 화보집을 구입한다.
- 주목할 만한 미술품을 찾아보자. 내가 좋아하는 건 파리의 오랑주리 미술관에 있는 클로드 모네의 「수련」, 마크 로스코의 「시그램

자연 속에 살면서 의식을 평온히 다스리는 자에게는 극도의 암담한 우울감이 없다.
나는 외로움을 느낀 적이 없고 조금도 고독감에 짓눌리지 않았다.
_헨리 데이비드 소로

벽화」, 앤서니 곰리의 잊을 수 없는 설치미술작품 「또 다른 장소」와 「북방의 천사」, 엘리자베스 프링크의 조소 작품들이다. 다 열거하자면 끝이 없을 것 같다.

그렇지 않으면 자신의 수호성인을 찾거나, 한 발 더 나아가 자신을 특정한 고대의 여신과 동조시켜 영적 자아에 접근하는 데 도움을 받도록 한다. 나는 이 책을 쓰기 시작하면서 혼자 사는 사람들을 위한 수호성인을 찾고 싶었다. 어쨌든 벨트 만드는 사람, 코미디언, 이탈리아 교도관들, 심지어 성병性病에도 수호성인이 있다(순서대로 각각 성 알렉시우스, 성 제네시우스, 성 바실리데스, 성 피아크르). 그런데 왜 우리는 없는가? 안타깝고 실망스러웠다. 우리도 하나 정해보자. (위키피디아에 직업과 활동별로 보기 쉽게 색인된 수호성인의 목록이 있다.)

나는 여신 헤카테Hecate(달, 대지, 지하를 다스리는 여신 - 옮긴이)와 가장 흡사했다. 내 경우에는 피드백이 꽤 정확했던 것 같다.

'이것이 당신의 원형이라면 당신은 현재를 살고 우주를 신뢰하는 능력이 있습니다. 직업은 미술, 통신, 동기부여 강사, 인생 상담사가 어울립니다. 당신은 세상이 환영임을 알고 영적 소통을 소중하게 여깁니다. 오프라 윈프리가 이 원형의 완벽한 표본입니다. 이것은 흥미롭고 건강하게 나이 들 수 있는 여성에게 강력한 원형입니다. 이것이 당신의 원형이라면 당신은 인생을 배움의 연속으로 보는 재능을 가졌으며 아마도 뛰어난 유머 감각의 소유자일 겁니다. 또한 그 내재적인 결함에도 불구하고 인생을 풍요롭고 아름다운 태피스트리로 바라봅니다.'

새로운 관점을 더하기 위해 한번 시도해보는 건 어떤가?

사기꾼과 괴짜들?

지금쯤 독자들은 내가 길을 잃고 갈팡질팡 헤매고 있다고 생각할지도 모르지만 나는 고대의 여신이 정답이라고 주장하는 것이 아니다. 하지만 그것은 지그소 퍼즐의 또 다른 한 조각, 영혼의 목걸이의 또 다른 구슬일 수 있다.

미리 밝혀두지만 나는 타로와 오라클 카드 점술가를 찾아갔고, 어떤 영매를 여러 차례 만났으며, 망자와 대화한다는 사람도 보았다. 거기다 아름다운 르노르망 카드 세트도 갖고 있다. 나는 그들의 유용성과 정확성, 통찰력을 100퍼센트 확신하는가? 그렇지 않다. 그러면 그것이 완전히 시간과 돈 낭비이자 철저한 헛소리이며 사기꾼들의 기원이라 생각하는가? 그렇지도 않다. 아직 결론은 나오지 않았다. 내가 볼 때 진실은 양극단 사이 어디쯤에 있는 것 같다.

지금 말할 수 있는 것은, 나는 이들을 만날 때마다 마음속에 어떤 고민이 있었고 상담이 끝날 때쯤이면 어떻게든 해결되었다는 사실이다. 이것은 그 만남을 해명하려는 사후 합리화일지도 모른다. 하지만 그걸로 기분이 나아졌다면 성공이라는 것이 내 생각이다.

내 친구 몇 명은 어떤 결정을 내리거나 하루의 방향을 정하는 데 특히 오라클 카드가 도움이 된다고 한다. 불과 몇 달러만 투자하면 되는 일이니 한번 시도해보는 건 어떨까? 나는 크리스 월더의 '여신 영감 오라클Goddess Inspiration Oracle' 카드 한 팩을 샀다. 하지만 가장 잘 알려진 오라클 카드의 '여왕'은 천사를 주로 다루는 도린 버추다.

물론 우리의 미래는 우리가 책임져야 하고 그 일을 오라클 카드나 영매에게 떠넘길 순 없다. 하지만 그것들이 우리의 생각에 명료함을 주고 어렴풋이나마 옳은 방향을 제시한다면 나로서는 좋은 것이라고 생각한다.

참된 명상과 마음 챙김

불교신자들은 우리가 세상에 대해 알아야 하는 모든 것을 방석에 앉아서 배울 수 있다고 말한다. 그러나 실제는 말처럼 쉽지 않다. 2014년 〈사이언스〉에 한 실험 결과가 게재되었다. 실험 참가자들은 대부분 6~15분간 혼자 방 안에서 생각만 하는 것을 좋아하지 않았다. 그들은 차라리 재미없는 활동을 즐겼다. 그리고 많은 사람들이 혼자 남겨져서 생각에 잠기는 것보다 자신에게 전기충격을 가하는 쪽을 선호했다. 논문은 이렇게 결론을 내린다.

'대부분의 사람들은 아무것도 안 하는 것보다, 심지어 그것이 부정적일지라도 뭐든 하는 것을 더 좋아하는 것 같다.'

놀라운 결과다. 하지만 나는 조용히 앉아 있는 것의 이로움을 잘 안다. 아무것도 안 하는 것의 효과가 나타나기까지는 시간이 좀 걸린다. 나는 마침내 고요의 강에 누워 있으면 실제로 소용돌이와 물살이 나를 실어간다는 사실을 깨달았다. 그것은 아무 데도 가지 않으면서 하는 모험이다.

내 경우에는 누가 따로 명상을 권유할 필요가 없었다. 명상의 가치를 증명하는 과학적 연구는 많다. 하지만 나의 명상은 여전히 초보 수준에 머물고 있다. 그래서 하면 할수록 쉬워지고 효과가 커진다고 늘 스스로에게 다짐해야 한다. 매일 같은 시간에 단지 10분을 할애하는 게 그리 어려운 일은 아니지 않은가? 우리는 명상의 효과에 대해 지나치게 큰 기대를 한 나머지 제풀에 질려버리고 만다. 특히 괄목할 만한 변화가 즉시 나타나지 않을 때 더욱 그렇다. 지금 시작했다면 명상을 그저 혼자 있음과 그것에 편해지는 연습이라고 생각하자. '행위'보다는 '존재'에 관심을 둔다.

엘리자베스 레서는 명상이 우리의 평범한 의식과 '천사의 왕국' 사이의 장막을 뚫는 데 사용되었다고 썼다. 나는 아직 그런 지복의 순간을 맞지도 못했고, 그 찾기 힘든 '천사의 왕국'에도 이르지 못했다. 그러나 만약 명상이 우리가 컴퓨터에서 하듯 마음의 '휴지통 비우기'에 불과하더라도 그만한 가치가 있다. 작가 켄 로빈슨은 명상을 '자신과 재접속하고 드러나지 않은 자기 정체성에 대한 감각을 밝히는 강력한 방법'이라고 표현했다. 그리고 '명상 수행'이라고 부르는 데에는 충분한 이유가 있다. 수행이 영속성을 만든다.

스승을 두면 안정적으로 진행할 수 있지만 명상은 혼자서도 얼마든지 배울 수 있다. 수행법은 여러 가지가 있지만 기본적인 원리는 다 비슷하다. 호흡에 정신을 집중하면서 떠오르는 생각을 흘려보내는 것이다. 생각을 그치는 것이 아니라 시끄럽고 집중을 못하는 이른바 '원숭이의 마음'을 진정시키는 것이다. (원숭이는 집중력이 매우 높은 것으로 밝혀진 만큼 잘못된 표현이다.) 내 경우에는 명상을 시작하고 진행하는 데 헤드스페이스Headspace라는 앱이 가장 큰 도움을 준다. 영어 내레이터 앤디가 쉽고 간단한 방식으로 수행 과정을 안내한다. 스스로 명상 여정을 시작하고 이어가는 데 더없이 좋은 도구다.

'우리의 인생은 끝없는 여정이다. 넓은 고속도로가 저편으로 무한히 뻗어 있는 것과 같다. 명상 수행이 그 길을 여행할 차량을 제공한다. 우리의 여정은 거듭되는 성쇠, 희망과 두려움으로 점철되지만 그럼에도 좋은 여정이다. 명상 수행은 우리가 이 도로의 모든 질감

을 느끼도록 해준다. 그것이 바로 이 여정의 모든 것이다.'

쵸감 투른파Chögyam Trungpa의 말이다.

나는 가끔 변화하기 위해 베트남의 선승 틱낫한의 네 개의 조약돌 명상을 수행한다. 애초에 어린아이들을 위해 나온 것이라 재미있고 단순하다. 마음에 드는 매끈한 조약돌 네 개를 찾는다(또는 수정 제품 가게에서 다듬어 나온 돌을 구입한다). 그리고 각각의 돌에 역할과 성질을 부여한다. 첫 번째 돌은 생생함을 상징하는 꽃이다. 두 번째는 견고함을 뜻하는 산, 세 번째는 고요와 평온을 의미하는 잔잔한 물, 그리고 마지막 돌은 자유를 대변하는 공간이다. 이 네 가지 측면, 즉 생생함, 견고함, 고요, 자유가 이 명상의 기반이다.

자리를 잡고 앉은 후 차례로 돌을 하나씩 집어 들면서 그것이 상징하는 성질에 정신을 집중한다. 숨을 들이마시고 내쉴 때 그 이미지와 성질을 생각한다.

- 첫 번째 돌, '나는 생생하다'를 들이마시고 '나는 꽃이다'를 내쉰다.
- 두 번째 돌, '나는 견고하다'를 들이마시고 '나는 산이다'를 내쉰다.
- 세 번째 돌, '물, 고요'를 들이마시고 '반영'을 내쉰다.
- 네 번째 돌, '내 안과 주변에서 공간을 느낀다'를 들이마시고 '나는 자유롭다'를 내쉰다.

물론 유튜브에도 도움이 될 만한 동영상이 있다. 나는 이 돌들을

우리는 우리의 정신을 무한히 계발할 수 있다. 한계는 없다. 많은 사람들이
자기가 가진 것에 대해 불만스러워하지만 자신의 영적 개발에 대해서는 만족한다.
이것이 우리가 저지르는 첫 번째 실수다.

_텐진 갸초

그 특성을 적은 카드와 함께 조그만 주머니에 넣어 나의 미니 '제단' 위에 놓아둔다.

나는 아직도 명상의 약간 부족한 동생 격인 마음 챙김을 이해하기 힘들다. 마음 챙김은 머릿속의 논평을 멈추고 우리가 머무는 순간에 대한 '판단 없는 알아차림'으로 설명된다. 틱낫한은 우리가 온전히 통제할 수 있는 건 이 순간뿐이며, 그러므로 인생에서 가장 중요한 것도 이 순간이라고 가르친다.

우리는 늘 다음이 더 좋으리라 기대하는 것을 멈추고 지금 하고 있는 것을 즐겨야 한다. 나의 경우에 마음 챙김을 인생에 접목시키는 가장 실용적인 방법은 잠깐 일시정지 버튼을 누르고 내가 행하는 일상적인 것들을 음미하고 감상하는 것이다. 심지어 그냥 사과를 먹는 행위도 처음이자 마지막인 것처럼 생각한다. 마음 챙김이라는 주제로 오프라 윈프리와 틱낫한의 매우 훌륭한 대담 영상이 있으니 온라인에서 찾아보기 바란다.

자기 영성의 버전을 규정하라

'여자로 태어나는 것이 아니라 여자로 길러지는 것이다.'

시몬 드 보부아르의 말이다. 혼자 살면서 자신의 영적 측면을 포용하면 성장 과정이 집중된다. 이것은 우리가 인간이자 지각 있는 영혼으로서 성숙하는 데 중요한 부분이다.

정식으로 자신의 영성 버전을 규정할지의 여부와 그 방법은 본인에게 달렸다. 내 경험에 따르면 비유적으로 하나의 목걸이라고 생각하면 도움이 된다. 예를 들어 이 구슬은 명상이고 저 구슬은 미로이고 하는 식이다. 나는 아직 초기 단계이지만 대기열에서 보다 느긋하고 너그럽게 명상을 하거나 자연의 영향력을 감상하는 자신을 볼 때 뭔가 발전이 있다고 느껴진다. 기분이 좋고 추진력이 붙는 것 같다.

오프라 윈프리의 신중하고 현명한 지적처럼 자기 자신에 대한 영적 이해(종교적 감성이 아니라 깊은 내면에 자리한 영혼을 말한다)가 선행되어야만 비로소 통제권을 가지기 시작하게 된다.

답은 내 안에 있다!

당신은 영성을 자신의 일상에 어떻게 접목시키는가? 내 생각에 그것은 흔히 태도로 나타나는 것 같다. 살면서 맞닥뜨리는 다양한 상황과 인생에 접근하는 방법을 규정하는 태도다. 그것은 당신이 행하는 모든 것을 알려주는 동시에 당신의 가드레일이다. 당신이 자신의 내면을 채워야 할 것을 갖고 있어서, 아니면 최소한 영감과 가르침을 구할 곳을 알고 있어서 보다 행복하고 평화롭기를 바란다. 다른 사람은 필요 없다. 자기 내면의 삶을 주목하고 계발하라. 자아와 정신의 학자가 되자. 자신을 영성과 종교의 다양한 측면에 노출시키고 직감에 복종하라. 존재를 바로 세우면 삶은 따라온다.

'내가 잘하면 기분 좋고 못하면 기분 나쁘다. 그것이 내 종교다.'

에이브러햄 링컨의 말이다. 우리가 계속해서 같은 방식으로 행동하면 그것은 결국 존재의 방식이 된다.

나는 나를 끌어내리려는 친구 같은 적들을 멀리하려고 노력한다. 또한 물질만능주의와 무례함, 분주함, 험담도 피하려 애쓴다. 나는 호기심과 열린 마음을 지향하고, 남과 나 안에서 최선을 찾는 것을 목표로 삼는다. 우리는 얕은 물이나 깊은 물에서 인생을 살아갈 수 있다. 첨벙거리기는 얕은 물이 쉽다. 깊은 물이 훨씬 더 보람 있지만 그만큼 더 노력해야 한다.

집 안에 물리적으로 영성을 상기시키는 뭔가를 두는 것도 좋은 생각이다. 조용히 앉아 있을 수 있는 곳, 특별한 사진, 또는 수집한 물건이 될 수도 있다.

나의 침실 책상에는 다양한 종교 용품이 모여 있다. 이탈리아에서 제작한 소형 목재 도금 세 폭 제단화와 두 폭 제단화에는 가톨릭 성인들의 모습이 묘사되어 있고, 그 옆으로는 염주를 목에 건 목각 불상과 조그만 힌두 황동 싱하산(왕좌)에 앉은 가네시(힌두교의 지혜와 학문의 신 - 옮긴이)가 어우러진다. 나는 이 아름답고 차분한 극적 장면을 무척 좋아하는데 웬지 나를 지켜주는 듯한 느낌이 든다.

이 영성이라는 주제 전체는 아주 개인적이며 우리 솔로들에게 무척 잘 어울린다. 엘리자베스 케이디 스탠턴이 이 부분을 정확히 포착했다.

'우리가 자아라고 부르는 내적 존재는 그 어떤 인간이나 천사의 눈길과 손길도 닿지 않았다.'

삶이 조금 버겁거나 길이 보이지 않을 때는 자신에게 하루 안식일을 선사하자. 시간을 두고 쉬고 생각하면서 내면의 자아에 귀를 기울인다. 우리가 가진 의문에 대한 답변은 이미 대부분 자기 안에 있다. 당신의 날개가 조금은 부서지고 구겨진 느낌이 들더라도 다정하게 자기를 감싸고 휴식을 취하자.

어느 정도 내면의 평정을 찾고 나면 동시성의 원리가 작동되기 시작하는 게 느껴질 것이다. 그것은 놀라운 느낌이고 단순한 우연의 일치와는 차원이 다른 현상이다. 생각하고 있던 사람이 난데없이 전화를 한다든지, 찾고 있던 책이 헌책방 책더미의 맨 위에 있다든지, 막 관심을 갖기 시작한 분야의 전문가를 만난다든지 하는 것이다. 내가 영적으로 '막히면' 동시성은 말라버린다. 내 영혼이 열리고 자신만만하고 낙관적이면(비록 역할 연기라 하더라도) 그것은 다시 시작된다.

플로렌스 포크는 자신의 책 『미술관에는 왜 혼자인 여자가 많을까?On My Own』에서 '자기 축복'을 길을 나서기 전의 마지막 단계라고 썼다. 멋진 착상이라고 생각한다. 자기 자신이 영적 노정에 있음에 대한 다소 확신에 찬 인정, 그것은 본인 혼자만의 산티아고 순례길이다.

비탄과 죽음

이 책에서 죽음이라는 주제를 다루는 건 중요하다고 생각한다. 혼자 사는 것은 겁내고 피하는 삶이 아니다. 나는 이 문제를 두 방향에서 접근하고자 한다. 첫째는 가까운 사람이 떠났을 때 경험하는 비탄의 감정이고, 둘째는 우리 자신의 죽음에 대한 사색이다.

솔직히 나는 아직도 내 부모님이 돌아가셨다는 사실을 믿을 수 없다. 그런 일은 다른 사람들에게나 생기는 것이지 내가 세상에서 가장 사랑했던 두 분은 아니다. 부모님은 나를 속속들이 알았고, 내 머릿속에는 두 분의 손과 독특한 말투가 선명히 각인되어 있다. 두 분 곁은 내가 더없이 편안하게 쉴 수 있는 곳이었다. 부모의 데스마스크는 진정한 성년의 시작이며 우리는 자기가 다음 순서임을 깨닫게 된다.

하지만 누구든 가까운 사람(아니면 심지어 유명인이라도)의 죽음은 우리를 당황하게 만든다. 모두가 자신만의 방식으로 비통함을 느끼고 표현하며 마땅히 그래야 한다. 나는 한편으로 영국인들의 침착함을 존경한다(다이애너 비의 장례식에서 영국 왕실이 보여준 태도가 그 전형이다). 반면 사고 희생자를 추모한다며 나무와 전신주에 내건 감상적인 십자가와 곰 인형, 플라스틱 조화는 혐오스럽다. 그러나 원초적인 측면의 또 다른 나도 있다. 난 부모님이 돌아가셨을 때 이세니(잉글랜드 동부에 살았던 고대 켈트족 - 옮긴이)의 여왕 보아디케아(라틴어 이름인 '부디카'라고도 불리며, 로마 침략에 항거했지만 참패했다 - 옮긴이)처럼 온몸에 대청大靑(고대인들이 몸에 칠하던 쪽빛 물감 - 옮긴이)을 바른 채 절규하고 또 절규하고 싶었다.

그 절규의 일부는 과거를 돌아보며 망자를 그리워함이고, 또 다른 일부는 미래를 내다보며 우리 자신의 덧없는 생명의 끈을 상기함이다. 누군가가 어깨를 툭 치는 깨달음이다.

아래에 소개하는 글은 비탄의 감정을 아름답게 묘사하고 있다. 내가 이보다 더 잘 쓸 수는 없을 것 같다. 온라인에서 우연히 보게 되었는데, 도무지 글쓴이의 이름을 찾을 수가 없다. 하지만 존경과 감사의 뜻을 담아 이곳에 다시 게재한다. 발단은 다음과 같은 짧은 게시물이었다.

친구가 세상을 떠났다. 어떻게 해야 할지 모르겠다.

그리고 이런 답글이 올라왔다.

네, 그런 일이 있었군요. 나는 나이가 꽤 되는 사람입니다. 다시 말하면 나는 (지금까지) 살아남았지만 내가 알고 사랑했던 많은 이들은 그러지 못했다는 뜻이죠. 벗들과 절친들, 지인들, 동료들, 조부모님,

엄마, 친척들, 선생님들, 조언자들, 제자들, 이웃들, 그 밖에도 많은 사람들을 잃었습니다. 난 자식이 없기에 자식을 잃는 고통은 상상할 수 없습니다. 그러나 이 말은 하고 싶군요.

사람들의 죽음에 익숙해지라고 얘기할 수 있으면 좋겠습니다. 난 그러지 못했거든요. 그러고 싶지 않았습니다. 상황이 어찌 되었건 내가 사랑하는 누군가의 죽음은 내 몸에 구멍이 뚫리는 아픔을 줍니다. 하지만 나는 그것이 나와는 '상관없는' 일이 되기를 원치 않았습니다. 그냥 지나가는 어떤 것이 되기를 원치 않았습니다. 나의 상처는 망자에 대한 내 사랑과 우리의 관계를 말해주는 증거입니다. 상처가 깊다면 사랑도 그랬던 것입니다. 그렇습니다. 상처가 남긴 흉터는 삶의 증거입니다. 그 흉터들은 내가 깊이 사랑하고 깊게 살아갈 수 있으며 잘리고 파이더라도 나을 수 있으며 계속해서 살아가고 계속해서 사랑할 수 있다는 증거입니다. 그리고 흉터 조직은 원래 피부보다 훨씬 강합니다. 흉터는 삶의 증거입니다. 흉터는 보지 못하는 자들에게만 추해 보일 뿐입니다.

그리고 비탄이라는 것은 파도처럼 밀려옵니다. 일단 배가 난파되면 당신은 수많은 잔해와 함께 허우적거리게 됩니다. 주변에 떠 있는 모든 것이 더 이상 현재의 것이 아닌 그 배의 아름다움과 장엄함을 상기시킵니다. 당신이 할 수 있는 것은 떠 있는 것뿐입니다. 당신은 잔해의 한 조각을 발견해 잠시 거기에 매달립니다. 아마 그것은 어떤 물건일지도 모르겠네요. 아니면 한때의 행복했던 기억이거나 사진 한 장, 또는 함께 떠 있는 사람일 수도 있겠죠. 그동안 당신이 할 수 있는 건 가라앉지 않고 살아남는 것뿐입니다.

처음에는 파도가 30미터 높이로 무자비하게 덮쳐옵니다. 10초 간격으로 달려들며 숨 쉴 틈마저 주지 않습니다. 당신이 할 수 있는 건 그저 버티며 떠 있는 것뿐입니다. 조금 지나면, 몇 주 혹은 몇 달이 될지도 모르지만 파도의 높이는 여전히 30미터라도 시간 간격이 조금 멀어집니다. 그러나 일단 들이친 파도는 여전히 당신을 때려엎고 쓸어넘깁니다.

하지만 그 사이사이에 숨을 쉬고 뭔가를 할 수 있습니다. 무엇이 그 비통함의 감정선을 건드릴지는 모릅니다. 노래 한 곡, 사진 한 장, 어느 거리의 교차로, 커피 한 잔의 향기일 수도 있겠죠. 뭐든 가능합니다…… 그리고 파도는 또 덮쳐옵니다. 하지만 그 파도 사이에 삶이 있습니다.

사람마다 다르겠지만 그렇게 지내다 보면 어느 순간부터 파도의 높이는 겨우 25미터, 또는 15미터로 줄어듭니다. 파도가 여전히 몰려오긴 하지만 간격이 더 멀어지죠. 이제는 파도가 오는 것이 보입니다. 기념일, 생일, 크리스마스, 또는 오헤어 공항에 착륙할 때, 대개는 그것을 볼 수 있고 알아서 대비하게 됩니다. 그리고 파도가 또 당신을 덮치더라도 어떻게든 다시 빠져나올 것을 압니다. 흠뻑 젖은 채 씩씩거리며 여전히 조그만 잔해 조각에 매달려 있지만 당신은 빠져나올 것입니다. 늙은이의 말이니 믿어도 좋아요. 파도는 절대 멈추는 일이 없고 어쩐 일인지 당신의 진심은 정말로 파도가 멈추길 원치 않습니다. 그러나 당신은 살아남는다는 걸 알게 되었죠. 또 다

참으로 알 수 없는 일이다. 사람은 견디기 힘든 비통함의 시간에도 눈물을 삼키고
의연한 '처신'을 보일 수 있다. 그러나 창밖으로 보이는 누군가의 친근한 몸짓,
갑자기 환하게 터져버린 어제의 꽃망울, 서랍 사이로 삐져나온 편지 한 장……
거기서 모든 것이 무너진다.

_콜레트(프랑스의 소설가 – 옮긴이)

른 파도가 몰려오겠지만 당신은 거기서도 살아남을 것입니다. 당신이 운이 좋다면 수많은 사랑과 난파 사고로 수많은 흉터를 얻게 될 것입니다.

누군가를 떠나보낸 많은 이들이 마사 휘트모어 히크먼의 『상실 그리고 치유Healing After Loss』에서 위안을 얻는다. 켄트 하루프의 『밤에 우리 영혼은Our Souls at Night』 역시 아름다운 책으로, 배우자를 잃고 외로움에 대처하는 두 노인의 이야기를 다루고 있다. 무척 감동적인 내용인데, 작가가 다가오는 죽음 앞에서 이 책을 집필한 사실에 더욱 가슴이 아파진다.

죽음이 우리에게 가르쳐줄 수 있는 것

어빈 D. 얄롬은 『보다 냉정하게 보다 용기 있게Staring at the Sun』에서 죽음에 대한 불안과 그 충격을 완화하는 방법이라는 주제를 탐구한다. 이 책의 전체 내용을 다룰 수는 없으니 몇 가지 중요한 부분만 요약해본다.

저자는 '일깨우는 경험'에 대해 얘기한다. 그것은 요행히 죽음을 면한 극적인 경험일 수도 있고, 생명을 위협하거나 생명을 끝내는 질병을 선고받는 역경일 수도 있다. 또는 나이가 '0'으로 끝나는 생일, 사별의 비통함, 이혼, 자식의 독립, 좌절된 꿈처럼 일상의 미묘한 문제가 되기도 한다. 이런 '일깨우는 경험'들은 돌연한 사건이지만 긍정적 변화를 가져오는 데 영향을 줄 수도 있다. 많은 중세 수도사

태양이나 죽음의 얼굴은 정면으로 바라볼 수 없다.
_프랑수아 드 라로슈푸코

들은 자기 기도실에 해골을 두어 죽음을 피할 수 없는 자신의 운명을 늘 마음속에 새기고 주어진 삶을 어떻게 살아가야 할지를 고민했다. 인간은 모두 죽음에 이를 운명이라는 것을 앎으로써 우리의 일상에 더욱 정성을 모으는 계기가 마련될 수 있다. 성 아우구스티누스는 이렇게 말했다.

'인간의 자아는 죽음의 면전에서만 태어난다.'

사람은 두 번 죽는다는 말이 있다. 한 번은 죽을 때이고, 또 한 번은 잊힐 때다. 얄롬은 이런 일이 일어나지 않도록 하는 게 '파급 효과'라고 설명한다. '파급 효과'란 흔히 우리가 의식적인 목적이나 지식 없이 만들어내는 영향력의 동심원들을 말한다. 그 힘은 몇 년, 심지어 몇 세대를 관통해 영향을 미치기도 한다. 이것은 꼭 우리의 이름이나 어떤 물리적인 실체일 필요는 없다. 우리는 셸리의 아름다운 시 「오지만디아스Ozymandias」(고대 이집트 왕 람세스 2세의 별명 - 옮긴이)에서 그 교훈을 배웠다. '왕 중의 왕'이었던 그의 거대한 조각상이 지금은 부서진 채 이름 모를 황무지에 버려져 있다.

'내 업적을 보라, 너희 강대한 자들아, 그리고 절망하라!'

작은 것일 수도 있다. 당신이 누군가에게 끼친 영향일 수도 있다.

'너의 친구들 중에서 그녀를 찾아라.'

어머니를 잃은 한 딸에게 주어진 조언이다. 당신이 만들어냈거나 만들 수 있는 파급력에 대해 생각해보자. 당신은 어떤 유산을 남기고 싶은가?

선행의 '파급 효과'에서 위안을 얻는 것 외에도 얄롬은 다음과

우리가 두려워하는 우리의 마지막 날은 영겁의 탄생일이다.

_세네카

같은 조언을 추가한다. 뒤돌아보며 후회하지 않으려면 자기가 좋아하는 것을 하며 살아야 한다. 손을 내밀어 의미 있는 인간관계를 만들자. 보다 큰 만족을 얻기 위해 필요하다면 과감하게 생활 방식을 바꾼다.

얄롬은 또 현재를 살고 하루하루를 소중히 여기라고 말한다. 너무 빤한 충고처럼 보이지만 다이어트나 명상처럼 실제로 행동해야만 효과가 나타난다.

얄롬은 이런 조언도 덧붙인다.

'늘 죽음을 의식하고 그 그림자를 포용하는 자세가 주는 이점을 명심하자. 이런 깨어 있음은 어둠과 생명의 불꽃을 통합시키며 살아 있는 동안 삶을 고양시킨다.'

레프 톨스토이의 『이반 일리치의 죽음』을 읽을 때가 된 것 같다. 죽음을 앞둔 이반은 자신의 삶이 충실하지 않았음을 깨닫는다. 어떤 책들이 특정한 순간에 우리의 삶에 들어오는 것은 다 이유가 있기 때문이다. 지금은 이 책이 내 문을 두드리고 있다.

사후 세계 독보적인 가수 데바 프레말(그녀의 만트라 앨범 '에센스The Essence'는 내가 가장 아끼는 소장품 중 하나다)과 그녀의 뜻밖의 파트너인 반백의 런던 토박이 미튼이 '유체 이탈'로 죽어가는 사람에 대해 차분히 얘기하는 것을 들었다. 두려움 없이 그저 다음 단계로 옮겨가는 과정이었다. '그녀가 가진 것을 나도 가져야겠다'는 생각이 드는 순간이었다.

나는 아직 배울 것이 많다. 이 분야에 관한 한 나는 에베레스트산의 베이스캠프에 머물러 있다. 하지만 이번 생이 마지막이기를 원치 않는다. 세상에는 우리가 모르는 뭔가가 더 있고 언젠가는 사랑했던 이들과 재회할 수 있다고 믿고 싶다.

당신은 나와 생각이 다르고 죽으면 모든 게 끝난다고 믿어도 좋다. 우리는 이 중차대한 문제에 대해 의견을 주고받을 파트너가 없으니 혼자서 깊은 생각을 가지는 것이 중요하다. 우리의 삶이 그 단계에 이르렀을 때 정신적으로 준비가 되어 있어야 한다.

죽음과 현실 매장인가, 화장인가? 교회장인가, 수목장인가? 종교적인가, 인간적인가? 아델의 「우리가 젊었을 때When We Were Young」? 로비 윌리엄스의 「천사들Angels」? 아니면 그런 일은 없어야겠지만 「내 날개 밑의 바람Wind Beneath My Wings」인가? 재미없는 나무 상자인가, 근사한 맞춤 관인가? 떠나기 전에 우울한 경야(초상집에서 밤을 새우며 관을 지키는 일 - 옮긴이)인가, 샴페인 파티인가? 관은 친구들이 멜 것인가? 재는 뿌릴 것인가, 가족 옆에 묻을 것인가? 당신의 묘비에 뭐라고 쓰고 싶은가?

이 질문들이 그리 중요하지 않았다면 재미있는 파티 게임의 재료가 되었을지도 모른다. 당신의 친척이나 친구들은 당신이 미리 답을 정해두었다는 사실을 알면 크게 안도할 것이다. 이것은 당신이 원하는 배웅을 받기 위해서다. 당신이 살아온 방법이다. 글로 적어서 누군가에게 보관 장소를 알려두자.

잘 보낸 하루가 행복한 잠을 주듯 잘 산 인생은 행복한 죽음을 준다.
_레오나르도 다 빈치

제9장

01 영성은 용기와 지혜의 내적인 저수지를 제공한다. 당신에게 기운을 불어넣고 자신을 세상에 투영하는 방법을 알려준다.

02 고독과 침묵의 이점을 인식하는 것을 배운다.

03 직감에 귀를 기울이자.

04 미로 걷기, 자연, 만트라, 또는 수호성인이나 여신 찾기를 통해 자신의 영적 '패스트패스'를 확인한다.

05 자신에게 맞는 명상으로 가는 길을 찾는다.

06 자신의 영적 '목걸이'와 그에 따른 구슬들을 규정한다.

07 휴식 시간을 갖고 평정을 유지하며 동시성이 발현되는 것을 지켜본다.

08 비통함의 파도와 사랑의 상처와 당신의 난파선에 대해 생각한다.

09 죽음에 대한 두려움을 줄여 겁을 먹기보다 영감을 받는다.

제10장

머뭇거리지 말고 행동하라

일을 처리하는 방법 · 시간 · 액션 보드 · 공책 · 책임

세상은 참여하는 자들의 것이다. 나는 여러분이 이 책에서 자기가 사랑하는 삶을 혼자 살아가는 용기와 영감을 얻기를 바란다. 뿌려진 씨앗들이 있었으면 한다. 그러나 자신의 삶에 짜 넣지 않은 생각과 계획과 꿈은 가져봐야 아무런 의미가 없다. 이미 지나가버린 일에 대해 이러쿵저러쿵 변명과 후회만 늘어놓으며 살아선 안 된다.

'내게 시간만 좀 있었다면…….'

당신에게는 생각보다 시간이 많다. 우리는 1년에 평균 46일간 인터넷을 하고 41일간 TV를 본다(그와 대조적으로 책 읽는 시간은 4.4일이다). 우리가 사용하도록 주어진 도구는 생각과 말과 행동이지만 처음 두 개는 세 번째가 따라오지 않으면 쓸모가 없다. 바로 '행동'이다. 어떤 행동이건 당신의 어깨에서 짐을 덜어주고 당신을 재빨리 앞으로 나아가게 한다. '시간이 없다'는 말은 넣어두고 대신 '시간을 내자'라고 얘기하자.

다음은 당신이 다이빙대에서 뛰어내리는 데 도움이 될 만한 제안들이다.

한 가지 일과 시간의 덩어리 쪼개기

목표에 이를 때까지 한 가지 일에 붙어 있자. 자신을 너무 넓게 펴면 너무 얇게 펼쳐질 위험이 있다. 한 가지 목표를 정하고 끝마치는 게 낫다. 멀티태스킹은 거짓이다. 의지력은 손쉽게 발휘되지만 유한한 자원이므로 일찌감치 현명하게 사용해야 도움이 된다.

이것이 게리 켈러와 제이 파파산이 『원씽』에서 제시한 핵심 원리 중 일부다. 두 사람은 집중의 범위를 좁힐수록 더 놀라운 결과를 얻을 수 있다고 믿는다. 혼자 행복하게 살기, 인간관계, 건강, 재정, 영성 등 자기 삶의 주요 분야에서 주목할 만한 변화를 만들어내기 위해 당신이 할 수 있는 한 가지를 생각해보자.

'덩어리 쪼개기'는 광범위하고 추상적인 아이디어에서 보다 작고 구체적이며 처리하기 쉬운 덩어리들로 이동하는 과정을 설명하는 비즈니스 용어다. 활동과 생산성은 같지 않다. 그리고 시간의 덩어리 쪼개기는 시간이 손가락 사이로 빠져나가지 않게 하는 좋은 방법이다. 나는 '시간이 언제 다 지나갔지?'라고 말하는 짜증나는 사람이 되고 싶지 않다. 최소한 자기 시간을 배정하면 다른 사람보다 한 발 앞서게 된다. 시간을 관리하면 삶을 관리하는 것이다.

시간을 배분하는 과정은 예로부터 전해지는 내력이 있다. 그것은 고대의 관행으로 세라 메이틀런드의 『침묵의 책』에 잘 기록되어 있다. 작가는 사람들이 수백 년 동안 어떻게 침묵 속에서 살았고 그것을 어떻게 다루었는지를 얘기한다.

'일정표나 시간표 같은 삶의 원칙을 마련하고 의지를 발동하여 이를 지키는 것은 무관심의 나태한 무기력과 거기에 수반되는 위험에 대처하는 데 필요한 방어책으로 보인다.'

나는 집에 있거나 일을 할 때 하루를 일정표처럼 시간 단위로 쪼갠다. 그것이 더 효율적이고 하루하루를 알차게 보내는 데 도움이 된다. 두 시간 동안 글을 쓰고, 한 시간은 산책을 하거나 헬스클럽에 나가고, 한 시간은 이메일을 관리하고, 한 시간은 집 안 정리에 쓰는 식이다. 또 하루 중 집중이 잘되는 시간을 파악하고, 저녁인가 아침인가('올빼미' 또는 '닭')에 따라 업무 일정을 조정한다.

내 경우에는 항상 시간이 쏜살같이 흐르고 늘 할 일이 있으니 운이 좋은 셈이다. 하지만 그렇지 못하고 시간이 부담스럽다면 하루를 블록 단위로 쪼개고 각각의 목표를 부여한다. 어떤 사람들은 짧은 시간 간격에 더 좋은 결과를 낳는다. 작가 프란체스코 시릴로는 25분 포모도로의 집중적인 노력과 그 사이사이 짧은 휴식의 효과를 확신했다('포모도로 테크닉'은 그가 사용한 토마토 모양의 키친 타이머에서 따온 이름이다).

작은 발걸음이 중요하다

나는 이것을 늘 가슴에 새기며 도전의 부담을 줄인다. 어떤 길을 따라 첫걸음을 떼면 만족과 희망을 느끼게 된다. 흥미롭게도 행동은 행동을 낳고 이내 가속도가 붙는다.

매일 하루하루를 사는 방식이 곧 인생을 사는 방식이라는 말이 있다. 그러니 하루를 소중히 여기자. 나는 매일 한 가지에서 세 가지 일을 끝마친다. 내가 하루에 하는 일이 이것뿐이라는 얘기는 아니다(사실 훨씬 많은 걸 한다). 하지만 이것은 하나의 작업 프로젝트나 다리미질을 끝낸다는 의미가 아니다. 이 한 가지를 완수함으로써 내가 더 큰 목표 달성을 위해 나아갈 자리가 마련된다는 뜻이다. (어떤 사람들은 이것을 'MIT' 또는 '가장 중요한 일'이라고 부른다.) 나는 하루 중 최대한 이른 시간에 이것들을 해내려고 한다. 내 의지력이 최고조에 달하는 순간이기 때문이다. 내가 잘하고 있는지 알아보는 좋은 시금석은 스스로 이렇게 묻는 것이다.

'오늘은 소중했는가?'

매주 나는 매주 한 가지에서 세 가지의 작은 목표를 세우는데 대부분 매우 구체적이다. 날마다 최소 1만 보 걷기, 소득세 신고 완료하기, 친구 열 명에게 이메일 보내기 같은 것들이다. 나는 이 목표들을 포스트잇 쪽지에 적어 주방과 욕실에 붙여놓는다. (이런 것이 혼자 사는 즐거움 중 하나다. 포스트잇 애호 성향을 남몰래 폭발시킬 수 있다.)

또 하나의 대안이 있다면 몇 주 동안 1주일에 하나의 주제에 집중하는 것이다. 건강이나 인간관계, 돈, 집, 영성 같은 것이 될 수 있다. 아니면 이런 방법도 고려해보자. 케이트 해리슨은 자신의 책 『5:2 당신의 인생5:2 Your Life』에서 6주 계획을 제안한다. 매주 '발견', '교류', '단순화', '움직임', '휴식', '행위'라는 여섯 가지 주제 중 하나에 전념하는 것이다.

매달 새로운 달이 시작되면 나는 하나의 주제나 끝내고 싶은 작업의 데드라인을 설정한다. 이 책 쓰기, 잡동사니 천지가 된 집 안 치우기, 작업 프로젝트 마무리, 옛 친구들과 연락하기 등이다.

매년 나는 해마다 하나의 큰 성취 목표를 세운다. 이 하나의 중대 사안에 접근하는 방법은 두 가지다. 첫째는 새로운 기술을 배우는 것이다. 새로운 언어나 스포츠, 취미(당장 관련 강좌를 찾아보자) 같은 것들이다. 그리고 둘째는 한동안 엄두를 내지 못해 미뤄왔던 일을 마침내 해치워버리는 것이다. 예를 들어 목표치까지 체중 감량, 자기 마음에 쏙 들도록 집 안 꾸미기, 체계적인 돈 관리와 일정액 저축, 끊어졌던 인간관계 회복하기 같은 것들이다. 굳이 1월 1일을 기다릴 필요는 없다. 새해는 다음 365일 어느 날이든 시작된다. 월요일이면 충분하다. 365일 후 거울을 보며 자신에게 이렇게 말하자.

'해냈다!'

마음을 열고 다른 사람의 입장이 되어보라

우리네 인생은 분주함의 연속이지만 마음을 열고 살다 보면 큰 사건들 사이사이 숨 돌리는 틈에 뜻밖의 소소한 행복이 찾아온다. 얼굴 위로 쏟아지는 햇살, 나만 보는 하늘을 가로지르는 새 한 마리, 어깨를 토닥이는 친구의 손길, 뜻하지 않은 친구의 반가운 이메일이 우리를 기쁘게 한다. 우리는 어렸을 때 포장도로의 갈라진 금을 밟으면 곰한테 물려간다는 미신을 믿었다. 지금 나는 이 금에 진정한 아름다움이 있다고 생각한다. 곰이여, 나타나라!

무기력하거나 기분이 언짢거나 의욕이 없다면 다른 사람의 입장이 되어보자. 당신은 자기 자신을 어떻게 이기는가? 당신의 또 다른 자아나 당신이 존경하는 누군가가 이 상황에 접근할 수 있는가? 아니면 당신 자신의 리얼리티 쇼를 찍고 있다고 가정해보자. 사람들에게 어떻게 보이고 싶은가? 내게는 이 간단한 생각의 전환이 훌륭한 자극제가 된다.

액션 보드 큐레이션

비전 보드를 하나 만들었다고 짠 하고 그것이 실현된다고는 생각지 않는다. 하지만 나는 내 포부를 시각적으로 구체화하는 과정과 결과가 모두 즐겁다. 비전 보드보다는 액션 보드를 추천한다. 내 보드에는 혼자 사는 즐거움과 내가 가진 계획과 꿈이 담겨 있다. 보고 있노라면 기분이 좋아진다.

여러분은 이 책에 제시된 아이디어들을 본인의 호불호에 따라 취사선택했을 것이다. 마치 모이를 쪼는 암탉처럼 본능적으로 자기 자신과 장래를 대비하는 '자기 부양' 계획에 가장 좋은 것을 가려 뽑은 것이다. 이것들을 당신의 보드에 담자.

큐레이터의 눈으로 이미지와 단명 자료(엽서, 홍보물, 영수증, 티켓처럼 보통 사용 직후 버리게 되는 자료 - 옮긴이)를 신중하게 고른다. '큐레이트curate'라는 단어는 라틴어의 '쿠라cura', 즉 '케어care(돌보다)'에서 왔다. 다시 말하면 자기가 원하는 품목을 세심하게 선택하고 편집한 후 그것을 한데 모아 더 큰 의미를 부여하는 것을 뜻한다. 모든 이미지는 각자 제 몫을 해야 한다. '큐레이션'은 크게 유행하고 있는 단어다(그리고 인터넷에서는 과용되고 있다). 이것은 전통적으로 박물관과 미술관에서 큐레이터가 작품을 선정하고 전시 방법을 결정하는 작업을 이르는 용어였다. 일이 정말 잘되었을 때 직감으로 알아챈다면 그것은 드문 재능이다. 내가 본 것들 중에 가장 훌륭하고 재치 있는 큐레이션은 파리의 사냥 박물관Musée de la Chasse et la Nature이었다.

SNS를 이용해 가상 핀 보드를 만들 수 있다. 나는 물리적인 버전을 선호하지만 어느 쪽이든 완성된 버전을 컴퓨터 스크린이나 휴대전화의 바탕화면으로 깔 수 있다. 나는 보드 만드는 방법을 여러

가지로 실험했고 마침내 성공한 것 같다. 사무용품점에서 가로 90센티미터, 세로 60센티미터의 폼코어foamcore(딱딱하지만 가볍고 자르기 쉬운 스티로폼 - 옮긴이) 보드를 한 장 구입해서 원한다면 더 작게 자른다. 나는 천을 덮는 게 좋아서 보드의 끈끈한 쪽을 사용한다. 그냥 천을 붙이고 긴 핀을 구입하면 준비는 끝난 셈이다. 폼코어는 무척 가벼워서 계속 이미지를 바꿔가며 꽂기 쉽다. 영구히 고정되는 건 없다. 마땅히 그래야 하는 것이 당신의 보드는 변하기 때문이다.

온라인과 잡지(그리고 이 책!)에서 울림과 영감을 주는 인용구와 이미지를 찾아본다. 단명 자료와 기타 이런저런 것을 손에 넣을 수 있는 골동품상과 중고판매점에 들르자. 나는 숫자 '1'이 박힌 물건을 사기 위해 인터넷을 샅샅이 뒤진다. 예전에 주유소에서 팔던 깡통번호, 크리켓 득점판과 오래된 가격표의 1 같은 것들이다. 나는 1이니까! 나는 또 내 솔로 인생의 전형을 보여주는 순간을 사진으로 남겨둔다. 침실 창문으로 노을 진 하늘 바라보기, 겨울이면 조그만 화덕 옆에 앉아 와인 한 잔을 마시며 마시멜로 굽기, 새로 빳빳하게 손본 새하얀 침대 같은 것들이다.

이 모두가 혼자라서 오는 즐거움이며 잘 살아낸 솔로 인생과 미래를 위한 내 계획을 담아내고 있다. 여기에 티켓이나 엽서, 작은 장신구(내 미국계 유대인 친구는 '장난감'이라 부른다)를 더하여 보드에 생기를 불어넣는다. 자신만을 위한 것이므로 정해진 규칙은 없다. 나는 가끔 특정한 문제를 보다 상세히 다루고 싶을 때는 좀 더 작은 보드를 만든다.

시간이 지난 후에 보드를 되돌아보는 것도 흥미롭다. 무엇이 변했으며, 무엇이 아직 유효하고, 무엇이 더 이상 의미가 없는가? 직선

도로를 따라 주행할 때 운전대를 살짝 꺾는 것처럼 당신은 본능적으로 진로를 수정한다. 이것은 행동의 방향에 약간의 힘을 가하는 것이다.

나만 볼 수 있도록 기록한다

내 경우에는 공책 몇 권을 함께 쓰는 것이 도움이 되었다. 여러분도 본인에게 딱 맞는 최선의 시스템이 있을지 모르지만 여기서는 나의 방법을 소개한다.

내게는 A4 크기의 하드커버 일기장이 있다(이탈리아에서 산 것으로, 리본이 묶여 있고 대리석 무늬 종이가 덮인 예쁜 공책이다). 오직 나만 볼 수 있는 공책이다. 우리가 학교에서 종잇조각에다 숫자를 써가며 '계산'을 했던 기억이 나는가? 이 일기장도 나 자신의 개인적인 '계산'을 하는 곳이다. 내가 어떻게 느끼고, 나 자신에게 어떻게 동기를 부여하며, 보고 들은 영감의 아이디어를 어떻게 수집하는가를 기록한다. 그것은 나를 실현하는 데 도움을 주며 나 자신과 끝장 토론을 벌이는 곳이다. 하지만 매일 뭔가를 써야 한다는 의무감 같은 건 없다. 다른 공책도 네 권 더 있다.

- 스프링으로 제본된 장부는 좁고 긴 모양으로 계속되는 '할 일 목록' 작성에 안성맞춤이다. 일, 글쓰기, 집 등등의 항목이 있다.
- A5 크기의 몰스킨 공책은 책등에 펜을 꽂아 핸드백에 넣고 다닌

현재에 살 것이니, 파도가 치면 몸을 내던지고 매 순간 자신의 영원성을 찾아라. 바보들은 기회의 섬에 서서 다른 땅을 바라본다. 다른 땅은 없다. 이번 생이 아닌 다른 생은 없다.
_헨리 데이비드 소로

다. 내가 본 것, 아니면 심지어 라디오에서 들은 구절 중 취할 만한 점을 적는다.

- 작은 스프링 공책에는 쇼핑 목록 등을 기록한다.
- 포스트잇 메모장은 '오늘 하자'를 3단계로 자극하는 데 쓰인다.

나는 실물의 공책을 선호하지만 디지털 애호가들은 에버노트를 신봉한다. 에버노트는 크로스 플랫폼 앱으로 일기장, 노트 필기 툴, 디지털 문서 보관함, 레시피 관리자 등 수많은 기능을 제공한다.

의식을 계발하라

아리스토텔레스는 '우리가 반복하는 것이 우리 자신이다'라고 말했다. 그러니 우리가 '반복하는 것'을 잘하는 것이 마땅하다. 바로 이 부분에서 의식이 필요해진다.

나는 혼자 살기 시작하면서 무의식적으로 일과와 의식을 수행하게 되었다. 나는 그것이 내 삶에 주는 리듬과 박동, 구두점을 좋아한다. 그렇다면 의식과 일과의 차이는 무엇일까? 좋은 질문이에요, 꼬마 베짱이 씨. 둘 다 반복적인 행동이다. 하지만 의식은 목적과 의도를 갖고 치러지며, 거기에 약간의 숭배와 격식이 더해진다. 의식은 계획적인 반면 일과는 별다른 생각이 없다. 의식은 일과가 될 수 있지만 그 반대의 경우는 드물다. 아직 읽고 있나요?

'의식과 일과는…… 동전의 양면처럼 보인다. 일과가 일상의 혼란을 잠재우고 제어하는 것이 목적이라면, 의식은 세속적 일상에 마법의 요소를 불어넣는 것이 목적이다.'

마리아 포포바의 말이다.

간단한 의식을 생활에 도입하는 가장 쉬운 방법은 하루의 틀을 짜는 데 도움이 되는 아침 일과를 개발하는 것이다. 몇 가지 아이디어를 소개한다.

- 매일 아침, 처음으로 무엇을 보고 어떤 행동을 하는지가 중요하다. 내 침대 옆 테이블에는 늘 싱싱한 꽃과 아이들의 사진이 놓여 있다. 책상 위에 놓아둔 내 액션 보드가 눈에 쏙 들어온다. 발을 바닥에 내려놓기 전에, 오늘은 어떤 날이 될까 생각하면서 하나의 긍정적인 형용사로 그날을 표현한다.
- 잠에서 깨자마자 커튼을 연다. 침대 옆에 깨끗한 물과 레몬주스를 준비해 우선 목을 축인다. 생생한 꿈을 꿨다면 즉시 적어놓는다. 10분간 명상한다. 티베트 싱잉볼singing bowl(그릇 모양의 구리 종 - 옮긴이)을 치면서 시작해보자.
- 많은 사람들이 아침에 일어나서 기공 체조로 기운을 얻는다. 10분짜리 유튜브 영상을 보거나 스트레칭만 해도 좋다.
- 나는 즐겨 먹는 평일 아침식사(베리와 요구르트, 귀리)를 전날 밤 냉장고에 준비해둔다.
- 나는 20가지 집안일을 신속하게 하면서 하루를 준비한다. 식기세척기 비우기, 빨래 분류, 종이 정리, 쓰레기 내다 버리기, 개 사료 주기 등이다. 본격적인 일과가 시작되기 전에 만반의 태세를 갖추는 것이다.
- 확언을 좋아하는 사람도 있고 그렇지 않은 사람도 있다. 좋아한다

날마다 한 가닥씩 꼬면 연말에 실타래가 된다.
_네덜란드 속담

면 매일 확언을 주는 자기 맞춤형 책을 찾아보자. 스티븐 C. 폴과 게리 맥스 콜린스의 『이너액션Inneractions』을 추천한다. 아니면 그냥 오라클 카드를 한 장 뽑자.(제9장 참조)

- 모닝 페이지(줄리아 캐머런의 『아티스트 웨이』에서 제안하는 또 다른 아이디어) 쓰기를 선택한 사람들도 있다. 의식의 흐름에 따라 세 페이지를 써내려가며, 마음속에 떠오르는 것을 모두 기록하는 방법이다. 줄리아 캐머런은 이것을 '우리의 마음에 진공청소기를 쓰는 것'이라고 표현했다. 이것은 정화 의식이다. 부정적인 생각을 모두 종이 위에 내려놓으면 당신의 하루에 방해가 되지 않고 보다 심오한 사고를 위한 공간이 마련된다.
- 내 아침 의식을 방해하는 지뢰는 전날 밤의 과음, 늦잠, 거한 아침식사, 눈 뜨자마자 이메일이나 SNS 확인하기, 아침을 먹으면서 TV 보기 등이다. 그래서 절대 하지 않는다.

내가 마침내 받아들이기 시작한 또 하나의 멋진 의식은 15분 바이올렛 아워Violet Hour다. 이것은 근로시간의 끝이자 6시 무렵 저녁의 시작이다. 또한 정서적·정신적 방어 태세를 늦추고 휴식을 취하는 시간이다. 버나드 디보토가 『시간The Hour』에서 만들어낸 말이다.

'지금은 바이올렛 아워다. 고요와 경이의 시간, 애정이 빛나고 용기가 다시 태어난다. 숲의 가장자리를 따라 그림자가 깊어지면, 주의 깊게 살피는 눈앞에 언제라도 유니콘이 나타날 것이다.'

바이올렛 아워는 알코올과 상관없지만 가볍게 한잔하면서 의식

생산성이란 전에는 할 수 없었던 일을 하는 것이다.
_프란츠 카프카

에 또 다른 색채를 부여하는 것도 좋다. 휴대전화와 컴퓨터는 끄고, 음악과 함께 미끄러지듯 저녁으로 빠져든다. 내게 이것은 가벼운 저녁 명상처럼 느껴진다.

의식과 일과는 내게 유용했고, 이는 내 경우만이 아니다.

> 그것은 단순한 행위이지만 날마다 같은 방식으로 수행하면 습관이 되고, 반복할 수 있게 되고, 쉬워진다. 또한 거르거나 다른 방법으로 행할 가능성을 낮춰준다. 매일 의식을 따라가면 시작하지 않을 수 없게 된다. 뜨거운 커피잔을 들고 야외 베란다로 나가기, 화가를 자극해 캔버스에 물감을 뿌리게 하는 로큰롤, 요리사를 황홀경에 빠뜨리는 허브 정원의 고요함, 그것이 무엇이든 이 같은 일과로 들어가면 뭔가를 할 수밖에 없게 된다. 이것은 조건반사다. 일과를 따르고 창조적 보상을 얻어라.
>
> _트와일라 타프, 『천재들의 창조적 습관The Creative Habit』

습관은 의식의 책임 있는, 그러나 약간은 따분한 언니다. 홀로 성공적인 인생을 살아가려면 자기 수양이 필요하다. 자기 수양은 나에게도 쉽지 않은 과제다. 하지만 이것을 단순히 좋은 습관을 되풀이 실행하는 것으로 재해석하면 그리 위압적이지 않고 좀 더 달성하기 쉬운 목표로 여겨질 것이다.

이것은 내 인생이다!

당신에게는 자신의 인생을 관리할 책임이 있다. 책임지는 사람은 포기하지 않는다. 그들은 도로에서 장애물을 만나면 돌아가는 길을 찾아낸다. 때로는 자신이 얼마나 강한지 상기시키는 물건을 갖는 것도 도움이 된다.

내 경우에는 내 이름을 새긴 장신구를 착용하는 것이 그 사실을 기억나게 한다. 정확히 말할 수는 없지만 혼자 살게 된 이후로 성을 뺀 내 이름의 의미가 더욱 커진 것 같다. 이것이 내가 가진 전부이며, 한 단어로 집약된 나다. 내 명함이자 내 본질이다. 이것은 내 독립의 전형이다. 나는 '제인'이라고 새긴 은제 인식표를 매일 차고 다닌다.

우리는 작아지기 위해 이 땅에 오지 않았다. 자기 자신의 길을 개척하고 크게 생각하라. 세트 메뉴를 주문하지 마라. 자신의 음정 주파수를 높이고, 전류를 흘려보내고, 거기에 러닝 스파이크화를 신겨라. 자신에게 도전하고 대망의 꿈을 꾸자.

제10장

핵심 포인트

01 중국의 사상가 노자는 '만족이 최고의 보물이다'라고 말했다. 행복을 추구하는 길은 자기가 이미 가진 것을 원하는 것이라는 뜻이다. 가끔 나는 다가오는 여행 계획을 짜는 데 너무 많은 시간을 소비한다(지도, 산책로, 식당 메뉴, 박물관 개관 시간 등등). 그 때문에 내 일상생활은 뒷자리로 나앉게 된다. 카르페디엠Carpe diem(현재를 즐겨라).

02 우리에게는 혼자 사는 사람들에 대한 사회 인식을 변화시킬 책임이 있다. 우리는 우리 종족을 위한 걸어 다니는 광고판이 되어야 한다!

03 하루하루가 새로운 시작이다. 오늘 하는 일이 가장 중요하다.

04 자신과 함께 사는 인생을 즐겨라. 나는 여러분을 믿는다. 여러분은 할 수 있다.

인빅투스

나를 감싸고 있는 밤,
세상은 온통 칠흑 같은 어둠,
그 어떤 신들인지 알 수 없으나
내게 불굴의 영혼을 주심에 감사하노라.

잔인한 운명의 손아귀에서도
움츠리거나 소리 내어 울지 않았다.
재앙의 몽둥이질을 당하고도
피투성이 머리를 조아리지 않았다.

분노와 눈물의 이곳 너머
어렴풋이 떠오르는 망령의 공포,
그러나 세월의 위협 앞에서도
내내 두려워하지 않으리라.

제아무리 좁은 문도,
두루마리 가득한 형벌도 개의치 않노라.
나는 내 운명의 주인.
나는 내 영혼의 선장.

윌리엄 어니스트 헨리의 「인빅투스」

인빅투스Invictus라는 단어는 '정복할 수 없는'을 뜻하는 라틴어다.

헨리의 시는 고난에 맞서 힘겹게 싸워나간 모든 이들을 묘사하고 있다.

영국의 시인 윌리엄 어니스트 헨리는 겨우 10대의 나이에 서적상이었던 부친을 잃는다. 열두 살 때는 결핵에 걸려 한쪽 다리를 무릎 아래로 절단했고, 다른 발은 대수술을 통해 건질 수 있었다. 회복 과정에서 시를 쓰기 시작했고, 「인빅투스」도 그중 하나다. 이 시의 주제는 가혹한 시련 앞에서 살아남고자 하는 의지다. 넬슨 만델라가 27년간 수감 생활을 할 때 애송한 시이기도 하다. 이 시는 그가 작은 독방에서의 시간을 견디게 하는 용기와 힘을 주었다.

시의 제1연에서는 어둠의 모습으로 드러나는 절망을 인지한다. 헨리는 도움을 구하지 않고, 이미 자기 안에 있는 엄청난 강인함에 대해 (불가지론자처럼) '그 어떤 신들인지 알 수 없으나' 감사한다. 제2연에서도 그는 여전히 당당하게 서서, 다가오는 파란 앞에서도 절대 불평하지 않는다. 굴복하느니 차라리 타격을 받겠다는 자세다. 그는 의연하게 자신의 문제를 똑바로 쳐다보고 있다. 제3연에서는 앞으로 죽음(실제로나 은유적으로)을 포함한 더욱 나쁜 상황이 닥칠 수도 있음을 시사한다. 하지만 그는 내면의 강인함으로 이에 대비하고 지금도 나중에도 두려워하지 않는다.

마지막 연은 심판의 날을 이야기한다. 이날 우리의 악행은 차곡차곡 두루마리에 기록된다. 헨리는 이때마저도 오직 그 자신만이 자기의 영혼과 운명의 유일한 책임자임을 인정한다. 그는 이 정신력과 침착함으로 완전하게 자신의 운명을 통제하고 있다.

기억하라, 오직 당신만이 당신의 길을 선택한다.

책을 마치며

전격 공개! 인생은 계획대로 되는 법이 없다.

이 책을 끝마칠 즈음 대학생 또래 딸아이가 집으로 다시 들어왔다.

그래서 최소한 당분간은 혼자 살지 않게 되었다.

새벽 4시까지 밖으로 나도는 딸아이가

머리카락 한 올까지 사랑스러운,

그만큼 혼자 살던 때가 얼마나 행복했는지 깨닫게 된다.

나는 혼자 잘 살기 위해 스스로 공부했고 그 시간이 그립다…….

다음 기회에 계속.

커티스 브라운의 내 에이전트, 피오나 잉글리스에게 감사드린다. 그는 시종일관 이 책에 신뢰를 보내주었다. 또한 이 글이 세상에 나오도록 인도해준 머독 북스의 모든 분들, 특히 커린 로버츠, 제인 프라이스, 줄리 마주르 트라이브, 매들린 케인, 플러 앤슨, 루 플레이페어, 캐럴 워릭에게 큰 감사를 드린다.

더불어 내 아이들, 앨릭스와 케이트, 그리고 이 책의 자료 조사를 하면서 만났던 멋진 솔로들 모두에게 고마운 마음을 전한다.

우리는 특별한 종족이다.

이 책의 원제 'The Art of Living Alone & Loving It'을 우리말 번역의 묘미와 생략 없이 투박하게 직역하면 '혼자 살아가는 기술, 그리고 그것을 사랑하는 기술'쯤 된다. 동양 문화에 대한 관심과 애정이 특별한 저자가 의도했는지 아닌지는 알 수 없지만 『손자병법』이 'The Art of War'이니 나름 일리가 있다. 실제로 저자는 '혼자 사는' 기술을 마치 병법서처럼 논리적이고 체계적인 장으로 나누어 꼼꼼하게 기술한다.

이 책은 단순히 솔로의 가벼운 처세술을 나열하거나 현실적인 정보를 제공하는 데 그치지 않는다. 보다 인간적이고 가치 있는 삶에 대한 깊이 있는 성찰, 존재의 영원한 숙제인 고독과 나이 듦, 심지어 비탄과 죽음의 문제까지 가감 없이 들여다본다.

저자가 살고 있는 오스트레일리아의 경우를 보더라도 역시 동서양을 막론하고 부부와 가족이 표준으로 인식되는 사회에서 혼자 사는 여성은 독신 남성보다 상대적으로 불리한 입지와 대우를 감수해야 하는 것 같다. 저자는 독신 여성의 상투적인 이미지를 지속적으로 재생산해내는 대중매체의 안이하고 편협한 시각을 지적하면서, 오히려 솔로의 삶은 자아 발견과 온전한 자립을 성취할 수 있는 기회라고 역설한다.

또한 독일의 신학자 폴 틸리히의 말을 빌려 외로움은 혼자 있음의 고통이고 고독은 혼자 있음의 즐거움이니 강요된 외로움에서 벗어나 자청한 고독의 세계로 들어가기를 권고한다. 솔로의 인생을 가장 많이 곱드러지게 하는 주적이 외로움이니만큼 이 같은 조언은 일리 있는 울림을 주며 사색의 화두로 곱씹어볼 가치가 있다.

우리나라 역시 굳이 통계청 자료를 언급하지 않더라도 남녀를 불문하고 독신 가구가 폭발적으로 증가하고 있다. 이들은 저자의 말처럼 세계 도처에서 가장 빠르게 늘어나는 인구층으로, 현재 그 수가 이미 3억 명에 다다르고 있다. 애초에 인간은 홀로 살 수 없는 존재로 여겨졌지만 과학기술의 발전과 도시화, 산업화 등으로 인해 이전의 인류 역사에서 찾아볼 수 없는 초유의 상황으로 치닫고 있는 것이다.

베이비부머 세대의 등장 이래 가장 거대한 사회적 트렌드가 된 독신 가구의 급부상이 혹자들의 우려대로 현대사회의 병폐인지, 아니면 불가피한 문명의 흐름인지는 전문가들의 판단에 맡길 일이다. 어쨌든 당신은 지금 혼자 살고 있고, 그래서 이 책을 만났으며, 이는 당신의 일상에 다가온 작지만 소중한 행운인지도 모른다.

황혼의 나이에 접어든 저자 제인 매슈스는 뜻하지 않은 이혼과 고통스러웠던 부모님과의 사별처럼 내밀한 개인사를 조심스럽게 풀어놓으면서도 그 인간적 비극 이면에 새로운 희망과 행복이 숨겨져 있음을 체험적으로 제시하고 증언한다. 거기에 더해 아기자기하고 한눈에 쏙 들어오는 팁이 가득하다.

서술하는 내용에 따라 적재적소에 배치한 촌철살인의 명언과 경구도 놓치면 아쉬운 쏠쏠한 읽을거리다. 적어도 이 책에서만큼은 독신 여성인 당신이 VIP 독자이므로 푸짐하고 다채로운 한상차림을 대접받았다 생각하며 한껏 즐기고 활용하자. 아무쪼록 저자의 경쾌하고 오밀조밀하고 매력적인 글솜씨가 우리 독자들에게도 고스란히 전해져 혼자 사는 즐거움을 배가시키는 데 도움이 되기를 바란다.

사담이지만, 얼마 전 평생을 함께했던 팔순 노모를 잃고 – 이 책의 저자인 제인 매슈스가 '이혼과 부모님의 죽음 이후, 마치 슬로모션 총알처럼 나를 후벼팠던 극한의 슬픔과 소외감'을 느낀 것처럼 – 한동안 공허하고 아팠던 내 일상에도 참신한 자극과 따스한 위로가 된 책이다.

누가 뭐래도 이 시대의 솔로들은 아름답다.

나 홀로 사는 것이 아니라 나와 함께 사는 것이다.

그러니 힘내시라!

Abey, A & A Ford, *How Much is Enough?*, A&B Publishers, Sydney, 2007.

Anderson, C M & S Stewart, *Flying Solo: single women in midlife*, W.W. Norton, New York, 1995.

Anderson, J, *A Weekend to Change Your Life*, Broadway Books, New York, 2006.

Anderson, J, *A Year by the Sea: thoughts of an unfinished woman*, Broadway Books, New York, 1999.

Baker, J, *A Man is Not a Financial Plan: investing for wealth and independence*, Allen & Unwin, Sydney, 2007.

Buchan, M, *Over it: How to live above your circumstances and beyond yourself*, SPARK Publications, Charlotte, 2013.

Buettner, D, *The Blue Zones: Lessons for living longer from the people who've lived longest*, National Geographic Society, Washington, 2010.

Cameron, J, *The Artist's Way*, Pan Macmillan, London, 2001.

The Complete Cooking for Two Cookbook, America's Test Kitchen, Boston, 2014.

Crowley, C & H S Lodge, *Younger Next Year for Women*, Workman, New York, 2005.

Deresiewicz, W, 'Solitude and Leadership', speech delivered October 2009, transcript available from TheAmericanScholar.org

Falk, F, *On My Own: The art of being a woman alone*, Three Rivers Press, New York, 2007.

Feldon, B, *Living Alone and Loving It*, Fireside, New York, 2003.

Ferrari-Adlerby, J, *Alone in the Kitchen with an Eggplant: Confessions of cooking for one and dining alone*, Riverhead, New York, 2007.

Fisher, L, *Celebrating Time Alone: Stories of splendid solitude*, Beyond Words Publishing, Hillsboro, 2001.

Goldner, N, *Living Solo*, PhD published by the author, 2013.

Harrison, K, *5:2 Your Life: Get healthy, happy and slim*, Orion, London, 2014.

Hartley, A, *Love the Life You Live: Ten steps for happier living, a life coaching process*, Hart Publishing, Mona Vale, 2000.

Harv Eker, T, *Secrets of the Millionaire Mind: Mastering the inner game of wealth*, Harper Collins, New York, 2005.

Johnson, F, 'Going it Alone' in *Harper's Magazine*, April 2015.

Keller, G & J Papasan, *The ONE Thing: The Surprisingly Simple Truth Behind Extraordinary Results*, Bard Press, 2013. www.the1thing.com

Klinenberg, E, *Going Solo: The extraordinary rise and surprising appeal of living alone*, Penguin, New York, 2012.

Lawson, N, *How to Eat*, Random House, New York, 1998.

Lesser, E, *The Seeker's Guide*, Villard Books, New York, 1999.

Maitland, S, *A Book of Silence*, Granta Books, London, 2009.

Morrow Lindbergh, A, *Gift from the Sea*, Pantheon Books, New York, 2005.

Orman, S, *Women and Money: Owning the power to control your destiny*, Spiegel & Grau, New York, 2007.

Pape, S, *The Barefoot Investor: Five steps to financial freedom*, Pluto Press, Melbourne, 2007.

Robinson, K, *Finding Your Element: How to discover your talents and passions and transform your life*, Penguin, New York, 2014.

Rufus, A, *Party of One: The loners' manifesto*, Avalon Travel Publishing, Chicago, 2003.

Schacter-Shalomi, Z, *From Age-ing to Sage-ing*, Little, Brown & Company, New York, 2014.

Rufus, A, *Unworthy: How to stop hating yourself*, TarcherPerigee, New York, 2015.

Shulman, A K, *Drinking the Rain*, North Point Press, New York, 1995.

Smith, D, *One is Fun!* Coronet Books, London, 1987.

Solomon, A, *The Noonday Demon: An anatomy of depression*, Vintage, London, 2016.

Waugh, J, *The Solo Traveler's Handbook*, Full Flight Press, Toronto, 2011.

Whitmore Hickhan, M, *Healing After Loss: Daily meditations for working through grief*, Harper Collins, New York, 1994.

Yalom, I D, *Staring at the Sun. Overcoming the terror of death*, Jossey Bass, Hoboken, 2009.

Yonan, J, *Serve Yourself: Nightly adventures in cooking for one*, Ten Speed Press, New York, 2011.

혼자라서 미안하지 않아

초판 1쇄 인쇄 | 2019년 12월 10일
초판 1쇄 발행 | 2019년 12월 17일

지은이 | 제인 매슈스
옮긴이 | 이종길
펴낸이 | 박남숙

펴낸곳 | 소소의책
출판등록 | 2017년 5월 10일 제2017-000117호
주소 | 03961 서울특별시 마포구 방울내로9길 24 301호(망원동)
전화 | 02-324-7488
팩스 | 02-324-7489
이메일 | sosopub@sosokorea.com

ISBN 979-11-88941-36-0 03190
책값은 뒤표지에 있습니다.

이 도서의 국립중앙도서관 출판예정도서목록(CIP)은 서지정보유통지원시스템 홈페이지(http://seoji.nl.go.kr)와
국가자료공동목록시스템(http://www.nl.go.kr/kolisnet)에서 이용하실 수 있습니다. (CIP제어번호 : CIP2019047431)